Weiterbildung zwischen Grundrecht und Markt

Karin Derichs-Kunstmann
Peter Faulstich
Christiane Schiersmann
Rudolf Tippelt (Hrsg.)

Weiterbildung zwischen Grundrecht und Markt

Rahmenbedingungen und Perspektiven

Leske + Budrich, Opladen 1997

Die Deutsche Bibliothek – CIP-Einheitsaufnahme
Weiterbildung zwischen Grundrecht und Markt : Rahmenbedingungen und Perspektiven / Karin Derichs-Kunstmann ... (Hrsg.). – Opladen : Leske und Budrich, 1997
  ISBN 3-8100-1646-2
NE: Derichs-Kunstmann, Karin

© 1997 Leske + Budrich, Opladen

Das Werk einschließlich aller seiner Teile ist urheberrechtlich geschützt. Jede Verwertung außerhalb der engen Grenzen des Urheberrechtsgesetzes ist ohne Zustimmung des Verlages unzulässig und strafbar. Das gilt insbesondere für Vervielfältigungen, Übersetzungen, Mikroverfilmungen und die Einspeicherung und Verarbeitung in elektronischen Systemen.

Druck: Druck Partner Rübelmann, Hemsbach
Printed in Germany

Inhalt

Vorwort 7

Einleitung
Peter Faulstich/Christiane Schiersmann/Rudolf Tippelt
Weiterbildung zwischen Grundrecht und Markt 9

Recht und Bildungspolitik

Gerhard Strunk
Weiterbildung im Konflikt zwischen Grundrechtsverpflichtung
und Marktanpassung. Von Ansätzen und Widersprüchen in
ihrer institutionellen Entwicklung 17

Detlef Kuhlenkamp
Regelungen und Realpolitik in der Weiterbildung 31

Klaus Künzel
Europäisierung der Weiterbildungspolitik 49
Markt und Systematisierung der Weiterbildung

Markt und Systematisierung der Weiterbildung

Ulrich Teichler
Politikprozesse, öffentliche Verantwortung und soziale Netzwerke 67

Peter Faulstich
Regulation der Weiterbildung – Markt, Staat und Netze 77

Christiane Schiersmann
Kooperation im regionalen Umfeld – Modelle und Erfahrungen 99

Harry Friebel
Bildungs- und Weiterbildungskarrieren im Lebenszusammenhang 115

Rudolf Tippelt
Neue Sozialstrukturen: Differenzierung von Weiterbildungsinteressen
und Pluralisierung des Weiterbildungsmarktes.. 137

Betriebliche Weiterbildung

Rolf Dobischat
Weiterbildung im Kontext von Arbeitsmarktpolitik am Beispiel
der Reorganisation von beruflicher Weiterbildung im
Transformationsprozeß in den neuen Ländern.. 155

Harald Geißler
Gemeinsamkeiten und Differenzen der institutionellen
Kontexte öffentlicher, privatwirtschaftlicher und
innerbetrieblicher Weiterbildung.. 175

Adressenliste der Autorinnen und Autoren... 195

Vorwort

Die Grundlage dieser Veröffentlichung bilden die Vorträge, die im Frühjahr 1996 auf dem Kongreß der Deutschen Gesellschaft für Erziehungswissenschaft in Halle im Rahmen eines vom Vorstand der Gesellschaft sowie der Kommission Erwachsenenbildung gemeinsam verantworteten Symposiums sowie der Arbeitsgruppe der Kommission Erwachsenenbildung gehalten wurden.

Wir freuen uns, für diese Publikation Herrn Budrich als Verleger gewonnen zu haben, und wir danken insbesondere Herrn Lars Wesener, M.A., für die intensive redaktionelle Bearbeitung des Manuskripts.

Peter Faulstich/Christiane Schiersmann/Rudolf Tippelt

Weiterbildung zwischen Grundrecht und Markt

Vergleicht man die Weiterbildung mit anderen Bildungsbereichen, so ist unübersehbar, daß sie in geringerem Umfang gesellschaftlichen Regelungsmechanismen unterliegt. Während die staatliche Organisation und Gestaltung des Schulwesens in Deutschland auf eine lange Tradition verweisen kann, wurde das Grundrecht auf Weiterbildung im Sinne eines Individualrechts erst seit den sechziger bzw. siebziger Jahren auf die Weiterbildung ausgedehnt. Diese Differenz erklärt sich zum einen aus der Tatsache, daß die Weiterbildung als eine Bewegung von unten entstanden ist. Es dominierte eher die Angst vor einer Verstaatlichung, als daß der Marktcharakter als Problem gesehen wurde. Zum anderen ist bei der Beurteilung des Regelungsgrades von Weiterbildung zu berücksichtigen, daß sie erst in den siebziger Jahren als gesellschaftlich relevanter Aufgabenbereich von Bildungspolitik in das Blickfeld rückte. Wenngleich seither im Kontext der Diskussion um die gesellschaftliche Notwendigkeit der Erhöhung des Qualifikationsniveaus und der damit verbundenen Bildungsreformdiskussion die Perspektive der Etablierung eines quartären Bildungsbereichs im Raum steht, so ist diese Forderung bis heute keineswegs eingelöst.

Mit dem Konzept des „Bürgerrecht auf Bildung" setzte sich eine neue Konzeption des Verhältnisses von Staat und Bürger im Bereich des Bildungswesens durch, wie die Formulierungen im Strukturplan des Deutschen Bildungsrats veranschaulichen:

> *„Allen Staatsbürgern soll es möglich sein, den gleichen Anspruch auf Bildung in verschiedenen Formen und auch verschiedenen Anspruchsebenen zu realisieren. Schule, Berufsbildung und Weiterbildung stehen damit vor neuen Aufgaben"* (Deutscher Bildungsrat 1970, S. 30).

Die juristischen Rahmensetzungen des Weiterbildungssystems sind – wie Rechtsfragen fast immer – Gegenstand von Diskussion, Interpretation und Exegese. Eine in einem umfassenden Gesetz erfolgte Zusammenfassung der den Gegenstandsbereich regelnden Rechtsvorschriften gibt es nicht; eher besteht eine Vielzahl unzusammenhängender gesetzlicher Regelungen, z.B. im Berufsrecht, Wirtschaftsrecht, Arbeitsrecht, Sozialrecht usw.

Richter kennzeichnet die Ausgangslage: *"Ausdrücklich gewährt das Grundgesetz kein Grundrecht auf Bildung, also auch kein Grundrecht auf Weiterbildung in dem Sinne, daß der Einzelne gegenüber dem Staat einen Anspruch auf Weiterbildung hätte, d.h. auf die Organisation und Finanzierung von Weiterbildungsangeboten, die den individuellen Wünschen und Fähigkeiten entsprechen. Ein solches Recht auf Weiterbildung ist der Verfassung fremd"* (ebd., S. 45). Dennoch spricht Richter von Grundrechten auf Bildung und zwar im Sinne eines *"Minimumgrundrechts"*, eines Zugangsrechts, eines Entfaltungsrechts und eines Partizipationsgrundrechts (ebd., S. 46ff.).

- Ein „Minimumgrundrecht" besteht im Anspruch, die grundlegenden Qualifikationen zu erwerben, die für ein Leben in der Gemeinschaft unerläßlich sind;
- Ein „Zugangsrecht" bedeutet, daß für jeden nach gleichen Grundsätzen der Besuch von Bildungseinrichtungen möglich sein muß;
- Ein „Entfaltungsrecht" impliziert, daß der Staat das Bildungswesen so gestalten muß, daß die Individuen ihre Interessen und Motivationen in den Institutionen des Bildungswesens wiederfinden;
- Ein „Partizipationsgrundrecht" sichert den Grundsatz der Beteiligung der Lernenden in staatlichen Bildungsinstitutionen.

Weitere grundlegende Rahmenbedingung der Rechtslage im Weiterbildungsbereich ist es, daß der Bund von seinen Gesetzgebungskompetenzen im Bereich der Weiterbildung bisher nur teilweise Gebrauch gemacht hat. Hier knüpft die Diskussion um ein „Bundesrahmengesetz für die Weiterbildung" an. Eine solche Initiative ist zuletzt vom DGB mit „10 Argumente für ein Bundesrahmengesetz Weiterbildung" ergriffen worden (Gewerkschaftliche Bildungspolitik 1996, S. 23).

Hauptergebnis eines solchen „Rahmengesetzes" könnte sein, daß der Gesamtbereich Weiterbildung einer einheitlichen Ordnung zugeführt würde und bisher getrennte Partialsysteme integriert würden. So ist beispielsweise das Arbeitsförderungsgesetz, AFG, dessen primäre Intention nicht auf Weiterbildung, sondern auf aktive Arbeitsmarktpolitik gerichtet ist, unter der Hand zum bedeutendsten Finanzierungsinstrument geworden. Wichtige Regelungen finden sich auch im Berufsbildungsgesetz, BBIG, dessen Hauptzielrichtung die berufliche Erstausbildung darstellt.

Solange die Bundeszuständigkeit nicht ausgefüllt wird, bleiben aufgrund der Kulturhoheit der Länder die Landesgesetze für die Erwachsenenbildung wichtigste Gestaltungsansätze. Allerdings sind Versuche, den Gesamtbereich der Weiterbildung auf Landesebene zu systematisieren, aufgrund des Zuständigkeitsgeflechts nur ansatzweise möglich. Probleme, die immer wieder auftauchen, ergeben sich aus der juristischen und dann auch institutionellen Desintegration „beruflicher" und „allgemeiner" Bildung.

Aufgrund der Differenziertheit der Rechtslage ergibt sich ein äußerst kompliziertes Geflecht von Akteuren in der Politik für die Weiterbildung.

Fragt man nach der Realisierung des Rechts auf Weiterbildung, so ist also zu konstatieren, daß die vor mehr als 20 Jahren entwickelten Grundsätze noch der Verwirklichung harren.

Gerade in dem Bereich der beruflichen Weiterbildung kann bestenfalls von Regelungssplittern gesprochen werden, zumal sowohl die betriebliche als auch die kommerzielle Weiterbildung keinerlei öffentlich kontrollierten Reglementierungen unterliegen.

Über diesen unbefriedigenden Zustand hinaus ist zu beobachten, daß in der öffentlichen Diskussion seit Beginn der achtziger Jahre die Betonung des Marktcharakters von Weiterbildung deutlich die Oberhand gewonnen hat.

Vor diesem Hintergrund geht es angesichts der weiter wachsenden Bedeutung von Weiterbildung im Rahmen der Konzepte lebensbegleitenden Lernens darum, die Positionsbestimmung des Weiterbildungsbereichs zwischen einem grundrechtlichen Anspruch, öffentlicher Verantwortung und Marktdimensionen neu auszuloten.

Bilanziert man die bisherige Diskussion, so fällt auf, daß sie sich häufig in der Polarität zwischen staatlicher Regulierung einerseits und marktförmiger Deregulierung andererseits bewegt. Dabei wird übersehen, daß eine Konzentration auf staatliche Kontrolle und Intervention zum Verlust von Flexibilitätspotentialen führt (vgl. Dobischat/Husemann 1995). Andererseits produziert eine rein marktförmige Regelung eine Reihe von strukturellen Defiziten. Sie führt insbesondere dazu, daß kein flächendeckendes Grundangebot sichergestellt ist und sich implizit oder explizit eine Orientierung an sozial starken Bevölkerungsgruppen bzw. der Verzicht auf die Einbeziehung sozial schwacher Gruppen durchsetzt (vgl. Schlutz 1994, S. 189).

Auffällig an der aktuellen Diskussion um die Verantwortung der Weiterbildung ist auch, daß die Diskussion vielfach im allgemeinen immer noch mit abstrakten Begriffen von „Staat" und „Politik" geführt wird. Auch das aktuelle Systemdenken scheint noch affiziert von der hegelianischen Tradition der deutschen Staatsphilosophie. Dies erschwert die konkrete Analyse gegenwärtiger Politikprozesse in der Weiterbildung. Im Interesse einer produktiveren Gestaltung der Diskussion wäre es notwendig, einen zugleich offeneren und gehaltvolleren Begriff von Politik zu entfalten, der das vielfältige Geflecht von Akteuren, Organisationen und Institutionen beschreibbar und begreifbar macht.

Der Begriff „öffentliche Verantwortung" steht im Zentrum der Gestaltungsvorstellungen und soll nach Ansicht seiner Protagonisten die alte Unterscheidung von staatlich und privat ablösen:

„Öffentliche Verantwortung markiert zweierlei: Einmal macht dieser Begriff als politischer Programmsatz im Zusammenhang mit Weiterbildung deutlich, daß Weiterbildung nicht mehr nur eine von gesellschaftlichen Gruppen, Gemeinden und Staat beliebig betriebene bzw. geförderte öffentliche Aufgabe darstellt, sondern daß sie wegen ihrer wachsenden

> *Bedeutung für den einzelnen und die Gesellschaft in ein öffentliches Gesamtbildungssystem einbezogen wird und nunmehr zur Sicherung der Aufgabenerfüllung öffentlicher (...) Regelungskompetenz unterliegt. (...) Zum anderen knüpft der Begriff der öffentlichen Verantwortung an die durch die Verfassung normierte, hoheitliche Vielfalt in Bund, Ländern, Gemeinden und Gemeindeverbände an und an die Verpflichtung der föderativen Staatsgewalt, mit ihren gebietskörperschaftlichen Untergliederungen für die ordnungsgemäße Erfüllung einer öffentlichen Aufgabe zu sorgen"* (Bocklet, 1975; 1991, S. 68f).

Die immer wieder nachgewiesenen Beteiligungslücken machen das Weiterbildungssystem geradezu zu einem Paradebeispiel für „Marktversagen".

Die Strukturierung gemäß der neoklassischen Vision vollständig informierter und unbedingt rational handelnder Akteure hätte für den Bildungsbereich fatale Konsequenzen. Aufgrund individuell nicht zurechenbarer Erträge und Kosten sowie unabsehbarer externer Effekte würde eine nach dem Marktmodell regulierte Weiterbildung zu problematischen Defiziten bezogen auf individuelle und kollektive Anforderungen führen. Daraus folgt aber keineswegs, daß der Staat überall eingreifen müsse. Die Überkomplexität der Möglichkeitshorizonte macht das Weiterbildungssystem auch zu einem Paradebeispiel für die beschränkte Verarbeitungskapazität staatlicher Politik. Es kommt notwendig zu einem „Staatsversagen", weil die Ordnungsfunktion nicht lückenlos in juristische Regeln umsetzbar ist, ohne die notwendige Flexibilität und Dynamik der Veranstaltungen zu gefährden, weil eine umfassende Gewährleistung von Weiterbildungsangeboten bezogen auf die staatlichen Leistungen angesichts der Finanzkrise nicht durchzuhalten ist, weil die Gestaltungsfunktion aufgrund divergierender Macht- und Interessenverhältnisse über geringe Implementationschancen verfügt.

Mit der Begriffsprägung „mittlere Systematisierung" liegt ein Versuch vor, sich der Dichotomie zu entziehen und die konkrete Ausgestaltung von Systemen der Weiterbildung zu untersuchen. Es kommen die realen Entscheidungsprozesse und Formen der Ressourcenbereitstellung ins Blickfeld. Insofern ist dieser Ansatz auch ein „Hypothesengenerator" für empirische Analysen. Gleichzeitig hat die Begriffsprägung normative Implikationen, weil Prozesse in Richtung auf stärkere Absicherung und höhere Stabilität nahegelegt werden.

Als entscheidende bildungspolitische Voraussetzung für das Entstehen eines Rechts der Weiterbildung ist die Herstellung eines systematischen Zusammenhangs zwischen den verschiedenen Bereichen der Weiterbildung, insbesondere zwischen der allgemeinen Weiterbildung und der beruflichen Weiterbildung anzusehen (vgl. Richter 1993, S. 12). Dies könnte durch ein Bundesrahmengesetz zur Weiterbildung geschehen.

Im einzelnen nähern wir uns dem hier aufgezeigten Problemkreis folgendermaßen:

Der erste Teil des Buches umfaßt den Abschnitt „Recht und Bildungspolitik" in der Weiterbildung. Der Artikel von G. Strunk beleuchtet kritisch den ökonomischen Rückzug des Staates gegenüber dem Markt aus dem öffentlichen Bildungs- und Weiterbildungssystem und sucht, Möglichkeiten einer Balance zwischen Grundrechtsverpflichtung und Marktanpassung in der Erwachsenenbildung aufzuzeigen.

Der Artikel von D. Kuhlenkamp leistet einen breiten Abriß der rechtlichen Diskussion der Weiterbildung in der Bundesrepublik Deutschland und verortet dabei die aktuellen Probleme.

K. Künzel behandelt den Einfluß der europäischen bildungspolitischen Ebene auf die rechtliche Entwicklung in der Bundesrepublik Deutschland und zeigt auf, daß erhebliche Konsequenzen in diesem Bereich zu erwarten sind.

Der zweite Teil des Buches beschäftigt sich mit dem Thema „Markt und Systematisierung der Weiterbildung". U. Teichler behandelt den Begriff der „Weichheit" der Weiterbildung als quartären Bildungsbereich in Abgrenzung zu dem vielschichtigen Auftreten des Staates in den anderen Bildungsbereichen. Teichler postuliert den Weg einer „mittleren Systematisierung", besonders in Form von übergreifenden Beratungen und Entscheidungen zur Gestaltung der Weiterbildung in Netzwerken kooperativer Akteure, und zwar sowohl staatlicher als auch privater Institutionen.

P. Faulstich moniert die unzulänglichen, z.T. nur rudimentär vorhandenen Weiterbildungsstatistiken, die eine vergleichende Überschaubarkeit von Weiterbildungsaktivitäten unmöglich machen. Auch er fordert eine stärkere Systematisierung des gesamten Bereichs der Weiterbildung. Dazu sollte eine „Bundesrahmenordnung für die Weiterbildung" ebenso gehören wie die Einrichtung regionaler Weiterbildungsbeiräte und Institutionen, die Institutionenprofile und Kooperationsstrategien von Einzelanbietern koordinieren und Qualitätsstandards und Zertifikatssysteme vergleichbar machen.

Ch. Schiersmann diskutiert kritisch eine Regionalisierungspolitik für den Weiterbildungsbereich. Sie stützt sich bei ihrer Bilanz auf eine kritische Durchsicht von Projektberichten. Unterschiedliche Formen der Kooperation werden beschrieben, einzelne Handlungsfelder, in denen sich Kooperationsansätze realisieren, analysiert und schließlich Chancen und Probleme der bisherigen Kooperationskonzepte auf regionaler Ebene resümiert.

H. Friebel stellt in seinem Artikel exemplarische Ergebnisse einer Längsschnittstudie zum Thema „Weiterbildungskarrieren im Lebenszusammenhang" dar, basierend auf einem Sample der Hamburger Schulabschlußkohorte 1979, einer Generation, die vom Ausbau des Bildungswesens in den 70er Jahren profitierte, aber auch mit den spezifischen Problemen geburtenstarker Jahrgänge und der Verknappung der Ausbildungs- und Arbeitsplätze zu kämpfen hatte.

R. Tippelt geht davon aus, daß in den 80er Jahren nicht nur die Aufgaben und die Bedeutung der Weiterbildung gewachsen sind, sondern auch die

Vielfalt der Anbieter und Angebote ständig zugenommen hat. Tippelt beschreibt die sich abzeichnenden Entwicklungen als Prozesse wachsender Differenzierung und Ökonomisierung und stellt die Ergebnisse zweier regionaler empirischer Projekte vor. Die Möglichkeiten verfahrensorientierter, professionsbezogener und normativer Integration der Weiterbildung werden erörtert und münden in ein entschiedenes Plädoyer für eine „Vernetzung" und „mittlere Systematisierung", die die verantwortlichen Willensbildungsprozesse der institutionellen Akteure, der Träger und Einrichtungen, einschließt.

Der dritte und abschließende Teil des Buches thematisiert die „Betriebliche Weiterbildung". Der Beitrag von R. Dobischat zieht, ausgerichtet auf die Förderung der beruflichen Bildung nach dem Arbeitsförderungsgesetz, AFG, eine Bilanz der Reorganisation beruflicher Bildung in den neuen Ländern. Dabei werden der Rahmen der beruflichen Bildung im AFG abgesteckt, die Förderungspolitik seit Verabschiedung des AFG an Beispielen kritisch kommentiert und vor dem Hintergrund des erheblichen Funktionswandels von beruflicher Weiterbildung seit Inkrafttreten des AFG die Reformperspektiven skizziert.

Der Beitrag von H. Geißler untersucht schließlich Gemeinsamkeiten und Differenzen der institutionellen Kontexte öffentlicher, privatwirtschaftlicher und innerbetrieblicher Weiterbildung in der postmodernen Gesellschaft anhand eines aus der Philosophie Apels entliehenen Konzepts. Er entwickelt für alle drei Varianten der Weiterbildung den Begriff der Kooperationsgemeinschaften, an denen sowohl Lehrende wie Lernende in kritischer, selbstreflexiver Vergewisserung des eigenen Handelns mitwirken.

Literatur

Bocklet, R.: Öffentliche Verantwortung und Kooperation. Kriterien zur Organisation der Weiterbildung. In: Deutscher Bildungsrat (Hrsg.): Umrisse und Perspektiven der Weiterbildung. Stuttgart 1975, S. 109-145

Dobischat, R./Husemann R. (Hrsg.): Berufliche Weiterbildung als freier Markt? Regulationsanforderungen der beruflichen Weiterbildung in der Diskussion. Berlin 1995

Richter, I.: Recht auf Weiterbildung (Schriften der Hans Böckler Stiftung, Bd. 14). Baden Baden 1993

Schlutz, E.: Markt und Bildung. Entwicklungen und Gefährdungen des pädagogischen Denkens und Handelns in der öffentlichen Weiterbildung der Bundesrepublik Deutschland. In: Meisel, K. u.a.: Marketing für Erwachsenenbildung? Bad Heilbrunn 1994, S. 181-191

Recht und Bildungspolitik

Gerhard Strunk

Weiterbildung im Konflikt zwischen Grundrechtsverpflichtung und Marktanpassung. Von Ansätzen und Widersprüchen in ihrer institutionellen Entwicklung

0. Vorbemerkungen

Das Rahmenthema des diesjährigen Kongresses der DGfE lautet „Bildung zwischen Staat und Markt". Mit ihm wird auf eine Entwicklung aufmerksam gemacht, die das Bildungssystem in eine neue Lage bringt und die sein Selbstverständnis insgesamt betrifft. Die zentrale Aufgabe von Bildung: „Die Menschen stärken, die Sachen klären", mit der Hartmut von Hentig 1985 sein „Plädoyer für die Wiederherstellung der Aufklärung" programmatisch überschrieb, droht in der Zwickmühle zwischen Staat und Markt nachhaltig beeinträchtigt zu werden.

In diesem Antagonismus gegensätzlicher Steuerungsinstanzen stellt der Staat nur auf sehr indirekte Weise für eine den Menschenrechten und damit auch demokratischen Prinzipien verpflichtete Bildung eine Bedrohung dar. Bürokratisierung durch Verrechtlichung z.B. engt den Spielraum pädagogischen Handelns ebenso ein wie die zunehmende Unterfinanzierung der Bildungsinstitutionen, deren Ausstattung in allen Hinsichten reduziert. Beides beeinträchtigt die konkrete Bildungsarbeit weit mehr als ideologisch-normative Vorgaben des Staates, gegen die die Aufklärung unter dem Leitbegriff persönlicher und politischer Freiheit und mit der Forderung nach pädagogischer Autonomie seit dem 18. Jahrhundert einmal angetreten war.

Vielmehr ist zu beobachten, daß in einem Prozeß stiller Verschiebung des Begriffs Autonomie sein ökonomischer Gehalt dominante Bedeutung gewinnt. Der Markt als zunehmend Attraktivität gewinnende Steuerungsinstanz für die Ausprägung und Ausgestaltung der Rahmenbedingungen für das pädagogische Handeln ist deshalb nicht allein einem alle Lebensbereiche durchsetzenden Ökonomismus geschuldet, sondern auch – z.T. in willfähriger Aufnahme von Positionen der Wirtschaft (vgl. Strunk 1992) – eher hilfloser Ausdruck der Haushaltskrise des Staates auf allen Ebenen, zu deren Begrenzung auch die Privatisierung der Bildungskosten herangezogen wird.

Schaut man genauer hin, dann gewinnt die Privatisierung der Bildungskosten erst sekundär – sei es im Sinne nachträglicher Rechtfertigung, sei es im Sinne ökonomisch ausgerichteter und meist durch die Finanzminister vorformulierter Bildungspolitik – den Rang eines bildungspolitischen Konzepts, durch das die Bildungspraxis auf die Requirierung privater Finanzmittel verwiesen wird. Die hier skizzierte Entwicklung läßt sich besonders deutlich in der Hochschul- und Weiterbildungspolitik beobachten. So sehr sich haushaltspolitisch eine Entlastung der Bildungshaushalte eröffnen mag, so wenig wird bedacht, daß durch die angestrebte Privatisierung der Bildungskosten nicht nur die Kommerzialisierung der Bildung mit den jener eigentümlichen unmittelbaren Verwertungsinteressen Vorschub geleistet wird. Mehr noch: Mit derartigen Entwicklungen droht zugleich die Gemeinwohlverpflichtung des Staates zugunsten von Partialinteressen durchsetzungsstarker Gruppen in der Gesellschaft verloren zu gehen; eine Gemeinwohlverpflichtung, die – in historischer Betrachtung – allmählich den Abbau von Bildungsprivilegien bewirkte und damit den Zugang zur Bildung demokratisierte. Damit gewinnt der Staat als Träger der Gemeinwohlverpflichtung eine neue und keineswegs unumstrittene Bedeutung (vgl. dazu als Einstieg in diese Diskussion Benner/Tenorth 1996).

Von den hier skizzierten Entwicklungen ist die Weiterbildung als quartärer Bereich des Bildungswesens in besonderer Weise betroffen. Denn sie ist seit jeher durch eine bestenfalls fragile Balance von Staat, Markt und institutioneller wie pädagogischer Autonomie gekennzeichnet. Ungeachtet der kaum zu überschätzenden Aufbauleistung, die der Erwachsenen- oder Weiterbildung seit 1970 widerfuhr, ist sie weit von der damals formulierten Zielsetzung, ein gleichberechtigter Bildungsbereich neben Schule, Berufsbildung und Hochschule zu werden, entfernt (vgl. Knoll 1995). Deshalb treffen die Privatisierungstendenzen in diesem Bildungsbereich auf relativ günstige Voraussetzungen für ihre Durchsetzung. Es scheint darum auch angezeigt, nicht so sehr das Thema „Bildung zwischen Staat und Markt" direkt aufzunehmen, sondern konkreter den Konflikt zwischen Grundrechtsverpflichtung und Marktanpassung zu thematisieren.

Bei dieser Diskussion ist nicht von einer schlichten Alternative auszugehen, sondern von einer dialektischen Beziehung. Der Aspekt der Grundrechtsverpflichtung zielt auf die Gewährleistung eines vielfältigen allgemeinzugänglichen Bildungsangebots sowie einer Bildungspraxis, die dem Leitprinzip der Freiheit der Bildung verpflichtet ist; der Aspekt der Marktanpassung dagegen ist in dem Recht der Erwachsenen begründet, aus jenem Bildungsangebot das ihnen jeweils Wichtige oder Notwendige auszuwählen. Die Abwesenheit einer Bildungspflicht für Erwachsene konstituiert damit den Marktcharakter der Bildung mit Erwachsenen und verweist auf den Verzicht des Staates, trotz aller Grundrechtsverpflichtung verbindliche Lehrpläne vorzugeben. Deshalb stellt sich nicht die Frage nach einem entschiedenen Entweder/Oder, sondern nach der Balance zweier gleich bedeutsamer Konstitutionsprinzipien.

In einem verdeckt ablaufenden Prozeß, in dem Phänomene wie Privatisierung, Kommerzialisierung und Instrumentalisierung eine überaus bedenkliche Verbindung eingehen, droht jedoch die skizzierte Balance zwischen Grundrechtsverpflichtung und Marktanpassung zugunsten einer einseitigen

Durchsetzung von Partialinteressen verloren zu gehen. Was sich für das Bildungssystem, einschließlich der Hochschulbildung, abzeichnet, ist im quartären Bereich der Weiterbildung bereits weithin Wirklichkeit. In diesem Prozeß drohen die Bedingungen der Möglichkeit einer aufklärerisch angelegten Bildung zerrieben zu werden.

1. Versuch einer Balance zwischen Grundrechtsverpflichtung und Marktanpassung in der Erwachsenenbildung

Die Geschichte der Bildung Erwachsener verweist auf einen häufig übersehenen Sachverhalt in dem Verhältnis von Staat und Markt im Bildungsbereich. Diesen Sachverhalt könnte man mit drei erfahrungsgesättigten Aussagen der Erwachsenenbildung konkretisieren:

- Bildung benötigt nicht zwingend staatliche Initiative, um realisiert zu werden;
- Bildung kann vielmehr durch die an ihr interessierten Menschen selbst organisiert werden;
- Bildung ist auf Dauer nicht ohne strukturelle und finanzielle Unterstützung des Staates professionell zu betreiben.

Die Geschichte der Erwachsenenbildung könnte als Spiegelbild dieser Erfahrungen geschrieben werden. Ich will diese Geschichte hier nicht nacherzählen. Vielmehr möchte ich kurz die Entwicklung jenes Versuches skizzieren, eine Balance zwischen Grundrechtsverpflichtung und Marktanpassung herzustellen. Diese Geschichte beginnt mit dem Gutachten des Deutschen Ausschusses für das Erziehungs- und Bildungswesen „Zur Situation und Aufgabe der Erwachsenenbildung" von 1960.

In diesem Gutachten wird der erste Versuch gemacht, die strukturellen, institutionellen und finanziellen Rahmenbedingungen konsequent aus der Perspektive der Erwachsenen und ihrer Bildungsinteressen heraus zu entwerfen. Nicht der Staat – etwa in Gestalt der Kommunen und auch nicht der „gesellschaftlichen Mächte" wie Kirchen, Parteien, Gewerkschaften, Verbände – sollten entscheidenden Einfluß auf das Bildungsangebot gewinnen, sondern die Erwachsenen selbst. Das Zustandekommen von Bildung Erwachsener beruht auf einer impliziten oder expliziten Verständigung von Mitarbeitern in den Einrichtungen und ansprechbaren Erwachsenen. Dazu wurden konzeptionelle, institutionelle und finanzielle Vorkehrungen getroffen:

- Die Gestaltung des Bildungsangebotes aus der Interessenlage der Erwachsenen;
- Die Absicherung dieser Vorgabe durch den Verzicht auf bindende Lehrpläne und auf Lernpflicht für Erwachsene;

- Die Gewährleistung der Allgemeinzugänglichkeit der Bildungsangebote;
- Die institutionelle Ausgrenzung der Erwachsenenbildung aus den sonstigen Aufgaben und Interessen der Rechts- und Unterhaltsträger;
- Die Bindung der Finanzförderung an die Beachtung dieser Vorgaben;
- Die Beschränkung der Finanzförderung auf eine Anreizfunktion für gesellschaftliche Organisationen, sich am Aufbau eines so ausgerichteten Bildungsbereichs für Erwachsene zu beteiligen;
- Die Beteiligung von Staat, Rechts- und Unterhaltsträgern wie Teilnehmern an der Finanzierung der Bildungsaufgaben.

Erst wenn diese Voraussetzungen bestätigt und nachgewiesen werden, kann die Anerkennung der Einrichtungen erfolgen, die Voraussetzung staatlicher Förderung ist.

Der Staat tritt nach den Vorstellungen des Deutschen Ausschusses in der Rolle auf, lediglich die Rahmenbedingungen so zu gestalten, daß einerseits die gesellschaftliche Bedeutung, die die Bildung Erwachsener bis 1960 bereits gewonnen hatte, zur Geltung gebracht wird, andererseits aber, daß – und hier liegt die Balance zwischen Grundrechtsverpflichtung und Marktanpassung – die Bildungsinteressen der Erwachsenen in seinem Konzept für konstitutiv erklärt werden. Werben um die Teilnahme der Erwachsenen in der „Konkurrenz der Bildungsangebote" als Spiegel einer pluralen Gesellschaft macht den für die Erwachsenenbildung spezifischen Marktcharakter dieses Ansatzes aus.

Die Initiative des Deutschen Ausschusses löste in den 60er und 70er Jahren eine breit gestreute Gesetzgebungsaktivität in den Ländern aus. Es ist bemerkenswert, wie unmittelbar die Prinzipien des Gutachtens in parteiübergreifendem Konsens gesetzgeberisch umgesetzt wurden – wie etwa das Niedersächsische und Saarländische Gesetz von 1970 ausweisen. Hervorzuheben ist zudem, wie sehr die Gesetze die Verpflichtung der institutionellen Ausgrenzung verbinden mit der Zuweisung von gesetzlich garantierten Freiheitsrechten in der Lehrplangestaltung, der Auswahl der Mitarbeiter und auch der Lehre an den Einrichtungen (§ 4 Nds EBG v. 1970). Die Freiheit der Bildung wird in diesem Konzept mit der gesetzlich gewährleisteten Unabhängigkeit der Einrichtung verknüpft.

Sehr bald zeigte sich jedoch, daß die Vorstellungen des Deutschen Ausschusses jedenfalls dann als unzureichend angesehen werden mußten, wenn man dem erneuten Bedeutungszuwachs der Bildung hinreichend Beachtung schenken wollte. Denn der Deutsche Ausschuß versäumte es, Vorstellungen über Art, Umfang und Qualität des Angebots zu entwickeln. Dieses Versäumnis hatte Folgen. Der Impuls zur Überprüfung der bisherigen Strukturen der Erwachsenenbildung ging vom „Strukturplan für das Bildungswesen" aus, den der Deutsche Bildungsrat 1970 vorlegte – also zur gleichen Zeit, in der die ersten Ländergesetze in Kraft traten.

Der Deutsche Bildungsrat entwarf erstmals in der deutschen Bildungsgeschichte Maßgaben und Strukturen für den Aufbau eines Gesamtbildungssystems unter Einbeziehung der beruflichen Ausbildung wie auch der außerschulischen Bildungsbereiche. Die verschiedenen Teilbereiche der Bildung Erwachsener faßte er zu einem Gesamtbereich Weiterbildung zusammen, in dem die bisherige allgemeine und politische Bildung unter dem Begriff der Erwachsenenbildung, die berufliche unter den Begriffen Fortbildung und Umschulung als Subsysteme der Weiterbildung fungierten.

Die weitgehende Umstrukturierung der allgemeinen Erwachsenenbildung in der Zuständigkeit der Länder und der beruflichen Fortbildung und Umschulung in der Zuständigkeit des Bundes wurde mit dem weiteren Bedeutungszuwachs dieses Bildungsbereichs begründet. Ihm schrieb der Bildungsrat ein ähnlich hohes gesamtgesellschaftliches Interesse zu wie der Schulbildung für alle. Diese Bedeutung lasse es nicht länger zu, die Bildung Erwachsener „als beliebige Privatsache" oder „als eine nur Gruppeninteressen dienende Maßnahme zu betrachten und zu behandeln" (Deutscher Bildungsrat, 1970, S. 199). Deutlich verlagerte sich der konzeptionelle Ansatz vom Ausgangspunkt der Angebotsgestaltung aus den Interessen der Erwachsenen hin zum Ausgangspunkt bei den gesellschaftlichen Qualifikationsanforderungen.

Diese Einschätzung der gesellschaftlichen Relevanz der Bildung Erwachsener bereitete den Boden für eine „stärkere Inpflichtnahme der Träger durch den Staat" (ebd., S. 201). Denn als Teil des Gesamtbildungssystems, welches eine den gesellschaftlichen, wirtschaftlichen und technischen Entwicklungen angemessene Bildung sicherstellen sollte, bliebe ohne eine systematisch zugeordnete Weiterbildung im Erwachsenenalter unvollständig (ebd., S. 199). Zugleich sollte in diesem Gesamtbildungssystem und also auch für die Weiterbildung „die traditionelle Trennung von allgemeiner und beruflicher Bildung" überwunden werden (ebd., S. 198f.). Es war dem Bildungsrat klar, daß dieses Integrationsmodell ohne Veränderung der geltenden Zuständigkeiten nicht möglich sein werde (vgl. ebd., S. 199). Angesichts derartiger Vorstellungen wundert es allerdings nicht, daß unter den vielfältigen Trägern von Einrichtungen der Staat und die Kommunen eine besondere Stellung einnehmen (ebd., S. 197). Denn nur sie können gesetzlich zu bestimmten Leistungen verpflichtet werden.

Der vom Deutschen Bildungsrat erkannte Bedeutungszuwachs „*einer allseitigen ständigen Weiterbildung einer möglichst großen Anzahl von Menschen*" (ebd., S. 199) hat eine weitere Konsequenz: Die Weiterbildung wird wie das gesamte Bildungssystem der „*öffentlichen Verantwortung*" unterstellt, „*die sich auf die Planung des Bildungswesens und die Formulierung von Lernzielen richtet sowie in staatlicher Finanzierung und in der Möglichkeit staatlicher Trägerschaft Ausdruck findet*". Begründet wird die Inanspruchnahme der öffentlichen Verantwortung für das Gesamtbildungssystem mit dem Verweis auf die bildungsbezogenen Grundrechte: „*Die Verwirklichung der bildungsbezogenen Grundrechte im Sozialstaat kann nicht den jeweiligen freien Bildungsangeboten überlassen bleiben. Deshalb besteht eine öffentliche Verantwortung für das gesamte Bildungswesen unabhängig von der öffentlichen oder privaten Trägerschaft"* (ebd.). Sie bezieht sich nicht nur auf die Formulierung von Lernzielen, sondern u.a. auch auf die Kontrolle der Einhaltung von Mindeststandards, auf Curricula, Leistungsbewertungen oder die Ausbildung der Lehrenden. Die Weiterbildung ist ausdrücklich in diese Konkretisierung öffentlicher Verantwortung einbezogen (vgl. ebd., S. 260).

Es kann nicht überraschen, daß die Vorstellungen des Bildungsrates alte Ressentiments im kollektiven Gedächtnis der Erwachsenenbildner wachriefen. Die fast klassisch zu nennende Distanz gegenüber einem obrigkeitsstaatlich auftretenden Planungsperfektionismus wurde ebenso reaktiviert wie die Erinnerung an die Kämpfe um Freiheit und Bürgerrechte, zu deren Wahrnehmung zu befähigen die Erwachsenenbildung einmal angetreten war. Die staatskritische Distanz, die hier neu belebt wurde, verband sich zudem mit den gleichzeitig auftretenden Debatten über eine „Entschulung" des Lernens überhaupt (vgl. Illich 1970 und Freire 1973), die künftig vor allem die Entwicklung der Bildung Erwachsener begleiten sollte (vgl. Dauber/Verne 1976).

Gleichwohl gewann der Verweis auf die öffentliche Verantwortung für den Auf- und Ausbau der Bildung Erwachsener grundlegende Bedeutung. Im ersten Bildungsgesamtplan der Bund-Länder-Kommission von 1973 wird *„die Förderung des Auf- und Ausbaus eines Weiterbildungssystems zu einem Hauptbereich des Bildungswesens als öffentliche Aufgabe"* bezeichnet (S. 59); *im sogenannten ‚Bildungsgesamtplan II' – nach dem Stand von 1979 – wird diese Selbstverpflichtung von Bund und Ländern aufgenommen und sogar durch die Zielsetzung: „Ausweitung des Bildungsangebots unter öffentlicher Verantwortung ..."* (s. II A 8, S. 3) erweitert.

Geht man von einem Begriff der Grundrechtsverpflichtung aus, in dem die Gewährleistung der Freiheit von Bildung in der Selbstverantwortung der Erwachsenen mit der Gewährleistung eines vielfältigen und unter kulturellen, sozialen und ökonomischen Aspekten allgemein zugänglichen Bildungsangebotes miteinander verknüpft wird, zeigt sich eine unterschiedliche Schwerpunktsetzung in den Texten des Deutschen Ausschusses und des Deutschen Bildungsrates. Der Deutsche Ausschuß favorisiert die Gewährleistung freier Bildung, der Deutsche Bildungsrat die Gewährleistung eines vielfältigen und allgemeinzugänglichen Bildungsangebotes.

Erst die Verknüpfung beider Aspekte führt zu einer angemessenen Wahrnehmung der Grundrechtsverpflichtung des Staates. Sie wird durch drei Landesgesetze aufgenommen und mehr oder minder konsequent umgesetzt: in Nordrhein-Westfalen (1975) vor allem, aber auch dem Grundsatz nach in Hessen (1970) und in Brandenburg (1993). In weniger verbindlicher Form sind Spuren dieses Konzeptes in den Gesetzen im Saarland (1990), Schleswig-Holstein (1993) oder Thüringen (1993) zu erkennen. Denn in ihnen wird das „Recht auf Bildung", zu dessen Verwirklichung die Weiterbildung beizutragen habe, verankert. Ohne die Verankerung der öffentlichen Verantwortung für die Weiterbildung in den „bildungsbezogenen Grundrechten im Sozialstaat" (Deutscher Bildungsrat 1970, S. 260) wäre eine solche Selbstverpflichtung der Länder kaum möglich gewesen. Dem Grunde nach war 1970 eine – wenngleich fragile und finanziell unzulänglich abgesicherte – Balance zwischen Grundrechtsverpflichtung und Marktanpassung erreicht.

2. Gefährdung der Balance zugunsten des Marktes

Neben der eben skizzierten gesetzlichen Stabilisierung der für die Erwachsenen- und dann auch für die Weiterbildung grundlegenden Balance zwischen Grundrechtsverpflichtung und Marktanpassung ist spätestens seit Mitte der 80er Jahre eine zweite Entwicklung zur Destabilisierung jener Balance festzustellen. Diese Entwicklung hat unterschiedliche, ja widersprüchliche Gründe. Als wichtigste seien vorerst folgende benannt.

Die Novellierung des Niedersächsischen Gesetzes von 1984 bricht mit zentralen Bestimmungen des ursprünglichen Gesetzes von 1970, die die Unabhängigkeit der Einrichtungen gegenüber den Rechts- und Unterhaltsträgern sichern sollten. Der Paragraph vier, in dem den Einrichtungen die selbständige Lehrplangestaltung, die freie Auswahl der Mitarbeiter und die freie Lehre garantiert werden, erfährt eine ebenso schlichte wie folgenreiche Veränderung: Die genannten Freiheitsrechte werden jetzt den Rechts- und Unterhaltsträgern übertragen und – immerhin insoweit konsequent – das Recht der freien Lehre ersatzlos gestrichen. Dies gilt für die Kommunen, Kirchen, Gewerkschaften, Parteien, Verbände gleichermaßen. Der scheinbar schlichte Vorgang hat zur Folge, daß die bislang prinzipiell unabhängige Bildungsarbeit der Einrichtungen zum Instrument der Träger wird, ihre partiellen Organisationsziele und -interessen mit Hilfe dieses Instruments zu befördern (vgl. Knoll u.a. 1983, S. 11).

Damit wird offenbar die Befürchtung von Kritikern, die staatliche Förderung auch von Einrichtungen in nichtöffentlicher Trägerschaft sei eine indirekte Subvention, bestätigt (vgl. z.B. Ehmann 1987, S. 58ff.; Kuhlenkamp 1993, S. 107ff.). Ein solcher Vorgang droht für sich allein mit der durch die Anerkennung des Rechts auf Durchsetzung von Partialinteressen (Instrumentalisierung der Bildung) das mit den Landesgesetzen eingeführte Konzept staatlicher Förderung einer plural verfaßten, gleichwohl gemeinwohlorientierten Weiterbildung nachhaltig zu diskreditieren. Gefährdet ist vor allem die institutionelle Förderung, die erst ein auf Dauer gestelltes Institutionengefüge ermöglicht, in dem sich praxisgesättigte Professionalität entwickeln und damit die Qualität von Lernprozessen sichern helfen kann.

Fast gleichzeitig wird das bisher wenigstens ansatzweise in den Landesgesetzen realisierte Konzept durch eine weitere Entwicklung in Frage gestellt. Es ist die 1985 in den „Thesen zur Weiterbildung" der Bundesregierung vorgeschlagene strukturelle Deregulierung und zugleich Privatisierung der Weiterbildung im Sinne einer vom Wettbewerb bestimmten Weiterbildung. In zeitlich versetzter Reaktion auf die Vorstellungen des Deutschen Bildungsrates wird das ‚Konzept' eines Weiterbildungsmarktes, d.h. eines erwerbswirtschaftlichen Modells von Weiterbildung entwickelt, in dem auch die öffentlichen Einrichtungen marktwirtschaftlichen Vorgaben ausgesetzt werden sollen. Als Leitvorstellung hat Dorothee Wilms, die damals zuständige Ministerin, folgenden Grundsatz ausgegeben: *„Dort, wo die Weiterbildung in der Eigenverantwortung der Teilnehmer oder Träger stattfinden kann, ist sie ohne staatliche Reglementierung und nach Möglichkeit auch ohne staatliche Finanzierung zu halten"* (Rede vom 6.11.1986, S. 3). Deutlicher kann der Rückzug aus der Grundrechtsverpflichtung im Sinne der öffentlichen Verantwortung, mit der die Weiterbildung zur *„Verwirklichung der bildungsbezogenen Grundrechte im Sozialstaat"* (Deutscher Bildungsrat 1970, S. 260) beitragen sollte, nicht ausgedrückt werden.

Im erneut unmittelbaren zeitlichen und systematischen Zusammenhang steht ein dritter Begründungszusammenhang: die stetig wachsende Dominanz beruflicher Weiterbildung. Der immer schwieriger werdende Arbeitsmarkt, die informationstechnische Auswirkung auf Produktionsstrukturen und Arbeitsorganisation sowie die Globalisierung des Wettbewerbs schaffen neue Qualifikationsanforderungen, die nur durch ständige Weiterbildung bewältigt werden können. Auf sie konzentrieren sich alle Energien und finanziellen Mittel in zweistelliger Millardenhöhe, während die Finanzen, die über die Landesgesetze vergeben werden, seit 1982/3 bei etwa 400 Millionen stagnieren (vgl. Kuhlenkamp 1993, S. 104).

Doch dies ist nicht die einzige Folge. Bedeutsamer für die hier diskutierte Fragestellung ist, daß mit dieser Entwicklung tiefgreifende bildungspolitische, strukturelle und bildungstheoretische Konsequenzen verbunden sind. Der staatlichen Förderung der beruflichen Weiterbildung liegt das 1969 verabschiedete und seitdem immer wieder novellierte Arbeitsförderungsgesetz (AFG) zugrunde. Es ist – wie der Name bereits sagt – kein Bildungsgesetz; vielmehr handelt es sich um ein Instrument der Sozial- und Arbeitsmarktpolitik, und es soll einen hohen Beschäftigungsstand sichern, die Beschäftigungsstruktur ständig verbessern und damit das Wachstum der Wirtschaft fördern (AFG § 1). Die Förderung beruflicher Weiterbildung wird zu diesen Zwecken eingesetzt.

Der instrumentelle Charakter einer Bildung, die so eingesetzt wird, liegt auf der Hand. Zugleich wird deutlich, daß die Grundrechtsverpflichtung des Staates einseitig – wie schon im „Strukturplan für das Bildungswesen" von 1970 – vorrangig von einem gesellschaftlich, näherhin ökonomisch und technologisch begründeten Anpassungserfordernis der vorfindlichen Qualifikationen ausgeht. Die Fremddefinition von Bildungserfordernissen ist für diesen Ansatz kennzeichnend (vgl. Heid 1996). Es besteht die Gefahr, daß die Dominanz der beruflichen Bildung das aufklärerische Grundmotiv aller Bildung desavouiert und auch die nichtberuflichen Bildungsbereiche unmittelbaren Verwertungsinteressen unterwirft. Die dialektische Beziehung von Mündigkeit und Brauchbarkeit droht einseitig aufgelöst zu werden (vgl. Strunk 1991). Mit dieser Entwicklung erhält das Phänomen Marktanpassung eine ganz neue Ausprägung. Der Markt gewinnt eine zentrale Steuerungsfunktion für die Angebotsgestaltung (vgl. dazu Ackermann 1996). Die Reaktion auf diese Entwicklungen ist uneinheitlich.

Zu verweisen ist zunächst auf die Tatsache, daß ungeachtet der bildungspolitischen Diskussion und der Entwicklung in der Bildungspraxis die meisten Bundesländer an den herkömmlichen Strukturen und Finanzierungskonzepten festhalten; sie finden auch Eingang in die Gesetze der neuen Länder. Das Grundmuster, wie es vom Deutschen Ausschuß entwickelt wurde, hält sich – ergänzt durch das Recht auf Bildung – mehr oder minder durch. Die prinzipielle Trennung von allgemeiner und beruflicher Bildung wird allerdings dadurch bekräftigt.

Eine neue Entwicklung deutet sich demgegenüber bei der Novellierung des Saarländischen Gesetzes 1990 an. Es verläßt insofern die bisherigen Grundsätze, als mit dem neuen Gesetz erstmals die schon vom Bildungsrat geforderte Integration von allgemeiner und beruflicher Weiterbildung zum zentralen Novellierungsmotiv wird. Dazu ist es erforderlich, auch die Förderung der beruflichen Weiterbildung in das Gesetz aufzunehmen und zusätzliche Anreize für die Durchführung derartig integrierter Veranstaltungen einzuführen. Mit diesen Regelungen wird erstmals auf veränderte Anforderungen beruflichen Handelns reagiert, zugleich aber die berufliche Weiterbildung denselben Struktur- und Anerkennungsprinzipien wie die allgemeine Weiterbildung unterworfen.

In Schleswig-Holstein werden ähnliche Intentionen verfolgt, die bereits in der Bezeichnung des Gesetzes von 1990 als „Bildungsfreistellungs- und Qualifizierungsgesetz" zu erkennen sind, wenngleich – anders als im Saarland – mit der Anerkennung von Trägern und Einrichtungen kein finanzieller Förderungsanspruch verbunden ist (vgl. Böhrk 1994, S. 153). Wohl kaum zufällig ist deshalb, daß unter solchen Voraussetzungen der Anteil der allgemeinen und politischen Bildung 1991 unter 10% des Gesamtangebots lag – eine Entwicklung, die sich für 1993/94 zu bestätigen scheint (vgl. Rüdiger 1994, S. 160).

Es ist unschwer zu erkennen, daß mit den skizzierten Innovationsansätzen in Saarland und Schleswig-Holstein der Versuch gemacht wird, durch gesetzliche Regelungen der Länder auch die berufliche Weiterbildung in ihre Förderung dieses Bildungsbereichs einzubeziehen. Dies geschieht über die staatliche Anerkennung von Einrichtungen. Das politische Ziel ist offenkundig, über derartige Vorgaben neben der Integration von allgemeiner und beruflicher Bildung und neben der Einbeziehung der Weiterbildung in eine regionale Entwicklungspolitik auch Qualitätsstandards durchzusetzen. Die staatliche Anerkennung wird – mit oder ohne Finanzförderung – als werbewirksames Gütesiegel konzipiert.

Bislang jedoch haben diese Vorstellungen keine allgemeine Akzeptanz gefunden. Dies ist m.E. vor allem dem Umstand geschuldet, daß nur jene Einrichtungen erfaßt werden, die sich dem Anerkennungsverfahren aussetzen.

Ein erster Versuch, diese Entwicklung zu steuern, ist in den unterschiedlichen Ansätzen zur Qualitätssicherung zu sehen. Bei ihnen handelt es sich um eine Variante des Verbraucherschutzes, mit dem über die Vergabe von Gütesiegeln seriöse Anbieter von unseriösen unterschieden werden können. Zur Einhaltung von Gütekriterien oder Qualitätscodices sollen sich die Anbieter von Weiterbildung selbst verpflichten und die Einhaltung überprüfen lassen – so z.B. „Verein Weiterbildung Hamburg". Von noch allgemeinerem Anspruch ist die Zertifizierung ISO 9000, eine internationale Norm, die im Rahmen eines generellen Qualitätsmanagements auch die Mitarbeiterqualifikation einschließt. Das Ziel dieses Ansatzes ist es, nur noch Bildungsanbieter zu engagieren, die über ein entsprechendes Zertifikat verfügen.

Bildungspolitisch ist an diesen Entwicklungen bedeutsam, daß man allen staatlichen Einflußnahmen auf die Qualitätssicherung oder – in Anlehnung an den „Strukturplan für das Bildungswesen" von 1970 – die Einhaltung von Mindeststandards zu gewährleisten, zuvorkommen wollte. Insofern ist der „Gütesiegel"-Ansatz Teil einer Deregulierungsstrategie, die seit 1985 von der Bundesregierung eingeleitet wurde, und die auf die Privatisierung und Kommerzialisierung der Weiterbildung insgesamt zielt. Stillschweigend wird dabei unterstellt, daß Weiterbildungsangebote genauso behandelt werden könnten oder gar sollten wie andere Produkte und Dienstleistungen, Bildung also als ein Warenprodukt unter anderen zu begreifen sei.

Die Sogwirkung dieser Idee ist so groß, daß auch jene Einrichtungen, die nach einem vergleichbaren Kriterienkatalog in den Landesgesetzen sich einem Anerkennungsverfahren unterzogen haben, sich an solchen Vorhaben beteiligen. Sogar die Volkshochschulen können sich diesem Druck nicht entziehen und sehen sich genötigt, eigene Vorstellungen zur Qualitätssicherung zu entwerfen (vgl. z.B. „10 Thesen zur Qualitätssicherung in der Volkshochschule" aus dem VHS-Verband Niedersachsen). Wie sehr dabei die Markt-Option bereits die Diskussion beherrscht, wird deutlich, wenn diese aus pädagogischer Sicht kritisch untersucht werden (vgl. Epping 1995, S. 17ff.).

3. Die Grundrechtsverpflichtung des Staates als Restgröße

Wer so weit sich vorgearbeitet hat, greift mit besonderem Interesse nach der „3. Empfehlung zur Weiterbildung", die die Kultusministerkonferenz (KMK) im Dezember 1994 vorgelegt hat. Sie ist deswegen von besonderer Bedeutung, weil die KMK sich sehr selten in dieser Form geäußert hat – zuvor nur

1964 und 1971 – und weil eine derartige Verabredung zur Weiterbildungspolitik nicht ohne Folgen für die länderspezifische Politik bleiben könnte.

Für die hier untersuchten Fragestellungen ist die neue Empfehlung ebenso ergiebig wie aufschlußreich. Sie ist als eine mit herkömmlichen Formeln nur leicht kaschierte Variante einer durchgängigen Marktorientierung in der Weiterbildung anzusehen, für die die staatliche Bildungspolitik lediglich die *„Sicherung der Rahmenbedingungen"* übernimmt. Diese wird übernommen *„für die Grundversorgung, für die Wahrung der Pluralität, für die Kooperation und Koordination, für die Setzung innovativer Schwerpunkte, für die Information, Beratung und Werbung, für die Qualitätssicherung und Anerkennung von Weiterbildungseinrichtungen, für die Zertifizierung und den Teilnehmerschutz sowie für die Forschung und Lehre in der Weiterbildung"* (Abschnitt 2). Wohlgemerkt – es geht nicht um die Sicherung oder Gewährleistung all dieser Aufgaben, es geht um die Sicherung der Rahmenbedingungen dafür (vgl. Faulstich 1995, S. 86f.).

Erst wenn man dies zur Kenntnis nimmt, fällt auf, warum jeglicher Bezug zum „Recht auf Bildung" oder zu den „bildungsbezogenen Grundrechten" sorgsam vermieden wird. Als einzig identifizierbarer Bezug zum Grundgesetz, mit dem die Verantwortung des Staates begründet wird, findet sich die Gewährleistung der Gleichwertigkeit der Lebensverhältnisse (vgl. GG Art. 72(3)), und auch diese Verantwortung, obwohl die Weiterbildung als „öffentliche Aufgabe" bezeichnet wird (2.7), bezieht sich lediglich auf die Ermöglichung des „Zugangs zur Weiterbildung", nicht auf die Sicherstellung des Angebots selber – etwa wie in Nordrhein-Westfalen durch die Gewährleistung eines in Inhalt und Umfang definierten Mindestangebots. Um so präziser wird die Verantwortung von Einrichtungen und ihren Trägern und der anderen an der Weiterbildung Beteiligten definiert, wie der Erwachsenen selber, der Wirtschaft oder der Hochschulen.

Diese Zurückhaltung im Hinblick auf die Leistungen des Staates findet sich in den „Grundsätzen zur Finanzierung" (Abschnitt 2.7) wieder. Als General-Feststellung ist zu lesen: *„Als öffentliche Aufgabe bedarf die Weiterbildung auch einer öffentlichen Förderung, zumindest eines Grundangebots"* – welches aber nicht näher definiert wird. Konkreter werden erneut die TeilnehmerInnen, die gesellschaftlichen Gruppen als Träger von Weiterbildungseinrichtungen und vor allem die Arbeitgeber in die Pflicht genommen (ebd.).

Schaut man näher hin, finden sich jedoch noch weitere Elemente einer öffentlichen Förderung: etwa für besondere Angebote wie die politische Bildung, die Kooperation von Einrichtungen oder die indirekte Unterstützung der TeilnehmerInnen durch steuerliche Entlastungen und durch Förderregelungen für untere Einkommensgruppen. Die finanzielle Selbstverpflichtung des Staates wird also durch das Prinzip der Subsidiarität – also nach Maßgabe des öffentlichen Interesses und der Marktfähigkeit bestimmter Bevölkerungsgruppen – bestimmt. Damit wird das Privatisierungs- und Kommerzialisierungskonzept, das die Bundesregierung 1985 vorgelegt hat, im Grundsatz 10 Jahre später von allen Kultusministern übernommen.

Es wird – anders, als es sich Dorothee Wilms gedacht hat – lediglich durch die detaillierte, gleichwohl kostenneutrale Festlegung von Rahmenbedingungen modifiziert. Wollte Frau Wilms „staatliche Reglementierung" und „staatliche Finanzierung" vermeiden und auch im Weiterbildungsbereich die freie Marktwirtschaft durchsetzen, scheint die KMK eher den Vorstellungen von Christoph Ehmann zu folgen, der sich als Strukturkonzept für die Weiterbildung bereits 1988 nur einen *„durch qualitative Vorgaben und staatliche Wettbewerbspolitik ‚geregelten Markt'"* vorstellen wollte (Ehmann 1988, S. 22). Bei allem staatlichen Regulierungsanspruch ist jedoch die Balance von Grundrechtsverpflichtung des Staates und Marktanpassung eindeutig zugunsten eines am Modell der Weiterbildungswirtschaft ausgerichteten Struktur- und Finanzierungskonzepts verschoben. Offenbar hat sich die KMK entschlossen, die ‚Zeichen der Zeit' nicht nur zur Kenntnis zu nehmen, sondern zur Richtschnur ihrer Politik zu erklären.

Es stellt sich allerdings die Frage, ob und wieweit die Länder tatsächlich dieser Politik einer Privatisierung und Kommerzialisierung folgen werden. Es gibt Anlaß, an einer solchen Entschlossenheit zu zweifeln. Dagegen spricht einmal die Novellierung des Weiterbildungsgesetzes in Rheinland-Pfalz vom 3.11.1995, mit der eine vorsichtige Modernisierung des alten Gesetzes von 1975 mit einer für die aktuelle Haushaltslage bemerkenswerten Verdoppelung der Haushaltsansätze von 1991 für 1996 verbunden wurde (vgl. Christ 1995, S. 14ff.). Auch in Nordrhein-Westfalen scheint man der Dritten Empfehlung zur Weiterbildung wenig Bedeutung zuzumessen. Denn 10 Monate nach dem Beschluß der KMK formuliert die zuständige Ministerin am 22.10.1995 ihre Position so: *„Ich bekenne mich zu dem Recht auf Weiterbildung für alle Bürgerinnen und Bürger unseres Landes und der daraus folgenden Pflicht des Landes, dieses Recht gesetzlich auszugestalten und sich gleichzeitig an der Finanzierung zu beteiligen"* (Behler 1995, S. 22). Sie präzisiert diese Aussagen weiter in drei *„zentralen Gestaltungsregelungen:*

1. *Die Zielvorgabe eines flächendeckenden und bedarfsgerechten Weiterbildungsangebots für die Bevölkerung, und zwar gleichwertig in allen Sachbereichen.*
2. *Die Bedarfsdeckung durch das Pflichtangebot der kommunalen Volkshochschulen gemeinsam mit dem Angebot der Einrichtungen in anderer Trägerschaft, ...*
3. *Die gesicherte Qualität des Angebots über institutionelle Vorgaben und über die Förderkriterien des Personals und der pädagogischen Leistung"* *(ebd.).*

Diese Bekräftigung des Rechts auf Bildung und der daraus abgeleiteten Verpflichtung des Staates in seiner gesetzlichen Ausgestaltung erfolgte in realistischer Einschätzung der Haushaltslage und in Anbetracht der damit verbundenen Schwierigkeiten und Grenzen der Realisierung solcher Zielvorstellungen. Deutlich aber ist, daß sich das Recht auf Bildung nicht mit der Privatisierung und Kommerzialisierung eben dieser Bildung vereinbaren läßt. Es steht zu hoffen, daß eine solche Absage auch in weiteren Ländern Schule macht und die klassische Balance zwischen Grundrechtsverpflichtung und Marktanpassung trotz aller Haushaltsengpässe im Bildungsbereich Leitprinzip der Weiterbildungspolitik bleibt. Denn nur dann vermag die Bildung Erwachsener auch die Zielspannung zwischen Mündigkeit und Brauchbarkeit aufrecht zu erhalten, sich den Beliebigkeiten des Zeitgeistes zu entziehen und den störrischen Eigensinn des aufgeklärten Bürgers eines demokratischen Staates zu bewahren.

Literatur

Ackermann, H., „Mehr Konkurrenz – weniger Staat?" Aus- und Weiterbildung aus der Sicht der bildungspolitischen Akteure, in: Kl. Ahlheim, W. Bender (Hrsg.), Lernziel Konkurrenz? Erwachsenenbildung im „Standort Deutschland". – Eine Streitschrift, Opladen 1996, S. 127-138.

Behler, G., Weiterbildung in öffentlicher Verantwortung, in: Informationen Weiterbildung in Nordrhein-Westfalen 8/95, S. 21-23.

Benner, D./Tenorth, H. E.: Bildung zwischen Staat und Gesellschaft, in: ZfPäd 42 (1996), S. 3-14.

Böhrk, G., Weiterbildungspolitik in Schleswig-Holstein, in: Report 33 – Literatur- und Forschungsreport Juni 1994, S. 153-155.

BUND-LÄNDER-KOMMISSION FÜR BILDUNGSPLANUNG UND FORSCHUNGSFÖRDERUNG, Fortschreibung des Bildungsgesamtplans (Bildungsgesamtplan II), Ms Bonn 1979.

BUND-LÄNDER-KOMMISSION FÜR BILDUNGSPLANUNG, Bildungsgesamtplan, Stuttgart 1973.

BUNDESMINISTERIUM FÜR BILDUNG UND WISSENSCHAFT (Hrsg.), Thesen zur Weiterbildung, Bonn 1985.

Christ, R., Gegen den Trend. Rheinland-Pfalz novelliert das Weiterbildungsgesetz und verbessert die rechtlichen und finanziellen Rahmenbedingungen der Weiterbildung, in: Nachrichtendienst der Deutschen Evangelischen Arbeitsgemeinschaft für Erwachsenenbildung 4/1995, S. 14-16.

Dauber, H./Verne, E. (Hrsg.): Freiheit zum Lernen. Alternativen zur lebenslänglichen Verschulung, Reinbek 1976.

DEUTSCHER AUSSCHUSS FÜR DAS ERZIEHUNGS- UND BILDUNGSWESEN, Zur Situation und Aufgabe der Erwachsenenbildung, Stuttgart 1960.

DEUTSCHER BILDUNGSRAT, Strukturplan für das Bildungswesen, Stuttgart 1970.

Ehmann, Chr., Finanzierung der Weiterbildung – Praxis und Modelle, in: F. Edding (Hrsg.), 20 Jahre Bildungsforschung, 20 Jahre Bildungsreform, Bad Heilbrunn 1987, S. 50-66.

Ehmann, Chr., SPD – Programm gegen den Sündenfall. Das SPD-Programm „Weiterbildung für eine menschliche Zukunft" – Ein Kompromiß zwischen Bürgerrecht und Volkswirtschaft, in: Weiterbildung. Das Magazin für Lebenslanges Lernen 4/1988, S. 20-23.

Epping, R., Qualitätssicherung in der beruflichen Weiterbildung – Überlegungen aus pädagogischer Sicht, in: Informationen Weiterbildung in Nordrhein-Westfalen 4/95, S. 17-21.
Faulstich, P., Öffentliche Verantwortung für die Weiterbildung, in: M. Jagenlauf, M. Schulz, J. Wolgast (Hrsg.), Weiterbildung als quartärer Bereich. Bestand und Perspektiven nach 25 Jahren, Neuwied 1995, S. 77-91.
Freire, P., Pädagogik der Unterdrückten, Stuttgart 1971.
Heid, H., Standortfaktor Bildung, in: Kl. Ahlheim, W. Bender (Hrsg.), a.a.O., S. 75-84.
Hentig, H.v., Die Menschen stärken, die Sachen klären. Ein Plädoyer für die Wiederherstellung der Aufklärung, Stuttgart 1985.
Illich, I., Entschulung der Gesellschaft. Entwurf eines demokratischen Bildungssystems. Reinbek 1973.
Knoll, J.H./Pöggeler, F./Schulenberg, W.: Randstellung der Erwachsenenbildung wird festgeschrieben, in: Erziehung und Wissenschaft in Niedersachsen 10/83, S. 11.
Knoll, J.H., Bildungspolitische Autonomie der Erwachsenenbildung auf dem Wege zu einem selbständigen Bereich in den Bildungssystemen der DDR und der BRD, in: M. Jagenlauf u.a., Weiterbildung als quartärer Bereich. Bestand und Perspektiven nach 25 Jahren, Neuwied 1995, S. 15-28.
Kuhlenkamp, D., Weiterbildung und Bildungsplanung, in: W. Mader (Hrsg.), Weiterbildung und Gesellschaft. Grundlagen wissenschaftlicher und beruflicher Praxis in der Bundesrepublik Deutschland, Bremen 1993, S. 81-117.
Rüdiger, H., Zur weiterbildungspolitischen Situation in Schleswig-Holstein, in: Report 33 – Literatur- und Forschungsreport Juni 1994, S. 156-162.
Strunk, G., Strukturwandel in der Erwachsenenbildung durch die Auswirkungen des Arbeitsförderungsgesetzes, in: eb – berichte & informationen 23 (1991), S. 5-7.
Strunk, G., Wider den Ökonomismus in der Bildungspolitik. Anmerkungen zur bildungspolitischen Positionsbestimmung der Spitzenverbände der Wirtschaft vom Januar 1992, in: Grundlagen der Weiterbildung 3 (1992), S. 125-126.
Wilms, D., Grußansprache anläßlich des VIII. Volkshochschultages am 6.11.1986 in München (Ms).

Detlef Kuhlenkamp

Regelungen und Realpolitik in der Weiterbildung

Begriffe und Eingrenzungen

Als „Regelungen" werden im folgenden rechtliche Regelungen mit Gesetzes- oder Verordnungscharakter verstanden, die als Ergebnisse politischer Prozesse im „*Aggregatzustand*" (Benda 1987, S. 836) „*geronnener Politik*" (Grimm, zitiert nach Benda. a.a.0.) auf Realität und Politik der Weiterbildung strukturierend wirken.

Der Text folgt einer Reduktion von Komplexität und beschränkt sich auf die Weiterbildungs- und Freistellungsgesetze der Länder und das Arbeitsförderungsgesetz des Bundes als den wichtigsten gesetzlichen Strukturierungsinstrumenten gegenüber der Weiterbildung als Ausdruck staatlicher Politik. Er blendet andere weiterbildungsrelevante Länder- und Bundesgesetze hier aus.

„Realpolitik" wurde im 19. Jahrhundert während der politischen Auseinandersetzungen um die Folgen des Jahres 1848 als Gegenbegriff zur „Ideenpolitik" des damaligen politischen Liberalismus geprägt. Er wird seitdem in einem doppelten Sinne gebraucht: Zum einen als Kennzeichnung einer Politik, die sich auf die Anpassung an reale Gegebenheiten als Kunst des Möglichen konzentriert, zum anderen für eine Politik, die sich auf das jeweils Mögliche beschränkt, unter Vernachlässigung von Wertorientierungen als pragmatische Interessenpolitik fungiert und die grundsätzliche Orientierung an Opportunität zum politischen Realismus erklärt. Ich komme am Ende darauf zurück.

Politische Intentionen und Konzepte als Hintergrund rechtlicher Regelungen

Die Weiterbildungsgesetze der Länder

Der Verabschiedung der heute bestehenden Weiterbildungsgesetze in der Bundesrepublik ging eine lange weiterbildungspolitische Diskussion voraus, die überregional 1960 mit dem Gutachten des Deutschen Ausschusses „Zur

Situation und Aufgabe der deutschen Erwachsenenbildung" begonnen worden war und die zur Verabschiedung des niedersächsischen „Gesetz(es) zur Förderung der Erwachsenenbildung" am 18.12. 1969 als erstem Weiterbildungsgesetz führte, das heute noch in Kraft ist. Ihm folgten weitere Landesgesetze zur Weiterbildung in den Bundesländern Saarland, Hessen, Bremen, Bayern, Nordrhein-Westfalen, Rheinland-Pfalz und Baden-Württemberg, die bis 1975 verabschiedet wurden. Erst 1990 folgte mit Schleswig-Holstein ein weiteres Bundesland – im gleichen Jahr erhielt das Saarland ein neues Gesetz – und in den Jahren 1992-1994 wurden auch in den neuen Bundesländern Brandenburg, Mecklenburg-Vorpommem, Sachsen-Anhalt und Thüringen Weiterbildungsgesetze verabschiedet, so daß inzwischen nur noch die Bundesländer Berlin, Hamburg und Sachsen ohne ein Weiterbildungsgesetz sind.

Von den die Weiterbildungsgesetze prägenden Prinzipien sind besonders bedeutsam die Proklamation der Gleichrangigkeit der Bildungsbereiche, die Subsidiarität und der institutionelle Pluralismus.

Die im „Strukturplan für das Bildungswesen" von 1970 und im „Bildungsgesamtplan" von 1973 zum Ausdruck kommende bildungspolitische Intention, Weiterbildung solle vierter und öffentlich verantworteter Bereich des Bildungswesens werden, hat in den Weiterbildungsgesetzen weitgehend ihren Niederschlag gefunden, wenn auch mit unterschiedlicher Akzentuierung.

Die Bestimmung der Weiterbildung in den Gesetzen als „Teil des allgemeinen Bildungswesens" oder „Teil des öffentlichen Bildungswesens" ist jedoch weitgehend proklamatorisch geblieben, denn alle Gesetze erklären, daß die Weiterbildung lediglich „zu fördern" sei. Damit wird jedoch die jeweils kurz vorher erklärte „Gleichberechtigung" der Weiterbildung mit den anderen Bildungsbereichen relativiert, denn nicht nur umgangssprachlich hat „fördern" die Bedeutung, Leistung oder Vermögen eines anderen materiell oder immateriell zu stützen und zu stärken, auch in juristischem Sinne bedeutet „fördern" durch den Staat der Einsatz staatlicher Haushaltmittel zugunsten eines anderen Empfängers, von dem zum einen eine „angemessene Eigenleistung" und zum anderen die Durchführung des als sinnvoll und wünschenswert erachteten Vorhabens erwartet werden. Fördern heißt staatsrechtlich eben nicht „gewährleisten" als ein „Einstehenwollen und Einstehenmüssen im Sinne einer Garantieübernahme" (Schramm 1977, Bd. 1, S. 158). Im Weiterbildungsbereich gilt dies nur für die „Grundausstattung" der Volkshochschulen im Rahmen des Mindestangebots nach dem nordrhein-westfälischen Weiterbildungsgesetz.

Subsidiarität bezeichnet eine sozialethische und sozialpolitische Wertvorstellung, die aus der katholischen Soziallehre stammt und Nachrangigkeit in dem Sinne meint, daß die nächst größere soziale Einheit erst dann helfend tätig wird, wenn die Möglichkeiten der kleineren sozialen Einheit ausgeschöpft sind.

Das Subsidiaritätsprinzip prägt die Finanzierungsstruktur des Weiterbildungsbereichs in der Bundesrepublik. Hier gilt in der Regel die Interventionsfolge: Nutzer, Träger einer Weiterbildungseinrichtung, öffentlich-rechtlich verfaßte Fonds – wie Bundesanstalt für Arbeit oder Europäischer Sozialfonds –, Staat. Doch ist nicht linear von einer zeitlichen Reihenfolge der jeweiligen Leistungserbringung auszugehen. Vielmehr ist offensichtlich, daß Teilnehmerinnen und Teilnehmer sich mit eigenen Entgelten an der Finanzierung von Weiterbildung erst dann beteiligen können, wenn durch finanzielle Vorleistungen oder zumindest Finanzierungszusagen von Trägerorganisationen öffentlichen Fonds oder dem Staat Weiterbildungsangebote zur Verfügung stehen. Die staatliche finanzielle Förderung ist eine nachrangige Zuschußgewährung mit dem Charakter einer Komplementärfinanzierung.

Ein Teil der Weiterbildungsinstitutionen wird von gesellschaftlichen Großorganisationen getragen, deren Engagement in der Weiterbildung als Ausdruck der jeweils primären Funktionsbestimmungen von Kirchen, Parteien, Gewerkschaften, Arbeitgeber- oder sonstigen Verbänden zu verstehen ist. Weiterbildung steht somit im ihr übergeordneten Interesse der Institution, die ihre jeweilige Einrichtung der Weiterbildung als Träger politisch, rechtlich und finanziell verantwortet.

Als weiterbildungspolitische Legitimationsfigur diente in den Diskussionen der sechziger – und teilweise auch noch der siebziger – Jahre die Argumentation, der gesellschaftliche Pluralismus müsse auch in der institutionellen Struktur der Weiterbildung gleichberechtigt wiederkehren. Sie erfuhr bedeutsame Unterstützung durch die „Niedersächsische Studienkommission für Fragen der Erwachsenenbildung", die ihr Gutachten 1965 mit der Empfehlung vorlegte, bei der öffentlichen Förderung der Erwachsenenbildung gesellschaftliche Gruppen, kommunale Gebietskörperschaften und den Staat als deren Träger gleich zu behandeln (Gotter 1973, S. 17). Eine weitere Verstärkung erfuhr diese Position durch den Abschluß des „Konkordat(s) zwischen dem Heiligen Stuhle und dem Lande Niedersachsen" vom 26.02.1965. Dieses bestätigt der Kirche das Recht, mit eigenen Einrichtungen an der Erwachsenenbildung teilzunehmen und garantiert der katholischen Erwachsenenbildung die gleichberechtigte Förderung bei Beachtung der Bewilligungsbedingungen für die staatliche Förderung. Allein schon aufgrund des Gleichheitsgrundsatzes von Artikel 3 des Grundgesetzes mußten diese Regelungen dann auch für die Einrichtungen anderer gesellschaftlicher Großorganisationen als Teile des gesellschaftlichen Pluralismus gelten.

Die Freistellungsgesetze der Länder

Die politische Diskussion um den Bildungsurlaub als bezahlte Freistellung von der Berufsarbeit zugunsten der Teilnahme an Weiterbildungsveranstaltungen verlief zu einem großen Teil parallel zur bildungspolitischen Diskussion um die gesetzliche Verankerung der Weiterbildung der Bundesrepublik.

Sie wurde eingeleitet von der Mitgliederversammlung des „Arbeitskreises ARBEIT und LEBEN für die Bundesrepublik Deutschland e. V." im Mai 1960 in Bremen mit der Forderung an den Bundestag und die Landesparlamente, „*in neuen Urlaubsgesetzen jedem Arbeitnehmer über seinen Erholungsurlaub hinaus einen bezahlten Bildungsurlaub zu garantieren, der in jeweils fünf Jahren insgesamt acht Wochen umfassen soll*" (zitiert nach Görs 1978, S. 31).

Unter den Begründungen zur Einführung des Bildungsurlaubs lassen sich vorrangig bildungspolitische und vorrangig sozialpolitische unterscheiden. Die bildungspolitischen Argumente zielen vor allem auf die Ausweitung der Bildungs- und Lernchancen durch die Integration von Lernmöglichkeiten in die Beschäftigungsverhältnisse. Damit würden durch die Freistellungen sowohl vom Zeitvolumen als auch von der Zeitorganisation her die Lernchancen Erwachsener beträchtlich verstärkt. Die sozialpolitischen Argumente betonen vor allem die Wirksamkeit des bezahlten Bildungsurlaubs für die Ausweitung der Teilnehmerschichten in der Weiterbildung. Die bezahlte Freistellung von der Berufsarbeit zugunsten der Weiterbildung ermögliche es, auch Bevölkerungsschichten zu Lernanstrengungen im Erwachsenenalter zu motivieren, die aufgrund ihrer Lebensgeschichte Lernangebote der Weiterbildung zumeist nicht auf sich beziehen. Dies sei schließlich auch allgemeinpolitisch für eine Demokratie bedeutsam, wenn Lernen als wichtige Veränderungschance der Individuen möglichst vielen Menschen ermöglicht werde.

Das Arbeitsförderungsgesetz des Bundes

Das Arbeitsförderungsgesetz (AFG) des Bundes von 1969 ist als eine Reaktion auf die erste wirtschaftliche Rezession in der Bundesrepublik 1966/67 zu verstehen. Die Rezession 1966/67 führte 1966 nicht nur zur Bildung der Großen Koalition zwischen CDU/CSU und der bis dahin oppositionellen SPD, sondern auch zu einem veränderten Verständnis von intervenierenden Funktionen des Staates. Diese zielten nun auf eine staatliche Globalsteuerung mit einem ökonomisch-finanziellen Bezugsrahmen für unterschiedliche Politikfelder, einer mittelfristigen Finanzplanung sowie einer antizyklischen Konjunkturpolitik. Angewandt wurden sie durch das neu verabschiedete „Gesetz zur Förderung der Stabilität und des Wachstums der Wirtschaft" von 1967 (BGBl. I, S. 582) und das Arbeitsförderungsgesetz, durch Änderung des Grundgesetzes zugunsten neu definierter „Gemeinschaftsaufgaben", durch neue Kooperationsgremien, wie die „Konzertierte Aktion" und den „Konjunkturrat", sowie durch Veränderungen des politisch-administrativen Systems.

Die Verankerung der beruflichen Weiterbildung im AFG „im Rahmen der Sozial- und Wirtschaftspolitik der Bundesregierung" ist nicht als isolierte politische Einzelmaßnahme zu sehen. Sie war vielmehr Teil einer politischen

Gesamtstrategie, die Bildungsinvestitionen als Zukunftsinvestitionen verstand und sich unter dem Einfluß von weitgehend aus den USA übernommenen Konzepten der Bildungsökonomie von ihnen wirksame Beiträge zur Überwindung der ersten ökonomischen Rezession der Bundesrepublik 1966/67 und ihrer Folgen versprach. Insofern kann die Regelung der Förderung der beruflichen Fortbildung, Umschulung, Einarbeitung und Rehabilitation im AFG auch verstanden werden als die Zusammenführung des Musters einer aktiven Arbeitsmarktpolitik mit dem einer offensiven Bildungspolitik.

Die Wirksamkeit rechtlicher Regelungen

Die Ländergesetze zur Weiterbildung

Alle Weiterbildungsgesetze der Länder grenzen die Anerkennungsfähigkeit von Weiterbildungseinrichtungen, die in den meisten Fällen mit der Förderungsfähigkeit aus öffentlichen Mitteln verbunden wird, mit Hilfe von rechtlichen Regelungen in Gesetz oder Durchführungsbestimmungen ein und errichten damit Hürden vor der staatlichen Anerkennung von Weiterbildungseinrichtungen. Diese stellen Anforderungen des Staates dar, die pädagogische, ökonomische und personelle Kontinuitäten der Weiterbildung sichern sollen. Die geforderten Anerkennungsvoraussetzungen dienen als Indikatoren, um zugunsten der Nutzer ein Mindestmaß an Qualität, Verläßlichkeit und Kontinuität von Weiterbildungsangeboten und der sie tragenden institutionellen Struktur zu garantieren. Da die staatliche Anerkennung in den meisten Fällen mit der Förderungsberechtigung verbunden ist, sollen sie auch den Staat davor schützen, Steuermittel in Strukturen zu investieren, die die erwarteten Leistungen nicht oder nur unterhalb definierter Mindeststandards erbringen können. Werden die Anerkennungsvoraussetzungen zu niedrig definiert, besteht die Gefahr, daß die investierten Steuermittel wirkungslos verpuffen.

Allerdings behindern derartige Anerkennungsvoraussetzungen auch die Entwicklung von Weiterbildungseinrichtungen bis zur Anerkennungsfähigkeit. Je höher die mit den geltenden Anerkennungsvoraussetzungen errichtete Schwelle vor der staatlichen Anerkennung ist, desto schwieriger ist es für neugegründete oder für aus anderen Gründen bisher nicht anerkannte Einrichtungen, die Schwelle der staatlichen Anerkennung zu überschreiten. Werden die Anerkennungsvoraussetzungen zu hoch definiert, besteht die Gefahr, daß nur Einrichtungen in Trägerschaft finanzstarker Großorganisationen anerkannt werden und institutionelle Neuentwicklungen chancenlos bleiben.

Von den Problemen bei der Zuschußgewährung nach den Weiterbildungsgesetzen der Länder ist das offensichtlichste die mangelhafte finanzielle Ausstattung des Weiterbildungsbereichs mit Landesmitteln. Kein Bundesland fördert die Weiterbildung in der ursprünglich vom Gesetz und den dazu erlassenen Richtlinien vorgesehenen Form. Vielmehr haben alle Länder durch die mit unterschiedlichen Techniken vorgenommenen Beschränkungen der für die Weiterbildung im Landeshaushalt zur Verfügung stehenden Haushaltsmittel ihre Zuschußgewährung eingeschränkt. Auch haben alle Länder durch Mittelkürzungen ein bereits erreichtes Zuschußvolumen in mindestens einem Haushaltsjahr auch wieder vermindert. Dies bedeutet, daß die staatlich geförderte Weiterbildung nicht in der Lage ist, den manifesten, bereits artikulierten Bedarf zu befriedigen. Sollte dies geschehen, müßten sofort in allen Bundesländern die Haushaltsansätze für die Weiterbildung deutlich ausgeweitet werden. Die Gesamtheit der zur Durchführung aller Weiterbildungsgesetze zur Verfügung stehenden Haushaltsmittel liegt trotz des finanziellen Engagements der neuen Bundesländer unter DM 0,5 Mrd., während für die Förderung der beruflichen Fortbildung und Umschulung nach dem AFG des Bundes 1993 DM 6,24 Mrd. von der Bundesanstalt für Arbeit ausgegeben wurden, 1994 allerdings nur noch DM 4,53 Mrd. (Bundesanstalt für Arbeit, Geschäftsbericht 1993, S. 86), wobei die zusätzlich aufgewandten DM 9,57 Mrd. für Unterhaltsgeld nicht berücksichtigt sind.

Weiterbildung wird in ihrer Funktionsfähigkeit als vierter Bildungsbereich auch dadurch geschwächt, daß der Anteil einer investiven Förderung, der von politisch definierten Notwendigkeiten, beobachtbaren Lernbedürfnissen Erwachsener und quantitativen Voraussetzungen, etwa in Form von Einwohnerzahlen, ausgeht, vergleichsweise gering ist. Vorherrschend ist vielmehr die an Veranstaltungsvolumina gebundene finanzielle Förderung. Dadurch entsteht ein Druck, hohe Quantitäten bei Teilnehmerzahlen, Unterrichtsstunden und Veranstaltungszahlen zu erzielen, um damit das staatliche Zuschußvolumen zu steigern und sich auf das leichter als das schwieriger zu organisierende Weiterbildungsangebot zu konzentrieren. Der komplementäre Charakter staatlicher Zuschußgewährung erfordert die ausreichende finanzielle Ergänzung durch Teilnehmerentgelte, Trägeraufwendungen und andere unterschiedliche öffentliche Zuschußquellen. Ohne deren Sockelfinanzierung greift die Zuschußgewährung nach einem Weiterbildungsgesetz nicht, denn diese sieht die Bezuschussung eingeschränkter anerkennungsfähiger Aufwendungen durch zumeist nur Teilbeträge dieser Aufwendungen vor. Damit werden nicht nur Veranstaltungen für zahlungskräftige oder zahlungsbereite Nutzer begünstigt, sondern auch Einrichtungen, deren Träger oder deren Adressaten über vergleichsweise hohe Eigeneinkünfte verfügen.

Die Wirksamkeit der Freistellungsgesetze

Die Veranstaltungsform des Bildungsurlaubs schien sich besonders gut zu eignen, durch die Hereinnahme von Weiterbildungsangeboten in die Arbeitsverhältnisse Weiterbildung auch für jene Bevölkerungsgruppen selbstverständlicher zu machen und Teilnahmeschwellen zu verringern, die aufgrund rigider Arbeitsbedingungen, geringer Bildungserstausstattung oder verminderter sozialer Beteiligungschancen sich weitgehend „bildungsdistanziert" verhalten (Koch 1985, S. 320ff.).

Tatsächlich gibt es Anzeichen dafür, daß der Bildungsurlaub auch weiterbildungsungewohnte Bevölkerungsgruppen erreicht hat, ohne daß dafür in größerem Umfang „harte" empirische Daten verfügbar sind, denn die länderspezifischen Weiterbildungsberichtssysteme erheben in der Regel keine Sozialdaten der Teilnehmerinnen und Teilnehmer. Eine Ausnahme stellt das kleinste Bundesland Bremen dar, wo seit 1981 für den Bereich der anerkannten Weiterbildung Sozialdaten von Teilnehmerinnen und Teilnehmern erhoben werden. Im Bildungsurlaub lag hier der Anteil der – in der Weiterbildung generell unterrepräsentierten – Arbeiterinnen und Arbeiter in der Anfangsphase bei deutlich über 20%, ging 1984 auf 19,1% zurück und stabilisierte sich dann in dieser Höhe, während er bei der Gesamtheit der von den anerkannten Einrichtungen durchgeführten Veranstaltungen bei rund 10% liegt. Die Erweiterung des sozialen Spektrums bei Teilnehmerinnen und Teilnehmern der Weiterbildung in Bildungsurlaubsveranstaltungen in Internatsform wird auch durch Teilnehmerstatistiken von Weiterbildungseinrichtungen bestätigt und durch den – allerdings singulären – Sachverhalt in Niedersachen unterstrichen, wo 1990 44% der Teilnehmenden am Bildungsurlaub aus Arbeitern der Volkswagen AG bestanden (Bundesministerium für Bildung und Wissenschaft 1993, S. 316). Dennoch beeinflußte der Bildungsurlaub nicht weitgehend die Teilnehmerstruktur in der Weiterbildung und veränderte – insgesamt gesehen – auch nicht deren Proportionen, denn er konnte quantitativ dafür nicht hinreichend ausgeweitet werden,

- die Teilnehmerstrukturen im Bildungsurlaub unterscheiden sich nicht so exorbitant von denen anderer Veranstaltungsformen,
- gerade der Bildungsurlaub in Internatsform war mit seinen besonderen Chancen zur Gewinnung neuer Teilnehmerschichten, aber auch mit den zusätzlichen Kosten für Unterkunft und Verpflegung von der Beschränkung der finanziellen Weiterbildungsförderung durch die Länder betroffen.

Das Instrument des gesetzlich verankerten Bildungsurlaubs hat nicht nur zur Erweiterung der Teilnehmer-, sondern auch der Programmstruktur in der Weiterbildung geführt. Dies gilt nicht nur für den Typ der fünftägigen Internatsveranstaltung in der politischen WB, sondern auch für die Bildungsurlaubsveranstaltung „am Ort", die, weil ohne Kosten für Unterkunft und Verpflegung, sich nach der Anfangsphase des gesetzlichen Bildungsurlaubs verstärkt durchgesetzt hat. Besonders geeignet scheint der gesetzliche Bildungsurlaub zur Verankerung innovativer Weiterbildungsangebote zu sein, wie die Umweltbildung es einmal war. Zugleich scheint jedoch eine Tendenz zu bestehen, daß sein Themenspektrum sich um so stärker dem „normalen" Spektrum des gesamten Weiterbildungsangebots annähert, je länger er als Veranstaltungsform existiert (vgl. Strukturkommission Weiterbildung, Bremer Bericht zur Weiterbildung, S. 28).

20 Jahre nach Einführung der ersten Freistellungsgesetze ohne Altersbegrenzung in den Ländern Bremen, Hamburg und Niedersachsen ist es um den „Bildungsurlaub" ruhiger geworden. Er wird auf einer sehr viel niedrigeren Beteiligungsquote praktiziert, als bei seiner Einführung vermutet wurde. Weder haben sich die weitgehenden Hoffnungen seiner Befürworter noch die außerordentlichen finanziellen Befürchtungen seiner Gegner bewahrheitet. Die Beteiligungsquote von insgesamt deutlich unter 5% der Anspruchsberechtigten ist zum einen den gravierenden strukturellen Beschäftigungsproblemen und zum anderen dem stagnierenden Ausbau öffentlich geförderter Weiterbildungsstrukturen geschuldet.

Die Wirksamkeit des Arbeitsförderungsgesetzes

Das AFG wurde 1969 in einer Phase des politischen Optimismus gegenüber den Möglichkeiten einer wirtschaftlichen Globalsteuerung, einer aktiven Arbeitsmarktpolitik und einer offensiven Bildungspolitik verabschiedet und wirksam. Nachdem die Wachstumsrate des realen Bruttosozialprodukts in der Rezession 1967 einen Einbruch erlitten hatte und auf 0,1% abgesunken war, lag sie 1968 wieder bei 6,3% und 1969 gar bei 8,4%. Die Inflationsrate lag 1968 bei 1,4% und 1969 bei 2,0%; die Arbeitslosenquote fiel von 2,1% im Jahr 1967 auf 0,7% 1970. Die erste Rezession war überwunden, für die Zukunft schien das neu geschaffene Instrumentarium von gesetzlichen Interventionsmöglichkeiten und politischen Koordinationsgremien geeignet, auf wirtschaftliche Dynamik nicht nur zu reagieren, sondern sie auch in gewünschte Richtungen lenken zu können. Die Gefahr eines Mangels an Arbeitskräften und höherwertiger Arbeitsqualifikation schien größer zu sein als die eines Mangels an Arbeitsplätzen.

Aufstiegsfortbildung und Umschulungsmaßnahmen von einer beruflichen Tätigkeit in eine andere prägten die ersten Jahre der Wirksamkeit der beruflichen Weiterbildung nach dem AFG. Dementsprechend fiel der Anteil der Arbeitslosen bei den Eintritten in AFG-Maßnahmen der beruflichen Fortbildung, Umschulung und Einarbeitung von 11,3% im Jahre 1970 auf 5,8% im Jahre 1973. Die Förderungsbedingungen waren damals sowohl in bezug auf den kaum eingegrenzten förderungsberechtigten Personenkreis als auch in bezug auf die gewährten Leistungen deutlich großzügiger als in späteren Phasen der AFG-Praxis.

In diese Förderpraxis des AFG wurde sechs Jahre nach seiner Verabschiedung mit dem „Haushaltsstrukturgesetz" vom 18.12.1975 massiv mit einer Verschärfung der Förderungsbedingungen eingegriffen. Die Leistungseinschränkungen des AFG durch das Instrument eines „Haushaltsstrukturgesetzes" waren eine Reaktion auf massive Haushaltsprobleme des Bundes und der Bundesanstalt für Arbeit, die sich im Laufe des Jahres 1975 gezeigt hatten.

Der nächste starke Eingriff in die Förderung der beruflichen Weiterbildung nach dem AFG erfolgte mit dem „Arbeitsförderungs-Konsolidierungsgesetz" (AFKG) vom 22.12.1981. Die Arbeitsämter wurden dadurch als steuernde Instanz für die Förderung der beruflichen Bildung deutlich gestärkt, wobei ihre strukturierenden Kompetenzen an die „Grundsätze der Wirtschaftlichkeit und Sparsamkeit" geknüpft wurden.

Die erneute Absenkung des Unterhaltsgeldes bei Vollzeitmaßnahmen mit „notwendiger" Teilnahme von 75% auf 68% des vorangegangenen Nettogehalts – und damit auf die gleiche Höhe wie das Arbeitslosengeld – sowie die Umwandlung der „zweckmäßigen Förderung" in eine Darlehensförderung machten aus der beruflichen Weiterbildung in Vollzeitform nach dem AFG „weitgehend eine Förderung von Arbeitslosen" und erlaubten deren Entwicklung als eine „Von der Arbeitsförderung zur Arbeitslosenförderung" zu charakterisieren (Richter, 1993, S. 106f.). Diese Entwicklung zeigt sich an dem starken Ansteigen des Anteils der Arbeitslosen bei den Eintritten in Maßnahmen der AFG-geförderten beruflichen Fortbildung, Umschulung und Einarbeitung, der von 1983 an fast immer über 60% lag.

Folgen für die Weiterbildung

Marginalisierung der Weiterbildungsgesetze

Die Wirkungsgeschichte der Weiterbildungsgesetze läßt sich beschreiben als eine Geschichte von Stagnation und Abschwächung ihrer strukturierenden Impulse. Die Stagnation der Landeszuschüsse nach den Weiterbildungsgesetzen seit Anfang der achtziger Jahre hat mit dem Bedeutungsverlust der Landesfinanzierung auch den Bedeutungsverlust landespolitischer Strukturierungen nach sich gezogen. Dies zeigt sich u.a. am Rückgang des Finanzierungsanteils des jeweiligen Landes bei zahlreichen anerkannten Weiterbildungseinrichtungen.

Diese Entwicklung führte teilweise zu einer weiterbildungspolitischen „Selbstfesselung" der westlichen Bundesländer. Über die bestehenden Rechtsnormen und Gebote hinaus haben die Länder sich größtenteils der Möglichkeiten enthalten, auf die zweifellos weiterhin vorhandene Angebotsdynamik der Weiterbildungseinrichtungen strukturierend einzuwirken. Die starken quantitativen und qualitativen Angebotszuwächse wurden weitgehend von den finanziellen Aufwendungen der Teilnehmerinnen und Teilnehmer, der Bundesanstalt für Arbeit nach dem Arbeitsförderungsgesetz und des Europäischen Sozialfonds gespeist. Während in den alten Bundesländern die Zuschüsse nach den Weiterbildungsgesetzen – bei durchaus vorhandenen länderspezifischen Verschiebungen – stagnierten, stiegen von 1985 bis 1992 die finanziellen Aufwendungen der Bundesanstalt für Arbeit für Maßnahmen der beruflichen Fortbildung, Umschulung und Einarbeitung in den alten Bundesländern um mehr als 100% – allerdings einschließlich Unterhaltsgeld von DM 3,46 Mrd. auf DM 7,63 Mrd. Die weiterbildungspolitischen Entwicklungstendenzen von 1980 bis 1995 lassen sich als Marginalisierung der Weiterbildungsgesetze kennzeichnen – bei gleichzeitiger Verabschiedung der Länder von einer aktiven Weiterbildungspolitik.

Segmentierung und Instrumentalisierung der Weiterbildung

Die Länder schwächen – wenn auch eher wildwüchsig – ihre Strukturierungsfähigkeit gegenüber der Weiterbildung auch durch die Segmentierung – wenn nicht gar Zersplitterung – eigener Zuständigkeiten und Interventionen. Denn die unter DM 0,5 Mrd. liegenden staatlichen Zuschüsse für die Weiterbildung sind die Haushaltsmittel, die in den Ländern zur Umsetzung der mit den Weiterbildungsgesetzen verbundenen Zielsetzungen zur Verfügung stehen. Daneben erhält die Weiterbildung nicht unerhebliche Finanzmittel aus anderen Ressorts, die den Intentionen anderer Politikfelder folgen. So ist es in den Bundesländern vielfache politische Praxis, daß Wirtschaftsministerien die berufliche Qualifizierung der Angehörigen kleiner und mittlerer Unternehmen als Teil der Wirtschaftsförderung und Weiterbildung sowie Beratung durch Verbraucherzentralen finanziell unterstützen, Landwirtschaftsministerien die Weiterbildung ländlicher Bevölkerungsschichten als Teil der Landwirtschaftsförderung mitfinanzieren, Sozialministerien mit Hilfe von Fördermitteln der Sozialpolitik benachteiligte Bevölkerungsgruppen an die Teilnahme an AFG-geförderten Veranstaltungen heranfahren, Gesundheitsministerien Kurse zur gesundheitlichen Prävention und gesunden Ernährung und Bauministerien Veranstaltungen zur Energieeinsparung finanzieren. Das heißt, Weiterbildung dient auch als Instrument anderer Politikfelder, ohne daß diese sich an weiterbildungspolitischen und -spezifischen Kriterien orientieren.

Landespolitische Impulse bedurften daher der politischen Bündelung. Aus weiterbildungspolitischer Sicht ist nicht zu akzeptieren, daß unterschiedliche Politikfelder mit staatlichen Interventionen unkoordiniert auf die Weiterbildung einwirken und deren Administrationen sich vor Koordinationsaufforderungen beispielsweise mit dem Hinweis zu schützen suchen, die von ihnen geförderte Qualifizierung des Personals von Klein- und Mittelbetrieben sei nicht als Weiterbildung anzusehen. Der Anspruch der Weiterbildungsgesetze, Weiterbildung müsse „integrierter Teil des Bildungssystems" sein, es sei ein „koordiniertes Gesamtangebot" der Weiterbildung zu schaffen und aufrechtzuerhalten oder es seien wie auch die „aufgrund anderer Gesetze bereits bestehenden Teilmaßnahmen der Weiterbildung" zu koordinieren, erfordert die Bündelung staatlicher, auf sämtliche Teilmaßnahmen der Weiterbildung bezogene Kompetenzen. Dies gälte allerdings auch für staatlicherseits vorgesehene Beratungsinstanzen für Weiterbildung sowie für die staatliche Weiterbildungsadministration selbst.

Eine Stärkung landespolitischer Impulse würde jedoch auch die Koordination unterschiedlicher Trägerinteressen in der Weiterbildung und nicht nur deren Moderation erfordern. Institutionelle Konkurrenz ist bei ähnlicher oder sogar gleicher Interessenkonstellation selbstverständlich. Staatliche Strukturierung muß jedoch ein Interesse an aufgabenzentrierter Kooperation statt an institutionell- und interessengeleiteter Konkurrenz haben. Dies impliziert auch das Beharren auf dem finanziellen Engagement der Trägerorganisationen von Weiterbildungseinrichtungen neben den finanziellen Aufwendungen der Teilnehmerinnen und Teilnehmer. Weiterbildung müßte zudem stärker als Aufgabe der öffentlichen Hand wahrgenommen werden. Statt dessen scheint die zunehmende Privatisierung der Weiterbildung – analog zu anderen öffentlichen Aufgaben – einseitig als finanzielle Entlastung der Gebietskörperschaften ausgegeben zu werden.

Paradigmenwechsel in der beruflichen Weiterbildung nach dem AFG

Das Arbeitsförderungsgesetz war in den vergangenen 25 Jahren für die Entwicklung der Weiterbildung in der Bundesrepublik äußerst bedeutsam und folgenreich. Dies zeigt sich allein schon an den enormen Quantitäten: Von 1970 bis 1993 wandte die Bundesanstalt für Arbeit in Deutschland für Unterhaltsgeld, Fortbildung, Umschulung und Einarbeitung nach dem AFG insgesamt DM 90,17 Mrd. auf, davon allein von 1991 bis 1993 in den neuen Bundesländern DM 26,74 Mrd., d.h. in den Jahren von 1991 bis 1993 gingen 29,66% der gesamten Fördersumme für die berufliche Weiterbildung seit 1970 nach dem AFG (einschließlich der Unterhaltszahlungen) in die neuen Länder. Diese Relation vermag den immensen Ressourcentransfer von West nach Ost aus den Mitteln der Bundesanstalt zu verdeutlichen. Die Statistik der Bundesanstalt zählte für den Zeitraum von 1970 bis 1993 in Deutschland insgesamt 10,53 Mio. Eintritte in berufliche Weiterbildungsmaßnahmen nach dem AFG, auch hier allein 2,07 Mio. Eintritte in den neuen Bundesländern nur in den Jahren 1991 bis 1993; dies bedeutet einen Anteil an der Gesamtzahl von 19,7% (Bundesanstalt für Arbeit, Förderung der beruflichen Bildung 1971ff.).

Die starke Ausrichtung des AFG und seine Durchführung an arbeitsmarkt-, sozial- und wirtschaftspolitischen Zielen macht es zu einem ambivalenten

Strukturierungsinstrument der Weiterbildung. Es hat einerseits dem Weiterbildungsbereich und seinen Institutionen zugunsten der Chancen des organisierten Lernens Erwachsener beträchtliche Ressourcenströme zugeführt, die durch die stagnierenden Weiterbildungsgesetze der Länder nicht zu erhalten waren. Es hat damit den Weiterbildungsbereich gestärkt, als Instanz zur breitgefächerten Qualifikationsvermittlung zu wirken und vielfältige Beiträge zu höherer beruflicher Qualifikation, zu Kompetenzgewinn in vielen Lebensbereichen und zu gesellschaftspolitischem Reflexionsvermögen zu leisten. Die Ressourcen der Bundesanstalt nach dem AFG boten dem Weiterbildungsbereich die Chance, verstärkt mit deren Hilfe kontinuierliche Beiträge zur beruflichen Qualifizierung zu leisten sowie andererseits eigene personelle und institutionelle Strukturen abzusichern und damit partiell die Abschwächung von Bildungspolitik und die Verknappung ihrer eigenen Ressourcen auszugleichen.

Jedoch bedeutete andererseits das starke Sicheinlassen des Weiterbildungsbereichs auf die AFG-gesteuerten Ressourcen der Bundesanstalt für Arbeit mit deren spezifischen politischen Zielvorgaben auch eine Abschwächung seiner auf Bildung bezogenen Angebote und Leistungen zugunsten von Arbeitsmarkt, Wirtschaftsstruktur, Sozialarbeit und Haushaltskonsolidierung. Neben den Beiträgen der beruflichen Weiterbildung nach dem AFG zur Ausweitung und Weiterentwicklung von Bildungs- und Lernmöglichkeiten in der Gesellschaft bewirkten AFG-geförderte Angebote auch eine partielle Vermeidung von Arbeitslosigkeit und allgemeiner wie politischer Frustration. Da das bestehende strukturelle Ungleichgewicht von Arbeitsplatzangebot und Arbeitsplatznachfrage auch durch noch so umfangreiche Qualifizierungsprozesse nicht auszugleichen ist, entstehen für die Weiterbildung jedoch beträchtliche Gefahren: Entweder muß sie die Hoffnungen vieler Teilnehmerinnen und Teilnehmer auf Reintegration in das Beschäftigungssystem enttäuschen, oder sie trägt bei zu schnellerem Austausch und höherer Mobilität der Arbeitskräfte bei weitgehendem Fortbestand des strukturellen Ungleichgewichts und der daraus entstehenden Arbeitslosigkeit. Daraus entstehende individuelle Enttäuschungen werden wahrscheinlich der Weiterbildung angelastet und schwächen ihre gesellschaftliche Bedeutsamkeit.

Im Verlauf der Geltungsdauer des AFG verschoben sich dessen Prioritäten und Interventionen zunehmend von einer aktiven zu einer passiven und reaktiven Arbeitsmarktpolitik, von „Arbeitsförderung" zu einer „Arbeitslosenförderung" (Richter 1993, S. 106), von einer Brückenfunktion zu einer Ersatzfunktion, vom Unterhaltsgeld bei ganztägigem Unterricht als Lohnersatz zum Unterhaltsgeld als Arbeitslosengeld-, Arbeitslosenhilfe- und Sozialhilfeersatz. Zugleich läßt sich über die Jahre hinweg eine Verschiebung beobachten von den eher „weichen" Interventionen der Bundesanstalt in Form von Bildung, Lernen und Qualifizierung hin zu den eher „harten" direkten materiellen Interventionen von Lohnersatzleistungen, Arbeitsbeschaffungsmaßnahmen und Hilfen zur Begründung einer selbständigen Tätigkeit. Dies zeigt sich auch an der Entwicklung des Anteil(s) der finanziellen Ausgaben der Bundesanstalt für Arbeit an Maßnahmen der beruflichen Fortbildung, Umschulung und Einarbeitung an den Gesamtausgaben der Bundesanstalt im Bundesgebiet West (in%): Der Anteil der Aufwendungen der Bundesanstalt für die berufliche Weiterbildung sank von rund einem Viertel in deren Hochzeiten Anfang der siebziger Jahre bis zu zeitweilig unter einem Zehntel, ehe er im Zuge der „Qualifizierungsoffensive" ab 1986 dann deutlich höher lag, ohne den früheren Anteil je zu erreichen. Daß er 1993 dann wieder auf nur 12% fiel, lag vor allem an *„Wesentliche(n), rechtliche(n) und administrative(n) Änderungen bei der Förderung beruflicher Weiterbildung 1993"* – so die Selbsteinschätzung der Bundesanstalt für Arbeit (Bundesanstalt für Arbeit, Berufliche Weiterbildung 1993, S. 4).

Distanz zum Staat

Die politische Entscheidung zugunsten der subsidiären Förderung des Weiterbildungsbereichs fiel in der Bundesrepublik in den sechziger Jahren, als die gesellschaftlichen Großorganisationen gegenüber dem Staat ihre Erwartungen zur Geltung brachten, als Träger von Weiterbildung gleichberechtigt neben Kommunen und Ländern bei der nach dem Gutachten des „Deutschen Ausschusses" von 1960 zu erwartenden Verrechtlichung der Weiterbildung berücksichtigt und als bezuschussungsfähig anerkannt zu werden. Die politische Festschreibung des gleichberechtigten institutionellen Pluralismus bei der gesetzlichen Weiterbildungsförderung ist von Vertretern der kirchlichen und verbandlichen Weiterbildung zutreffend als politischer Sieg über das noch im Gutachten des „Deutschen Ausschusses" durchscheinende Konzept der Differenzierung der Förderungsansprüche von Einrichtungen in öffentlich-rechtlicher und privatrechtlicher Trägerschaft gewertet worden (Gotter 1973, S. 17f.). Nicht mit gleicher Deutlichkeit wurde damals festgestellt, daß die politische Fixierung des institutionellen Pluralismus auch eine staatliche Distanz und – zumindest in Zeiten knapper Ressourcen – auch eine gewisse Beliebigkeit bei der Zuschußgewährung implizierte. Denn von da an konnte „staatliche Verantwortung" sich damit legitimieren und auch entlasten, daß die Gesamtheit der an der Weiterbildung institutionell beteiligten gesellschaftlichen Großorganisationen – vor allem unter der teilweise gesetzlich fixierten Aufforderung zur Kooperation – schon für ein leistungsfähiges Weiterbildungsangebot sorgen werde.

Weiterbildung geriet nach einer kurzen Phase des staatlichen finanziellen Engagements mit vergleichsweise hohen Zuwachsraten bereits Anfang der achtziger Jahre unter die Auswirkungen der dritten Rezession von 1981/82 und eines gegenüber den siebziger Jahren veränderten staatlichen politischen Musters, das mit unterschiedlicher Ausprägung und Konsequenz vor allem Wert legte, auf „Festlegung und Durchsetzung einer überzeugenden marktwirtschaftlichen Politik in allen Bereichen staatlichen Handelns", „eines Konsolidierungskonzeptes für die öffentlichen Haushalte ohne Erhöhung der Gesamtabgabenbelastung", einer Umstrukturierung öffentlicher Haushalte von konsumtiven hin zu investiven Verwendungen und einer „Anpassung der sozialen Sicherungssysteme an veränderte Wachstumsmöglichkeiten" (Graf Lambsdorff 1982, S. 127f.). Dieses als wirtschaftsliberal zu bezeichnende Konzept, hinter dem das altliberale Muster des „soviel Staat wie nötig, so wenig Staat wie möglich" durchscheint, prägte nicht bruchlos staatliche Politik in den achtziger Jahren – dies verhinderten allein schon politische Rücksichten und die föderale Struktur der Bundesrepublik –, war jedoch vielfach stilbildend für staatliche Politik. Obsolet wurde dieses politische Muster faktisch erst mit der deutschen Vereinigung, als die politischen Zwänge zur Angleichung der Lebensverhältnisse in West und Ost so drängend zu sein schienen, daß der Staat seine Interventionen auch in Wirtschaftsbereiche und seine Verschuldung in einem Maße ausweitete, wie es in der bis 1990 bestehenden Bundesrepublik politisch undenkbar gewesen wäre.

Die mit der deutschen Vereinigung aufgebrochenen ökonomischen, gesellschaftlichen und gesamtstaatlichen Probleme haben gezeigt, daß das politische Konzept des „Minimalstaats", der sich weitgehend auf seine nach innen und nach außen sicherheitsstiftenden und seine notmindernden Funktionen beschränkt, nicht geeignet ist, angesichts großer Strukturbrüche kollektive Risiken zu beherrschen und hinreichend Kollektivgüter zu sichern. Jedoch scheinen auch die Sozialstaatskonzepte der siebziger Jahre einschließlich der vor allem sozialdemokratisch begründeten Politik der „Verbreiterung des öffentlichen Sektors" sowie einer offensiven Bildungs- und einer präventiven Sozialpolitik nicht mehr tragfähig zu sein. Das Problem der finanziellen Ressourcenausstattung einer offensiven, strukturell und stringent operierenden Sozialstaatspolitik scheint gegenwärtig nicht zu lösen zu sein, die Belastungen und Einschränkungen, die eine solche Politik erfordern würde, sind wahrscheinlich für lange Zeit nicht mehrheitsfähig. Dies liegt nicht nur an den mit der deutschen Vereinigung aufgetretenen Problemen, sondern auch an der fortschreitenden Internationalisierung von Beschäftigung, Arbeitsteiligkeit und Kapitaleinsatz sowie am technologischen Fortschritt, wodurch der früher durchaus bestehende Zusammenhang von Wirtschafts- und Beschäftigungswachstum zerbrochen ist. Einer Sozialstaatspolitik „aus einem Guß" mangelt es an finanziellen Ressourcen, die durch fiskalische Abschöpfung dem ökonomischen Sektor entnommen werden müssen, und an politischer Konsensfähigkeit angesichts ihrer absehbaren finanziellen Belastungen.

Diese hier mehr angedeuteten als dargestellten Sachverhalte legen ein Staatskonzept nahe, das von der Vorstellung Abschied nimmt, der Staat könne in gleicher Weise für alle gesellschaftlichen Teilsysteme eine effiziente Steuerungsinstanz sein. Angesichts einer hochgradig polyzentrischen und polyvalenten Gesellschaft ist abzusehen, daß der Staat als eine Institution, die ihr Bestehen gesellschaftlichen Konkurrenzen und Kompromissen verdankt, völlig überfordert ist, wenn er alle gesellschaftlichen Teilsysteme mit politischen Interventionen strukturierend steuern will. Der moderne Staat wird eher ein „Rahmen-" oder „Koordinationsstaat" sein, der weder in die Rolle des „Minimalstaats" zurückfällt noch sich die Rolle einer paternalistischen Allzuständigkeit anmaßt.

Das dieser Gesellschaftsstruktur angemessene Staatsmodell ist als „Supervisionsstaat" (Willke 1992, S. 335ff.) bezeichnet worden, der einerseits als Grenzsetzung Solidarität und Sanktionsgewalt bei Produktion und Verteilung kollektiver Güter sichert, andererseits daraus nicht das Recht der Intervention im Falle des Mißlingens dieser Produktion ableitet, sondern sich beschränkt „im Fall diskursiv erwiesener Unzulänglichkeit der fraglichen Entscheidung auf „Zurückverweisung", d.h. darauf, das „*Funktionssystem auf eine Revision seiner Optionen, auf eine Überprüfung seiner Optionenpolitik zu verweisen*" (Willke 1992, S. 335).

Ist der „Supervisionsstaat" tatsächlich das der Komplexität westlicher Industrie- und Informationsgesellschaften angemessene Politikmodell, würde die damit implizierte Abschwächung staatlicher Interventionsmacht und -bereitschaft für die Weiterbildung nicht viel ändern. Denn faktisch ist dies das Strukturmodell, nach dem der Staat die Weiterbildung in der Bundesrepublik von 1969 an institutionalisiert und verrechtlicht hat. Der Staat hat mit den Weiterbildungsgesetzen den Kommunen, Landkreisen und gesellschaftlichen Großorganisationen gewisse Finanzierungszusagen gemacht, die er allerdings mehr schlecht als recht eingehalten hat. Er hat sich im Gegenzug gewisse Einwirkungsmöglichkeiten als „Supervisor" gesichert, die er zumeist mit vergleichsweise schwachen Impulsen wahrnimmt. Dem Weiterbildungsbereich ist der Staat als „Supervisionsstaat" vertraut; dieser knausert zwar mit seinen Ressourcen, hält sich aber mit seinen Eingriffen zurück. Dies hat die Weiterbildung zu Flexibilität, Einfallsreichtum und Routine beim Komponieren von Komplementärfinanzierungen gezwungen, hat sie jedoch auch durch die daraus entstehenden Zwänge stärker von politischen und ökonomischen Konjunkturen abhängig gemacht als es ihrem in den Weiterbildungsgesetzen zum Ausdruck kommenden Aufgabenverständnis entspricht.

Realistische Politik, Realpolitik, symbolische Politik

Das Zugrundelegen des Subsidiaritätsprinzips und des Konzepts des institutionellen Pluralismus bei den Weiterbildungsgesetzen der Länder kann als Ausdruck der in den sechziger Jahren in der Bundesrepublik vergleichsweise stark florierenden korporativen Tendenzen verstanden werden. Damals standen die gesellschaftlichen Großorganisationen in höherer Blüte als heutzutage, sie kanalisierten gesellschaftliche Interessen stärker als in der Gegenwart und überlagerten parteipolitische, staatliche und verbandliche Einflußsphären beträchtlich. Insofern konnte es durchaus als ein Konzept realistischer Politik gelten, auch in der Weiterbildung gesellschaftliche Interessen in der Weise zu kanalisieren, daß im Prinzip gleichberechtigte verbandliche Trägerorganisationen staatlich geförderte Weiterbildungseinrichtungen unterhalten; dies schien partikulare gesellschaftliche Interessen zu befrieden und den Staat von direkter Verantwortung zu entlasten. Dieses Politikkonzept konnte auch Weiterbildungsinteressen entsprechen, sofern darauf vertraut werden konnte, daß die gesellschaftlichen Großorganisationen aus institutionellem Eigeninteresse einerseits ihre Einrichtungen als Transferorgan ihrer politischen und weltanschaulichen Präferenzen hinreichend mit Ressourcen ausstatten und andererseits ihre Einflüsse auf Administration und Parlamentsfraktionen zugunsten finanzieller Bewilligungen für die Weiterbildung nutzen. Zudem beinhalteten die Gesetze Regelungen, daß die unter Staatsaufsicht stehenden Kommunen für die von ihnen getragenen Volkshochschulen Fördermittel erhielten; der Ausbau des Weiterbildungsbereichs war also nicht nur dem Verbändepluralismus überantwortet. Die subsidiäre Zuschußgewährung durch den Staat versprach dabei einerseits einen hinreichenden Druck auf Nutzer und Trägerorganisationen der Weiterbildung, sich mit eigenen Finanzmitteln zu beteiligen und schien andererseits das von den Gesetzen ausgehende finanzielle Risiko für den Staat kalkulierbar zu machen, zudem in die meisten Gesetze als weitere finanzielle Absicherung eine Haushaltsvorbehaltsklausel eingefügt wurde.

Zumindest für die westlichen Bundesländer ist das vorläufige Ergebnis dieser Ausbaustrategie des Weiterbildungsbereichs bekannt: Der Staat nutzte Haushaltsvorbehaltsklauseln, Haushaltsgesetze, Richtlinien- und Gesetzesänderungen, um den aus den verabschiedeten Gesetzen und den erlassenen Richtlinien entstehenden Finanzaufwand zu vermindern. Auch die Großorganisationen geizten zunehmend mit dem Ressourcenaufwand für die Weiterbildung; diese konnte sich gegenüber anderen Aufgaben ihrer Trägerorganisationen kaum als „harter" Bedarf zur Geltung bringen. Das Konzept der Interessenbündelung durch den politischen Korporatismus zugunsten des Ausbaus der Weiterbildung zum vierten Bildungsbereich ist alles in allem als gescheitert zu betrachten.

Weiterbildung wurde mitnichten zu einem eigenständigen und gleichberechtigten vierten Bildungsbereich in öffentlicher Verantwortung ausgebaut, und dies ist in der Vergangenheit auch nie mit entsprechender Koordination, Bildungsplanung und Ressourcenkonzentration betrieben worden. Von Thomas Meyer stammt die Definition: „*Symbolische Politik ist Kommunikation, die sich als Handeln versteht*" (Meyer 1992, S. 177). Die Forderung, These oder Behauptung, Weiterbildung sei ein einheitlicher, gleichberechtigter Bereich des Bildungswesens, war von Anfang an Rhetorik, politisch motivierte Kommunikation und ist nie mit ernsthafter politischer Aktion unterfüttert worden. In jedem Bundesland wird Weiterbildung durch mehrere Ressorts finanziell gefördert, ohne daß eine politische Koordination erkennbar wäre.

Hingegen sind die dem Arbeitsförderungsgesetz zugrundeliegenden Konzepte weiter gespannt. Bei Verabschiedung des AFG zu Zeiten der Vollbeschäftigung schien die Verknüpfung von Arbeitslosenversicherung und präventiver sowie aktiver Arbeitsmarktpolitik zugunsten der kontinuierlichen Verbesserung der Arbeitsqualifikationen und ihrer Anpassung an die Dynamik der Arbeitsmarktanforderungen in einem Gesetz mit einer Finanzierungsquelle eine besonders geglückte und zukunftsweisende politische Strategie zu sein. Bei späterem stabilen Ungleichgewicht von Arbeitsplatznachfrage und Arbeitsplatzangebot, d.h. bei einer strukturell, und nicht qualifikatorisch verursachten hohen Arbeitslosigkeit, gegen die die staatliche Politik unter den veränderten ökonomischen und technologischen Bedingungen der achtziger Jahre kein Gegenmittel fand, wirkte sich diese Verknüpfung jedoch gerade gegen die ursprüngliche Intention einer präventiven und aktiven Arbeitsmarktpolitik aus. Denn bei der über lange Zeit hinweg bestehenden strukturellen Arbeitslosigkeit wurden die arbeitsmarktpolitischen Ressourcen der Bundesanstalt für Arbeit, die in erster Linie von den Versicherungsgeldern stammen, die von den abhängig Beschäftigten und ihren Arbeitgebern für sie eingezahlt worden sind, für die Versicherungsfälle bei eingetretener Arbeitslosigkeit aufgebraucht. Das heißt, aufgrund der notwendigen hohen Lohnersatzleistungen verringert sich der finanzielle Spielraum für eine aktive Arbeitsmarktpolitik.

Die dadurch entstehende Ressourcenknappheit für die berufliche Weiterbildung wurde verstärkt, weil ein Teil der aus der deutschen Vereinigung entstandenen arbeitsmarkt- und weiterbildungspolitischen Probleme nicht als gesamtgesellschaftliche Probleme, die auch von der gesamten Gesellschaft, d.h. aus Steuergeldern, gelöst werden müßten, behandelt wurde, sondern dafür Versicherungsbeiträge der abhängig Beschäftigten wie auch für andere Aufgaben zugunsten gesellschaftlicher Integration verwandt wurden. Zweifellos wurden damit auch verfassungsrechtliche Probleme aufgeworfen, da gesamtgesellschaftliche Probleme mit Hilfe der Ressourcen in Angriff genommen wurden, die den Versicherungsbeiträgen gegen Arbeitslosigkeit entstammen, die von den und für die Arbeitnehmerinnen und Arbeitnehmer eingezahlt werden. Aus dem ursprünglichen komplexen politischen Konzept einer präventiven Arbeitsmarktpolitik, die die Vermittlung nachgefragter Qualifikationen und individuell frei verfügbarer Kompetenzen zugunsten beruflicher Beweglichkeit beinhaltete, wurde spätestens mit der deutschen Vereinigung das in engerem Sinne realpolitische Konzept gesamtgesellschaftsintegrierender Leistungen aus den Ressourcen der Arbeitslosenversicherung, anstatt dafür die Steuergelder aller Gesellschaftsmitglieder mit dem politischen Risiko weitergehender finanzieller Belastungen für alle zu verwenden, wodurch die spezifischen Handlungsspielräume beruflicher Weiterbildung weiter eingeschränkt wurden.

Um das Resümee abzukürzen: Die Entwicklung der Weiterbildung in den vergangenen 25 Jahren läßt sich kennzeichnen als eine vom institutionellen

Pluralismus zur polyzentrischen und polyvalenten Segmentierung durch unterschiedliche politische Interessen bei Beibehaltung des rhetorischen Anspruchs von der Weiterbildung als eigenständigen und gleichberechtigten vierten Bildungsbereich. Das Symbol wurde damit zum Substrat realistischer Politik; das ist „Realpolitik" im Zeitalter des Fernsehens – auch in anderen Politikfeldern als „Inszenierung des Scheins" (Meyer 1992) bereits benannt.

Literatur

Benda, E.: Recht und Politik. In: Nohlen, D. (Hrsg.): Pipers Wörterbuch zur Politik., Bd. 1. München 2 1987, S. 835 – 837
Bundesanstalt für Arbeit: Förderung der beruflichen Bildung. Nürnberg 1971ff.
Bundesanstalt für Arbeit: Geschäftsbericht 1992. Nünberg 1992
Bundesanstalt für Arbeit: Förderung der beruflichen Weiterbildung. Bericht über die Teilnahme an beruflicher Fortbildung, Umschulung und Einarbeitung im Jahr 1992. Nürnberg 1993
Bundesanstalt für Arbeit: Berufliche Weiterbildung. Nürnberg 1993, S. 4
Görs, D.: Zur politischen Kontroverse um den Bildungsurlaub. Köln 1978
Gotter, W.: Entstehung und Auswirkungen des niedersächsischen „Gesetzes zur Förderung der Erwachsenenbildung" vom 13. Januar 1970. Hannover 1973
Koch. R.: Bildungsurlaub. In: Raapke, H.-D./Schulenberg, W. (Hrsg.): Didaktik der Erwachsenenbildung. Stuttgart/Berlin/Köln/Mainz 1985, S. 317ff.
Lambsdorff, Graf: Konzept für eine Politik zur Überwindung der Wachstumsschwäche und zur Bekämpfung der Arbeitslosigkeit vom 09.09.1981. In: Bölling, K.: Die letzten dreißig Tage des Kanzlers Helmut Schmidt, Reinbek bei Hamburg 1982. S. 121-141
Meier, T: Die Inszenierung des Scheins. Voraussetzungen und Folgen symbolischer Politik. Frankfurt/M. 1992
Richter, I.: Finanzielle Förderung nach dem Arbeitsförderungsgesetz (AFG). In: derselb., Recht der Weiterbildung. Baden-Baden 1993, S. 91-159f
Schramm, T.: Staatsrecht. 3 Bd. Köln/Berlin/Bonn/München 1977
Strukturkommission Weiterbildung des Senats der Freien Hansestadt Bremen: Bremer Bericht zur Weiterbildung. Analysen und Empfehlungen zu den Perspektiven der Weiterbildung im Lande Bremen. Bremen 1995
Willke, H.: Ironie des Staates. Grundlinien einer Staatstheorie polyzentrischer Gesellschaft. Frankfurt/M. 1992

Klaus Künzel

Europäisierung der Weiterbildungspolitik

Der folgende Beitrag enthält in seiner programmatischen Wendung eine suggestive Note, die ich nicht unterschlagen möchte. Von „Europäisierung" zu sprechen, unterstellt ja bereits die Richtung und Wirksamkeit eines politischen Gestaltwandels, der, zumindest in der Weiterbildung, erst einmal nachzuweisen wäre.

Ein solcher Nachweis fällt überall dort nicht schwer, wo die spätestens mit der Einheitlichen Europäischen Akte von 1987 einsetzenden bildungspolitischen Offensiven der Europäischen Gemeinschaft[1] (EG) betrachtet und als Indikatoren eines Prozesses der „Europäisierung" weiterbildungsrelevanten Ordnungs- und Förderungshandelns verstanden werden. Für diesen Prozeß hat der Vertrag von Maastricht mit den Artikeln 126 und 127 insofern eine herausragende Bedeutung, als er den EG- Organen „ein umfassendes Befassungsrecht mit allen Bildungsfragen" einräumt (Müller-Solger 1995, S. 170). Auf der mit Maastricht eröffneten Entwicklungslinie einer zwar subsidiär gedachten, aber mit beachtlichen Handlungsspielräumen ausgestatteten EU-Bildungspolitik liegen nicht nur die beiden Aktionsprogramme SOKRATES und LEONARDO, sondern – als Geste symbolischer Politik – auch die Ausrufung eines „Europäischen Jahres des lebensbegleitenden Lernens" sowie das im November 1995 veröffentlichte Weißbuch „Lehren und Lernen. Auf dem Weg zur kognitiven Gesellschaft". Also: Mit Bezug auf den durch die EUROPÄISCHE UNION (EU) verkörperten geographisch-politischen Raum kann eine Europäisierung der Weiterbildungspolitik beobachtet werden und heißt dann so viel wie: Lebenslanges Lernen wird zum Gegenstandsbereich bzw. Medium supranationalen Handelns erklärt. Impulsgeber, Koordinator und Finanzier ist vor allem die EU-Kommission. Als Interventionsfeld kommt neben „adult training" – Qualifizierung – in den neuen Förderprogrammen auch „adult education", d.h. Erwachsenenbildung im nicht-beruflichen Sinn in Betracht.

---

1 Nachfolgend wird durchgängig die nach Maastricht üblich gewordene Bezeichnung ‚EUROPÄISCHE UNION' verwendet.

Aber: Europäisierung als prozeßhafte Umgestaltung eines Bildungsbereiches und seiner strategischen Optionen erfährt durch die perspektivische Ausrichtung auf das Europa von Maastricht bereits eine semantische Verkürzung, die ebenfalls etwas Suggestives hat. Stellt man nämlich die politische Integrationsentwicklung nach 1945 nicht alleinig auf die MONTANUNION, die Römischen Verträge oder den EG-Vertrag von 1992, sondern bsw. auf den politisch-kulturellen Raum ab, der sich im EUROPARAT präsentiert, so wird rasch erkennbar, wie eng und exklusiv sich ein Europäisierungsprogramm ausmacht, wenn es auf der Folie eines ‚neuen Europas' gelesen wird. Dieses hat sich 1990 in der „Pariser Charta" artikuliert und ist in Gestalt von Integrationserwartungen und Entwicklungsansprüchen gerade der ost- und mitteleuropäischen Staaten aufgetreten. In welchem Sinn und Umfang können wir von einer „Europäisierung" des bildungspolitischen Handlungsrahmens sprechen, der den enormen Herausforderungen dieses ‚neuen Europas' angemessen wäre? Und wenn es zutrifft, daß der EUROPARAT mit der Öffnung der Grenzen 1989 „endlich seine langersehnte gesamteuropäische Aufgabe wahrnehmen" konnte (Vorbeck 1994, S. 50) – welche Bedeutung wird Erwachsenenbildung in dieser Aufgabe zukommen, wie ihr spezifisches Modernisierungsprogramm formuliert?

Während die bisher angedeuteten Lesarten an supranationalen Politikformen und Entwicklungszielen festmachen, sollte nicht übersehen werden, daß es auch im Bereich der Weiterbildung eine etablierte Tradition transnationaler Beziehungen und Handlungszusammenhänge gibt (Knoll und Künzel 1981). Gemeint sind damit nicht nur die bilateralen oder internationalen Partnerschaften gesellschaflich akkreditierter Verbände, Netzwerke oder ‚Gesinnungsbrüderschaften', sondern vor allem auch die mannigfaltigen Zusammenschlüsse nationaler Expertenkulturen auf den Gebieten Wissenschaft und Bildung. Der EUROPÄISCHE VERBAND FÜR ERWACHSENENBILDUNG oder die „EUROPEAN SOCIETY FOR RESEARCH ON THE EDUCATION OF ADULTS" etwa sind derartige Expertenkulturen. Welches Bild von „Europäisierung" vermittelt sich durch das Wirken solcher „non-governmental organisations" im Kultur- und Bildungswesen? Wie beeinflussen transnationale Körperschaften die strukturelle und programmatische Tektonik der Weiterbildung im Gefüge europäischer Integrations- oder Differenzierungsprozesse? Und vor allem: Von welchen Zielfiguren und politischen Prämissen gehen solche erwachsenenpädagogischen, mitunter in visionären Schüben zur Welt kommenden Projektbündnisse aus, wenn sie an Europa denken?

Bliebe die nationale Perspektive. Sie in europäischer Richtung auszuleuchten, hieße danach zu fragen, wie sich die deutsche Bildungspolitik von Bund, Ländern und Weiterbildungsorganisationen im Zeichen von Europa profiliert, neue Akzente gesetzt, möglicherweise aber auch die Initiative an Brüssel abgegeben hat. „Europäisierung" in dem hier anstehenden Sinn könnte die Einverleibung der europäischen Dimension in unsere nationalen Weiterbildungskonzepte bedeuten, wie sie der Artikel 126 des EG-Vertrages vorsieht. Damit könnte aber auch ein Prozeß der schleichenden Distanzierung von Politikvorstellungen gemeint sein, deren Radius über struktur- und beschäftigungspolitische Koalitionen und Finanzierungsverbünde hinausgeht. Wie sieht die Bilanz der Impulse von und in Richtung Europa in der deutschen Weiterbildungspolitik aus? Wird sich deren Ehrgeiz darin erschöpfen, Mobilitätsbarrieren und Anerkennungshindernisse aus dem Weg zu räumen, um deutschen Ingenieuren, Meistern und Facharbeitern eine berufliche Zukunft im EU-Ausland zu sichern? Oder heißt Weiterbildungspolitik zunächst und vor allem: die kollektive Ertüchtigung von Weiterbildungsanbietern, Lobbyisten und Administratoren, im Strom der EU-Programmsurfer kräftig mitzuschwimmen?

Es ist unschwer zu erkennen, daß die inhaltliche Ausdeutung der Formel von der „Europäisierung der Weiterbildungspolitik" vom geographisch-völkerrechtlichen Radius des Politikraums abhängt, der jeweils gemeint und demarkiert ist. Sie hängt auch davon ab, welche politische Bühne und Akteure ins Visier genommen werden, wenn die Richtung und dynamische Qualität solcher Prozesse vermessen werden soll.

Grob überschlagen, können zumindest vier Lesarten von Europäisierung unterschieden werden:

- Europäisierung als paneuropäisches Bemühen um die Bewußtwerdung und die praktische Berücksichtigung der identitätsstiftenden Universalien abendländischer Kultur, verkörpert im Wirken u.a. des EUROPARATES;
- Europäisierung als politisches Motiv und Medium supranationalen Handelns der EU-Organe;
- Europäisierung als Chiffre für die inhaltliche Verwirklichung der europäischen Dimension im Bildungswesen;
- Europäisierung als Orientierung und fokussierendes Element der deutschen Weiterbildungspolitik in Bund und Ländern.

Im folgenden Beitrag wird nur auf die vorgestellten Varianten Bezug genommen. Weitere Europäisierungsbefunde werden von Knoll (1996), Brinkmann (1994), van Cleve (1995) und im „JAHRBUCH DER EUROPÄISCHEN GEMEINSCHAFTEN" (1995) vorgelegt.

Europäisierung zwischen paneuropäischem Bemühen und Brüsseler Integrationspolitik

Historisch gesehen, nimmt der Europäisierungsprozeß im Bereich der außerschulischen Bildung seinen Ausgang im Wirken des EUROPARATS. Dieses nicht nur älteste, sondern mit z.Zt.. 32 Mitgliedsländern auch größte zwischenstaatliche interparlamentarische Forum in Europa repräsentiert gleichsam das geschichtliche und kulturelle Gedächtnis der Staatengemeinschaft des Kontinents. Es ist zugleich seine wichtigste moralische Autorität. Zu Zeiten des „Bildungsgesamtplans" (1973) entwarf der Europarat ein vielbeachtetes Programm zu „éducation permanente" und gab damit – im Gegensatz zu jüngeren Dokumenten europäischer Bildungspolitik – dem Anspruch auf visionäre Zuständigkeiten und Ziele Ausdruck. Daß es bei solch beherzten Vorgriffen auf eine gemeinsame Zukunftsagenda allerdings nicht geblieben ist, verdeutlicht bereits die 1981 verabschiedete „Empfehlung des Europarats zur Weiterbildung". So wird in einem zeitgenössischen Kommentar vermerkt, daß die Mehrheit der Mitgliedsländer an einer möglichst unverbindlichen Verlautbarung des EUROPARATS interessiert gewesen sei und nicht an einem *„umfassenden Maßnahmenkatalog, der sie zu Änderungen des nationalen Ordnungsgefüges im Weiterbildungsbereich (...) hätte verpflichten können"* (Vulpius in Knoll 1995, S. 162).

Operiert die EU-Kommission im wesentlichen nach Maßgabe strukturalistischer Eingebungen, versteht sich die Arbeit des Europarats, namentlich in seinem 1962 ins Leben gerufenen „Council for Cultural Cooperation" (Rat für kulturelle Zusammenarbeit), personalistisch und interkulturell. In den Integrationsszenarios Brüssels dienen die kulturellen Erbschaften und Identitätszeugnisse der abendländischen Tradition eher zur Schaffung eines vertrauensbildenden Milieus, mit dem eine technokratisch und ökonomistisch geprägte Moderne den Anstrich zivilisatorischer Liebenswürdigkeit erhalten soll.

Der EUROPARAT gewinnt seine politische, mehr aber noch seine ideelle Formgebungskraft aus dem Zusammenwirken eines breiten historischen Repertoires gemeinsamer europäischer Werte und Kulturleistungen. Diese kulturalistische Dimension erinnert an Friedrich Schneiders Versuch, zum Nachweis eines abendländischen Bildungsverständnisses „nach gemeinsamen und bindenden europäischen Spezifika" zu forschen. Nach dessen These gehört es bsw. zur ‚europäischen Auffassung', daß *„Unterricht und Erziehung über Volksschule und Berufsbildung hinaus das ganze Leben des Menschen eine Aufgabe haben"* (Schneider 1959, S. 132f. in van Cleve 1995, S. 69). Auch sein Plädoyer, europäisches Lernen im besonderen Maß bei der frühkindlichen Erziehung und bei den Universitäten ansetzen zu lassen, findet eine Entsprechung in den Bildungsvorstellungen und Aufgabenprofilen, die der EUROPARAT im Zeichen der gewandelten europäischen Verhältnisse entwickelt hat (Stobart 1994, S. 23ff.). EUROPÄISCHE UNION und EUROPARAT markieren insofern zwei teils widerstreitende, teils komplementäre Modelle supranationaler Kultur- und Bildungspolitik. Zur Charakterisierung der jeweiligen Ausgangspositionen und strategischen Präferenzen sei folgende Zuspitzung erlaubt: Für den EUROPARAT, dessen Metier nicht Anordnungen und Richtlinien, sondern Konventionen und Empfehlungen sind, stellt Erwachsenenbildung ein Menschenrecht dar (Stobart 1994, S. 29), für die EU-Kommission ein funktionales Ferment des ökonomischen und politischen Einigungsprozesses.

Gewiß, derartige Pointierungen sind vergröbernd, eher rückblickend und wohl auch etwas polemisch. Tatsächlich hat sich auch der EUROPARAT auf bildungspolitische Zulieferdienste und Tagesgeschäfte eingelassen: so in Fragen der Hochschulzugangsberechtigung, der Studiendauer oder der mit dem recht schillernden Begriff des ‚gegenseitigen Vertrauens' bewerkstelligten Anerkennung von Universitätsdiplomen. Überschlägig betrachtet, findet sein bildungspolitisch nutzbarer Europäisierungsbeitrag neben dem Bemühen, „gemeinsame europäische Normen oder Standards zu entwickeln und durchzusetzen", auf drei Gebieten seinen Ausdruck. Der bereits erwähnte „RAT FÜR KULTURELLE ZUSAMMENARBEIT" nimmt Informations- und Beratungsaufgaben speziell für politische Entscheidungsträger und -praktiker wahr, bietet eine Plattform für europaweite Diskussion gemeinsamer Probleme und Lösungsversuche und hilft schließlich im Sinne einer Makler- bzw. Vermittlertätigkeit beim Aufbau übergreifender Kooperationsnetze zwischen Institutionen, Bildungsfachleuten und Verwaltungsbeamten (Stobart 1994, S. 21f.).

Ebenso deutlich muß herausgestellt werden, daß auch die EUROPÄISCHE UNION unter dem Eindruck unmißverständlicher Deregulierungswünsche und zentralismusfeindlicher Reaktionen in den Mitgliedstaaten psychologisch auf die Karte der Subsidiarität setzt. Proklamiert wird ein Europa der Regionen und – im Blick auf die Weiterbildung – eine Europäisierungsstrategie, die die vormals technokratisch inspirierte Verheißung eines „Lebens- und Qualifikationsraums Europa" (so im Weißbuch „Wachstum, Wettbewerbsfähigkeit, Beschäftigung" von 1994) in Kategorien humanistischer Weltläufigkeit überführt. Legt man die Vorstellungen des unlängst in deutscher Sprache erschienenen Weißbuchs „Lehren und Lernen. Auf dem Weg zur kognitiven Gesellschaft" zugrunde, dann haben sich die Autoren aus dem Generaldirektorat XXII in Brüssel in der Tat um die Umsetzung des Artikels 126 EG-Vertrag in eine praktische Pädagogik der ganzheitlichen Art verdient gemacht: „Die allgemeine und berufliche Bildung im Zusammenhang mit der Beschäftigungsfrage zu betrachten, bedeutet nicht, sie auf ein bloßes Qualifikationsangebot zu reduzieren. Die allgemeine und berufliche Bildung haben die wesentliche Funktion, die soziale Integration und die persönliche Entwicklung der Europäer durch die Vermittlung von gemeinsamen Werten, die Weitergabe des kulturellen Erbes und den Erwerb der Fähigkeit zu selbständigen Denken zu gewährleisten" (EUROPÄISCHE KOMMISSION 1996, S. 18). Solchen Formulierungen liegt natürlich nicht die Gewähr unbegrenzter Haftung zugrunde. Dagegen sprechen schon die Verbindlichkeitsvorbehalte eines bildungspolitischen Programms. Aber das Szenario einer europäischen Lerngesellschaft, die sich im Zeichen von Informatisierung, Internationalisierung und wissenschaftlich-technischem Wissensregime einrichten muß, gibt Zeugnis davon ab, daß die bildungspolitische Agenda der EU-Organe seit Maastricht in mindestens drei Punkten in Bewegung geraten ist:

1. Wenn die UNION „zur Entwicklung einer qualitativ hochstehenden Bildung" beitragen will, dann ist spätestens seit 1992 geklärt, daß auch die allgemeine, politische und kulturelle Bildung Medium und Adressat die-

ser Qualitätsforderung ist. Im SOKRATES-Programm für die Jahre 1995-99 wird der Erwachsenenbildung (adult education) folgerichtig der Status eines eigenständigen Kooperationssektors neben Schule, Hochschule, Sprachenbildung, Fernunterricht und Bildungsinformationsdiensten eingeräumt. Zielgebiete der Förderung werden nach Maßgabe ihrer Affinität zum Aufbau einer Europäischen Dimension in der Erwachsenenbildung bestimmt – vornehmlich Aktivitäten zur Förderung europäischen Bewußtseins sowie transeuropäische Kooperationsverbünde von Weiterbildungsorganisationen.

2. Die bildungspolitische Souveränität und Verantwortung der Mitgliedstaaten bzw. -regionen wird durch Maastricht bekräftigt, ja in gewisser Weise restituiert. Das vor allem zum Schutz der politischen Gestaltungsinteressen und kulturellen Identitäten der untergeordneten Gemeinschaften, also der Mitgliedstaaten und ihrer angeschlossenen Regionen, eingeführte Subsidiaritätsprinzip stellt auf die unterstützende, ergänzende, aber auch initiierende Funktion der Vertragsgemeinschaft ab. Dabei läßt sich im Anschluß an eine sozialphilosophisch akzentuierte Gemeinwohlerörterung eine aktive von einer passiven Subsidiarität unterscheiden. Aktive Subsidiarität praktiziert die EU „durch Leistungserbringung bzw. Interventionen, kraft deren die untergeordneten Gemeinschaften in die Lage versetzt werden, ihre Angelegenheiten selbst zu regeln und von sich aus zum Gemeinwohl beizutragen" (Weinacht 1995, S. 35). Passive Subsidiarität liegt dann vor, wenn die europäische Ebene einen Interventionsverzicht ausübt, um die nachgeordneten Ebenen / Regionen „nach eigenem Vermögen und Ermessen Beiträge zum Gemeinwohl artikulieren zu lassen" (ebda.). Trotz dieser recht unverfänglich erscheinenden begrifflichen Bestimmung stellen sich der praktischen Auslegung des Subsidiaritätsprinzips gerade im Bereich europäischer Bildungspolitik erhebliche Widerstände entgegen. So liegt es in diesem Zusammenhang gar nicht fern, bei der EU-KOMMISION die interpretative Verfügung über die Anlässe und Ausrichtung subsidiären Handelns zu vermuten. Schließlich ist sie es, die die Umrisse einer europäischen Gemeinwohlkonzeption paraphiert. Und sie ist es, die über zentrale Finanztöpfe ihrer Sichtweise Nachdruck verleihen kann.

3. Eng mit der durch die Subsidiaritätsdebatte formal ermöglichte Machtverlagerung vom Zentrum zur Peripherie rückt die EU mit ihren jüngsten bildungspolitischen Initiativen dem Vorwurf zu Leibe, das europäische Projekt ‚von oben' anzugehen und sein Schicksal letztlich dem Gutdünken administrativer Eliten und internationaler Interessenkartellen zu überlassen. EU-Bildungspolitik im Zeichen der ‚kognitiven Gesellschaft' soll daher den Ausbau ziviler Innenbeziehungen zwischen Kulturen und Regionen fördern und die Ausdehnung der Integrationsbelange auf soziale und kulturelle Gebiete anregen. Dies entspricht der Beschwichtigungspolitik einer Europäisierung ‚von unten' (Kowalsky 1995, S. 23).

Klaus Schleicher (1994, S. 125f.) hat den sich hier abzeichnenden politischen Orientierungswandel der EU-Ebene mit der Notwendigkeit in Verbindung gebracht, den europäischen Einigungsprozeß durch Arbeit am „öffentlichen Bewußtsein" und durch Auseinandersetzung mit bildungspolitischen Teilöffentlichkeiten identitätsstiftend zu gestalten. Nach Schleicher ist nämlich offenkundig, daß „*einerseits Bildung immer nur im öffentlichen Kontext und unter öffentlich konkurrierenden Miterziehern möglich ist und daß andererseits Öffentlichkeit auf Bildung angewiesen ist und von ihr beeinflußt wird.*"

Obwohl politischer Ertrag und Umsetzungserfolge einer erweiterten Bildungszuständigkeit der EU abzuwarten bleiben, zeichnet sich bereits ab, daß hinter der begrifflichen Kulisse der ‚Lerngesellschaft'[2] die Formel von der ‚Europäisierung der Weiterbildungspolitik' eine neue Schattierung erhalten hat. Dies soll im folgenden etwas weiter ausgeführt werden.

Europäisierung – der Weg zur ‚kognitiven Gesellschaft'?

Das Aktionsprogramm der EU, wie es im zitierten Weißbuch angekündigt wird, versucht die vieldeutige Vokabel der „europäischen Dimension im Bildungswesen" dem Verständigungsprozeß zwischen Mitgliedstaaten und UNION zugänglich zu machen. Mit dem Hinweis auf seine Mannigfaltigkeit und den Reichtum an Traditionen und Strukturen ruft die Kommission die Gemeinschaft auf, dem anbrechenden neuen Zeitalter mit spezifisch europäischen Politiklösungen zu begegnen. In Europa als dem Geburtsort der Industriellen Revolution, aber auch dem Herd zahlloser Kriege und sozialer Konflikte sei das Potential an Unsicherheit und Orientierungsproblemen „stärker ausgeprägt als anderswo" (Europäische Kommission 1996, S. 79). Welcher Spannungsbogen sich dabei zwischen interkulturellem Begegnungsauftrag und technisch-zivilisatorischem Anpassungshabitus auftut, können allerdings auch die Ermutigungsbotschaften an die ‚kognitive Gesellschaft' nicht überdecken:

> *„Allgemeine und berufliche Bildung vermitteln die für die Bestätigung einer jeglichen individuellen und kollektiven Identität erforderlichen Bezugspunkte. Sie ermöglichen gleichzeitig wissenschaftlichen und technologischen Fortschritt. Die Selbständigkeit, die sie dem Einzelnen verleihen, stärkt – sofern sie allen zu eigen ist – den Zusammenhalt und das Gefühl der Zugehörigkeit. Die kulturelle Vielfalt Europas, seine Traditionen, die Mobilität zwischen verschiedenen Kulturen sind wichtige Trümp-*

---

2 In der englischen Fassung wird von einer ‚learning society' gesprochen. Auf die interessanten Implikationen, die diese begriffliche Variante gegenüber der ‚kognitiven Gesellschaft' im Titel des deutschsprachigen Weißbuches andeutet, kann hier nicht näher eingegangen werden.

fe, wenn es darum geht, sich an die neue Welt, die sich am Horizont abzeichnet, anzupassen" *(*Europäische Kommission 1996, S. 80*).*

Als intentional gelenkter Prozeß füllt die Euopäisierungsoffensive in den Ressorts Kultus und Bildung gleichsam die Legitimationslücke, die die fortschrittspolitische Agenda der UNION bis heute hinterlassen hat. Sie ist eine supranationale Reaktion auf die Plausibilitäts- und Akzeptanzdefizite einer der europäischen Dimension selbst nur bedingt mächtigen EU-Politik. Offenbar sind die Verfasser des Weißbuchs davon überzeugt, daß ein Modernisierungsprojekt, welches die soziologische Kunstfigur der ‚kognitiven Gesellschaft' in jeden Winkel und auf alle nationalen Charaktere der Mitgliedsländer projizieren möchte, nur in Verbindung mit einem multikulturellen Rahmenprogramm auf öffentliches Wohlwollen hoffen kann. Ob allerdings die rhetorisch forcierte Symbiose von europäischem Identitätsanspruch und universellem Qualifikationsregime auf unmittelbares Verständnis stößt, wird sich erst noch zeigen müssen: „Europäer zu sein bedeutet, auf kulturelle Errungenschaften von unerreichter Vielfalt und Prägekraft zurückgreifen zu können. Es muß auch bedeuten, sämtliche Möglichkeiten des Zugangs zu Kenntnissen und Fertigkeiten nutzen zu können" (ebd.).

Praktisch werden soll die zivile Lernoffensive nach den Vorstellungen der Kommission in fünf Zielbereichen. Sie sind zugleich die konstruktiven Eckpfeiler einer kognitiven ‚Civitas', wie sie auf den Reißbrettern der EU-Bildungsplaner im Entstehen begriffen ist:

- *Zielbereich Wissenserwerb*:
  Die Gemeinschaft will systematisch die Zugriffsmöglichkeiten und die internationale Akkreditierung wissensbasierter Schlüsselqualifikationen sowie die entsprechende Aneignungsbereitschaft fördern.
- *Zielbereich Kooperation Schule – Wirtschaft*:
  Hier geht es im wesentlichen um die Entwicklung von beruflichen Ausbildungsmodellen auf tarifpartnerschaftlicher Basis und im Lernverbund nach dem Muster des dualen Systems.
- *Zielbereich Bekämpfung von Ausschluß und Marginalisierungstendenzen im Beschäftigungs- und Bildungswesen*:
  Hauptzielgruppe dieser vorwiegend über den Europäischen Sozialfonds zu finanzierenden Maßnahmen sind Jugendliche ohne Ausbildungsabschluß. Ihnen sollen verbesserte Angebote des 2. Bildungswegs, aber auch integrationsfördernde Initiativen wie das Projekt „Jugend für Europa" helfen, Anschluß an den sozialen und wirtschaftlichen Mainstream der Gesellschaft zu finden.
- *Zielbereich Beherrschung dreier Gemeinschaftssprachen*:
  Über verbesserte Unterrichtsverfahren und -materialien, Lehreraustauschprogramme, Qualitätsmanagement und Zertifizierung, Selbstlernmethoden u.a. soll die Aneignung von mindestens zwei europäischen Gemein-

schaftssprachen gefördert werden. Betont wird besonders die interkulturelle Sinnstiftung dieses Zielbereichs.
* *Zielbereich Gleichrangigkeit von Human- und Kapitalinvestitionen*: Gedacht ist an die europaweite Aufwertung und investive Stabilisierung von Bildungsaufwendungen, die nicht als ‚Kosten‘, sondern als renditeabwerfende ‚Anlage‘ betrachtet werden sollten. Dies gilt als Handlungsmaßstab für Betriebe wie öffentliche Hände, gleichermaßen. Vorgeschlagen werden u.a. fiskalische Anreize für weiterbildungsorientierte Wirtschaftsunternehmen und Privathandlungen.

Trotz der unübersehbaren Ausrichtung auf Zielhorizonte und Lernerfordernisse hat sich die Kommission in ihrem jüngsten Weißbuch zweifellos neuer politischer Begründungsansätze bemächtigt. Die Intentionen und Gestaltungsbereiche sind im wesentlichen die gleichen, wie sie in den bekannten Gemeinschaftsinitiativen noch 1987 in Erscheinung getreten sind. Neu scheint die argumentative Phantasie, mit der die stärkere Einbindung allgemeiner Bildungsbelange sowie sozialer und kultureller Betätigungsfelder in die Zuständigkeitsansprüche der Kommission vertreten wird. Hier nutzt offenbar das Weißbuch einen Großteil der Auslegungsspielräume, die eine europäische Deutung des Subsidiaritätsprinzips zuläßt. Jedenfalls dürfte der bildungspolitische Legitimitätszuwachs den faktischen Hegemonialneigungen der EU-Exekutive bei der Definition von Gemeinschaftszielen weiter Nahrung geben. Offensichtlich wird auch, daß er die administrativen Optionen erweitert, um zentralistisch gedeutete Visionen von europäischer Einheit in den Regionen ‚unters Volk‘ zu bringen.

Bemerkenswert ist, daß die gewachsene definitorische und exekutive Macht Brüssels mit einem deutlich verringerten bildungspolitischen Aktionsvermögen des EUROPARATS zusammenfällt. Dessen für die Europäisierung der Weiterbildungspolitik zu veranschlagende Bedeutung ist gegenüber der reform- und perspektivfreudigen Phase der siebziger Jahre nachhaltig geschrumpft. Zu locker und unverbindlich ist seine Einbindung in die länderinternen und supranationalen Politikmechanismen geblieben, als daß von dort tragfähige und praktisch umsetzbare Europäisierungseffekte zu erwarten wären. Weiterbildungspolitische Ambitionen dürfen jedenfalls nach einer Einschätzung Knolls (1996, S. 163) „heute nicht mehr auf der Agenda des EUROPARATS" stehen.

Daß damit die politische Geometrie noch eindeutiger zugunsten der Europakonzeption der UNION verschoben wird, ist unschwer erkennbar. Europäisierung als supranationales Anliegen dürfte sich folglich in den Räumen bewegen, die die privilegierten Bewohner des europäischen Hauses für sich reserviert haben. Wenn daneben noch bedacht wird, daß selbst im Kreis der 15 EU-Staaten ein Europa der ‚unterschiedlichen Geschwindigkeiten‘ und Integrationsstufen zu erwarten steht, drängt sich das Bild einer gestaffelten Exklusivität und eines vielfach gebrochenen Europäisierungsgeschehens geradezu auf.

Gestaltungsmittel und Folgen einer Politik der Europäisierung

Eine der Prämissen dieses Beitrags ist es, daß nach Maastricht die Formel von der Europäisierung der Weiterbildungspolitik neue Schattierungen angenommen hat. Der bislang erörterte Aspekt weist auf eine trotz Subsidiarität und Harmonisierungsverbot weiter ausgebaute Vormachtstellung der UNION gegenüber seinen Mitgliedern hin. Paradoxerweise scheinen gerade die bildungspolitischen Subsidiärhandlungen Brüssels dazu geeignet, hegemoniale Tendenzen zu unterstützen. Zudem ist die EU-Version von Europa im Begriff, unsere Vorstellungen von Zweck und Richtung des Europäisierungsprozesses monopolistisch zu besetzen. Mit dem abschließend zu erörternden Aspekt soll angedeutet werden, daß die struktur- und bildungspolitischen Interventionen der EUROPÄISCHEN KOMMISSION weitreichende Folgen für den konzeptionellen Zuschnitt der Weiterbildung und ihrer politischen Gestaltung haben können, und zwar gerade auch für die jeweiligen nationalen Arbeitszusammenhänge.

Zur Stärkung des wirtschaftlichen und sozialen Zusammenhalts der EUROPÄISCHEN UNION sowie insbesondere zur Angleichung der regionalen Entwicklungsunterschiede setzen Rat und Kommission der EU sogenannte Strukturfonds ein. Diese unterteilen sich in einen „Europäischen Sozialfonds – ESF", einen „Europäischen Fonds für regionale Entwicklung – EFRE" sowie einen „Europäischen Ausrichtungs- und Garantiefonds für die Landwirtschaft – EAGFL". Ferner existiert seit Inkrafttreten des Vertrags von Maastricht ein sogenannter „Kohäsionsfonds", der den vier Mitgliedstaaten mit dem größten wirtschaftlichen Rückstand (Spanien, Portugal, Irland, Griechenland) vorbehalten ist (Müller-Solger u.a. 1993, S. 93ff.).

Diese Förderinstrumente sind auf sechs ‚vorrangige Ziele' der Strukturpolitik gerichtet, die sich ihrerseits auf Regionen, Zielgruppen und Wirtschaftssektoren mit den gravierendsten Entwicklungsproblemen beziehen:

- Förderung der Entwicklung und der strukturellen Anpassung der Regionen mit Entwicklungsrückstand (Ziel 1),
- Umstellung der Regionen, Grenzregionen oder Teilregionen (einschließlich Arbeitsmarktregionen und Verdichtungsräume), die von der rückläufigen industriellen Entwicklung schwer betroffen sind (Ziel 2),
- Bekämpfung der Langzeitarbeitslosigkeit und Erleichterung der Eingliederung der Jugendlichen und der vom Ausschluß aus dem Arbeitsmarkt bedrohten Personen in das Erwerbsleben (Ziel 3),
- Erleichterung der Anpassung der Arbeitskräfte an die industriellen Wandlungsprozesse und an Veränderungen der Produktionssysteme (Ziel 4),
- Förderung und Entwicklung des ländlichen Raums:
  - durch beschleunigte Anpassung der Argrarstrukturen im Rahmen der gemeinsamen Argrarpolitik, einschließlich der Maßnahmen zur Anpassung der Fischereistrukturen (Ziel 5a),

- durch Erleichterung der Entwicklung und der Strukturanpassung der ländlichen Gebiete (Ziel 5b),
- Förderung und Entwicklung der strukturellen Anpassung von Gebieten mit einer extrem niedrigen Bevölkerungsdichte (Ziel 6).[3]

Ziel 3 und Ziel 4 sind dabei von unmittelbarer Bedeutung für die Weiterbildung. Ausgehend von der Erkenntnis, daß „die Öffnung des Europäischen Binnenmarktes und damit verbundene Effizienzsteigerungen in der Produktion (...) keinen Arbeitsplatzanstieg bewirkt" haben, hat sich die Politik der Entwicklung der Humanressourcen untrennbar mit der Bekämpfung der Arbeitslosigkeit verbunden. Durch die genannten Zielgebiete 3 und 4 soll dem strukturellen Arbeitsplatzabbau entgegengewirkt werden, der sich 1992/93 als Nettoverlust von gemeinschaftsweit 3 Millionen darstellte (Handbuch zur EG-Strukturförderung 1995, AII.3, S. 23).

Speziell über den europäischen Sozialfonds, aus dem zwischen 1994 und 1999 ca. 1,95 Mrd. ECU für Ziel 3/ 4-Maßnahmen nach Deutschland fließen, wird eine Verknüpfung von Struktur-, Beschäftigungs- und beruflicher Qualifikationspolitik angestrebt und durch die Finanzierungsbedingungen auch entsprechend gesteuert. Daneben existieren zur Zeit dreizehn Gemeinschaftsinitiativen, deren Hauptanliegen in der grenzüberschreitenden Kooperation zwischen europäischen Partnereinrichtungen besteht. ADAPT (Ziel 4 – Maßnahmen) und BESCHÄFTIGUNG sind solche Gemeinschaftsinitiativen. Letztere wird weiter untergliedert in die Aktionsbereiche *Horizon* (für die Qualifizierung und Beschäftigung Behinderter); NOW (für die Verbesserung der Arbeitsmarktchancen von Frauen); YOUTHSTART für die Zielgruppe der Jugendlichen bis 20 Jahre. Unter dem Blickwinkel der Frage, wie derartige Programme einer Europäisierung des weiterbildungspolitischen Handelns dienen, kann es hilfreich sein, die entsprechenden Förderkriterien kurz zu betrachten.

Durchgängig wird an beantragte Projekte die Forderung gestellt, Perspektiven des Transfers von Know-how zu eröffnen. Des weiteren sind transnationale Kooperationsbezüge unabdingbar, ebenso der Nachweis innovativen Potentials.

Eine Einbeziehung der Sozialpartner vor Ort wird in gleichem Maß erwartet wie eine kohärente Beziehung zu anderen EU-Programmen, um etwaige Synergieeffekte auszuschöpfen.

Europäisierung könnte in diesem Zusammenhang so viel bedeuten wie die Entwicklung einer durch den Beteiligungssog der Europäischen Förderprogramme ausgelösten Eurokompetenz (Petzold 1995, S. 21) von Anbietern und projektinteressierten Forschern aus dem Kreis der Weiterbildung. Mit ihr

---

3   Die Ziele 1,2,5b und 6 sind regional orientierte Ziele, während die horizontalen Ziele 3, 4 und 5a im gesamten UNIONS-Gebiet Anwendung finden (vergl. Handbuch zur EG – Strukturförderung, Berlin 1995, III 1.1. S. 4f.)

werden zwar weder inhaltliche Schwerpunkte europäischer Weiterbildungspolitik benannt, noch ließe sich daraus eine spezifische Form angemessener politischer Verhaltensstrategien ableiten. Möglicherweise kann aber bereits die operative Einbindung in transnationale Zweckbündnisse als eine Vorform europäisierten Politikhandelns aufgefaßt werden. Dabei ist die Gefahr nicht von der Hand zu weisen, daß sich eine bildungspolitische Zusammenarbeit innerhalb der EU fast ausschließlich in Programmen manifestiert und projektgebundener Aktionismus zum dominanten Merkmal des Europäisierungsprozesses wird (Müller-Solger u.a. 1993, S. 36).

Die für die Initiierung und administrative Betreuung der Weiterbildungspolitik im Zuständigkeitsbereich der EU maßgebliche TASK FORCE HUMAN RESOURCEN (heute: Generaldirektorat XXII der EU-Kommision) hat bereits vor Inkrafttreten der Verträge von Maastricht dem Problem der substantiellen Unbestimmbarkeit von Leitvorstellungen und Maßnahmen der EU Rechnung zu tragen, indem es bsw. Forschungsgruppen wie dem „HOOGER INSTITUUT VOR DE ARBEID" die Aufgabe übertrug, einen „Bericht über die Erwachsenenbildung in den 90er Jahren" zu verfassen, von dem sich die Exekutive der Gemeinschaft „Anregungen für die Ausgestaltung ihrer Ansätze zur Erwachsenenbildung" erhoffte (van Cleve 1995, S. 132). Auch das von Walter Leirman 1992 in Leuven gestartete „EURODELPHI-PROJEKT", an dem sich Forscher aus fünfzehn europäischen Ländern beteiligten und dessen Abschlußbericht jetzt vorliegt (Leirman 1996) versteht sich als ein Versuch, Ansätze einer inhaltlich fokussierten Politikberatung zu entwickeln, mit denen nationale Problem- und Zielbestände in gemeinsame Weiterbildungsstrategien überführt werden können[4].

Die Bemühungen solcher und ähnlicher Forschungsverbünde lassen trotz unbestreitbarer Anschubeffekte für den Aufbau transnationaler Arbeitszusammenhänge erkennen, daß eine die gesellschaftlichen und institutionellen Spezifika der europäischen Weiterbildungsregionen respektierendes Europäisierungsprogramm noch auf sich warten läßt. Auch eine verhältnismäßig übersichtliche Expertenkultur wie die der Weiterbildungsforscher tut sich schwer – dies haben die Projekterfahrungen mit „EURODELPHI" klar gezeigt –, die Oberfläche allgemeinster Problem- und Aufgabenetikettierungen zu durchstoßen und auch nur in den Grenzen einer bestandsanalytischen Untersuchung zur Erfassung und Interpretation gemeinsamer nicht-trivialer Daten zu gelangen. Ganz abgesehen von den methodologisch begründeten Zweifeln am konkreten Europäisierungspotential einer Vergleichenden Weiterbildungsforschung (Künzel 1994), bleibt es noch eine offene Frage, ob eine europäische Dimension der Erwachsenenbildung z.Zt. überhaupt ermittelt bzw. in die bildungspolitischen Aktionspläne der einzelnen EU-Länder eingebracht werden kann. Jedenfalls wird man van Cleve (1995, S. 142) zustimmen können, wenn er angesichts der

---

4   Der Abschlußbericht des deutschen Projektbeitrags, für den der Verfasser verantwortlich zeichnet, erscheint voraussichtlich 1997 im Buchhandel

bisherigen weiterbildungspolitischen Schwerpunkte der EU-KOMMISSION (Defizitkompensation, Wirtschaftsförderung, berufliche Qualifizierung) davon ausgeht, daß der „Erwachsenenbildung der jeweiligen Staaten vermehrt Aufgaben (zuwachsen), die ihren „Europäischen Raum" selbst zu definieren und auszugestalten haben."

Beiträge und Probleme der Europäisierung aus deutscher Sicht

In Deutschland läßt sich diese Ausgangssituation auf der Ebene des Bundes am ehesten im Wirken der „Konzertierten Aktion Weiterbildung" (KAW) verdeutlichen. Seit 1992 arbeitet eine Gruppe „Weiterbildung und Europa" u.a. daran, *„gemeinsame konzeptionelle Überlegungen zu dem Beitrag (anzustreben), den die Weiterbildung zur Gestaltung der europäischen Einigung leisten kann"* (Koch 1995, S. 101). Nachdem die Arbeitsgruppe zuvor feststellen mußte „daß die Konkretisierung dessen, was Weiterbildung für Europa verfassen muß, offenbar für die Beteiligten der Weiterbildung schwierig ist", kommt sie in einem ersten Bericht Ende 1992 zu dem Ergebnis, daß Weiterbildung Europa „erlebbar machen" müsse (ebd.). Diese zunächst noch etwas dürftig klingende Orientierungsmarke konkretisiert sich im Werkstattgespräch „EUREGIO als Lernfeld europabezogener Weiterbildung" im Januar 1994, in dem die folgenden Handlungsfelder als „Konzept der KAW für eine europäische Dimension der Weiterbildung" ausgegeben werden.

- *Steigerung der Kommunikationsfähigkeit*
  (vor allem zielgruppengerechte Fremdsprachenangebote)
- *andere Alltagskulturen verstehen lernen*
  (interkultureller Begegnungsaspekt)
- *Auslandsaufenthalte für Arbeitnehmerinnen und Arbeitnehmer ausweiten*
- *Ergänzung beruflicher Qualifikationen*
  (unter besonderer Berücksichtigung der Transparenz der nationalen Befähigungsnachweise sowie des europabezogenen Weiterbildungsbedarfs kleiner und mittlerer Gewerbebetriebe)
- *Weiterbildung für eine aktive Mitarbeit in Europa*
  (Förderung des europäischen Bewußtseins und Zugehörigkeitsgefühls)
- *Freizügigkeit und Kooperation der Weiterbildungsträger*
  (vor allem in bezug auf die Transparenz und Nutzung von EU-Fördermöglichkeiten)
- *Europäisches Bildungsfernsehen*
  (vornehmlich als Medium und programmatische Querschnittsfunktion zur Realisierung einer europäischen Dimension) (Koch 1995, S. 103ff.)

Mit den KAW-Vorstellungen wie auch mit den Erklärungen der „2. Europäischen Weiterbildungskonferenz: Weiterbildung für Leben und Arbeiten in

Europa" vom November 1994 liegen Absichtsformeln und konzeptionelle Grundrisse vor, aus denen der deutsche Definitionsbeitrag zum europäischen Bildungsraum und seiner inhaltlichen Ausfüllung abzulesen ist. Nüchtern betrachtet, entdeckt man darin wenig, was nicht ohnehin zum „Eurospeak", zum Verlautbarungsrepertoire europäischer Bildungsfachleute und -administratoren gehört. Produktive Schattierungen oder gar originelle Durchbrüche wird man in den Ergebnissen der KAW vergeblich suchen. Andererseits zeigen vergleichbare Arbeitsgremien und Konferenzbeschlüsse, daß die Europäisierung der Weiterbildung samt ihrer politischen Artikulation den Eindruck orchestrierter Phantasielosigkeit nicht immer vermeiden kann. In diesem Zusammenhang dürfen auch die Ergebnisse des Abschlußkolloquiums im EURODELPHI recht kritisch bewertet werden (Leirman 1996, S. 40ff.).

Mit Blick auf die Länderebene läßt sich der durch die Strukturfonds und Gemeinschaftsinitiativen ausgelöste Europäisierungsschub in seinen Implikationen und Konsequenzen für die deutsche Weiterbildungspolitik etwas plastischer darstellen als dies – aufgrund fehlender kulturpolitischer Zuständigkeit – bei der Würdigung der konzeptionellen Rolle des Bundes möglich und vertretbar wäre. Hierbei erweisen sich mehrere Varianten der Folgeabschätzung empirisch nachweisbar, auch wenn ihre politischen Struktureffekte zur Zeit nicht abschließend beurteilt werden können. Zum einen unterstützen die europäischen Finanzierungsinstrumente die nationalen Bemühungen um eine regionale und zielgruppenorientierte Bewältigung des wirtschaftlichen und sozialen Wandels. In dieser Funktion wird Weiterbildung zu dem, was der NRW-Landtag im April 1995 als eine „Querschnittsaufgabe des Landes" bezeichnet hat: eine ressortübergreifende Ausrichtung öffentlicher Weiterbildungsleistungen auf die investive Unterstützung des Strukturwandels (Künzel 1996).

Zum anderen trifft die ‚Europäisierungswelle' die deutsche Weiterbildung in einem Zustand augenscheinlicher Entwicklungsmüdigkeit an. Die aktuellen Stichworte „Evaluation", „Bestandssicherung" oder „Qualitätsmanagement" stellen solch doppelbödige Gebilde dar. Unterhalb einer sachlich nachvollziehbaren Überprüfungs- und Reflexionsabsicht lagert sich nämlich der Verdacht, mit diesen eher inventarisierenden Tätigkeiten sollte die Tatsache überdeckt werden, daß es ein klares, inhaltlich profiliertes und offensiv fortgeschriebenes Handlungsprogramm staatlicher Weiterbildungspolitik nicht mehr gibt. Auch die vielfältigen publizistischen und verbandspolitischen Vorstöße zur Aufrechterhaltung der ideellen und ökonomischen Betriebsbereitschaft der Weiterbildung scheinen keine spürbaren Energiestöße auszulösen. Kommen da die programmatischen und materiellen Impulse aus Brüssel gerade recht?

Zum einen kann eine Europäisierung im Sinne des Aufbaus transnationaler Partnerschaften und Handlungskontexte der Weiterbildung nur zuträglich sein, ihrer gedanklichen Innenausstattung ebenso wie ihrer interkulturellen Professionalität. Überlegungen zu einer „Lebensbildung in Europa" weisen gerade in letzterer Hinsicht die große – und weiter zunehmende – Bedeutung von Gesprächs- und Praxiszusammenhängen aus, die sich mit Fragen europäischer Wertepluralität und Multikulturalität befassen (Wessel u.a. 1994). Zum anderen lösen die mit europäischen Kooperationsvorhaben einhergehenden Finanzierungschancen stellenweise regelrechte Akquisitionshysterien aus. Wenn sich ein Bildungsbereich so durchgängig dem Marktgeschehen und der öffentlichen Kürzungspolitik unterwerfen muß wie die Weiterbildung, sind dergleichen Reaktionen nicht verwunderlich, stellen sie doch eine der wenigen verbleibenden Möglichkeiten institutioneller Bestandssicherung dar.

In Anbetracht ihrer ambivalenten Rezeption gerät das Wort von der Europäisierung der Weiterbildungspolitik leicht zu einer zwar unfreiwilligen, aber nicht minder effektvollen ironischen Aushebelung eines Grundgedankens von Maastricht: der Stärkung des regionalen und bildungspolitischen Selbstbehauptungswillens zugunsten einer pluralen Idee europäischen Gemeinwohls. Wo aber die Regionen in ihren Bemühungen um eine eigenständige Weiterbildungspolitik nachlassen, befriedigt die Europäisierung dieses Bereichs im dargestellten Sinn zunächst und vorrangig zentralistische Gestaltungsbedürfnisse. Ohne ein regional abgeleitetes und aktivierbares Weiterbildungsbewußtsein, so läßt sich schließen, verliert die demokratische Begründung der Subsidiarität ihren praktischen Sinn und die Europäisierung der Weiterbildungspolitik viel von ihrem Reiz und ihrer Glaubwürdigkeit. Und nur wenn die Regionen den Ehrgeiz kultur- und bildungspolitischer Selbstbestimmung (zurück-)gewinnen, werden sie genügend Esprit und Macht entfalten, der europäischen Einigung den Stachel lebensweltlicher Uniformierung zu ziehen.

Literatur

Brinkmann, G. (Hrsg.): Europa der Regionen. Herausforderungen für Bildungspolitik und Bildungsforschung. (Studien und Dokumentationen zur vergleichenden Bildungsforschung. Bd. 57.) Köln/Weimar/Wien 1994
van Cleve, B.: Erwachsenenbildung und Europa. Weinheim 1995
Europäische Kommission: Lehren und Lernen. Auf dem Weg zur kognitiven Gesellschaft. Weißbuch zur allgemeinen und beruflichen Bildung. Brüssel 1996
Handbuch zur EG-Strukturförderung, hrsg. v. BBJ Servis GmbH für Jugendhilfe (Loseblattsammlung in zwei Bänden) Berlin 1992ff.
Jahrbuch der Europäischen Gemeinschaften, hrsg. von Seingry, G.-F. Brüssel, 14. Auflage 1995
Knoll, J.H./Künzel, K.: Internationale Erwachsenenbildung. Braunschweig 1981
Knoll, J.H.: Internationale Weiterbildung und Erwachsenenbildung. Darmstadt 1996
Künzel, K.: Erwachsenenbildung/Weiterbildung. In: NRW-Lexikon 1996, Opladen (im Druck)
Künzel, K.: Vergleichende Weiterbildungsforschung im Zeichen von Europa. In: Knoll, J.H. (Hrsg.) Internationales Jahrbuch der Erwachsenenbildung 22, Köln 1994, S. 1ff.

Koch, H.K.: Europäische Dimension der Weiterbildung. In: Bildung und Erziehung, 48. Jg., 1/1995, S. 101-110

Kowalsky, W.: Europa vor der Herausforderung zivilisierter Innenbeziehungen. In: Aus Politik und Zeitgeschichte (Jan. 1995) H. B3-4, S. 17-23

Leirman, W. (Hrsg.): The Future Goals and Policies of Adult Education in Europe 1995 (Eurodelphi). Leuven 1996

Müller-Solger, H.u. a.: Bildung und Europa. Bonn 1993

Müller-Solger, H.: SOKRATES – Die Entdeckung der allgemeinen Weiterbildung für Europa. In: Hessische Blätter für Volksbildung 2 (1995), S. 168-170

Petzold, W. : Der diskrete Charme des ECU. Kein Abschied von Europa. In: D.I.E. Zeitschrift für Erwachsenenbildung (1995) IV, S. 18-21

Schleicher, K.: „Öffentliche Meinung" in der Europäischen Gemeinschaft. Ihre politische und bildungspolitische Bedeutung. In: Schleicher, K. u. BOS, W. (Hrsg.) Realisierung der Bildung in Europa. Darmstadt 1994, S. 81-136

Schneider, F.: Europäische Erziehung. Basel 1959

Stobart, M.: Der Europarat und die Bildungsanforderungen im „Neuen Europa". In: Schleicher, K. u. Bos, W. (Hrsg): Realisierung der Bildung in Europa. Darmstadt 1994, S. 19-45

Vorbeck, M.: Bildungsforschung im Europa der Regionen – Im Dienste europäischer Bildungspolitik. In: Brinkmann, G. (Hrsg.): Europa der Regionen, Köln/Weimar/Wien 1994, S. 49-60

Vulpius, A.: Empfehlungen des Europarates zur Weiterbildungspolitik. In: Knoll, J.H. (Hrsg.) Internationales Jahrbuch der Erwachsenenbildung 12/13, Köln 1985, S. 291ff.

Weinacht, P.-L.: Aktive und passive Subsidiarität: Prinzipien europäischer Gemeinschaftsbildung. In: Aus Politik und Zeitgeschichte B 3-4/95, (Jan. 95), S. 33-39

Wessel, K. F. u. a. (Hrsg.): Lebensbildung in Europa zwischen Utopie und Wirklichkeit. Bielefeld 1994

Markt und Systematisierung der Weiterbildung

Ulrich Teichler

Politikprozesse, öffentliche Verantwortung und soziale Netzwerke

1. Die „Weichheit" der Weiterbildung

Wenn wir den quartären Bildungsbereich im Vergleich zu den anderen Bildungsbereichen betrachten, so fällt uns vor allem die „Weichheit" dieses Bereichs auf:

a) Es gibt durchaus Ansprüche über Inhalte des zu Lernenden, die über gesellschaftliche Partikularität hinausgehen, aber die gesellschaftliche Kanonisierung ist in der Weiterbildung die Ausnahme.
b) Es gibt durchaus einen moralischen Anspruch der Weiterbildung, nachdem diejenigen, die sich nicht weiterbilden, in beruflicher Dequalifikation und kultureller Beschränktheit verkommen, aber es gibt keinen machtvollen Anspruch und keine erschreckenden Sanktionen gegen diejenigen, die sich solchen Ansprüchen entziehen oder sogar widersetzen wollen.
c) Es gibt durchaus ein breites Angebot an Weiterbildung und dabei an vielfältigen Lernchancen, aber die Gewährleistung gleicher Chancen oder sogar gleicher Grundteilnahme ist für Weiterbildung nicht typisch.
d) Es gibt durchaus eindrucksvolle Institutionalisierungen, aber die institutionelle Stabilität des Weiterbildungsbereichs ist weitaus bescheidener als die der anderen Bildungsbereiche.

Alle diese Merkmale des „weichen" Systems hängen damit zusammen, daß der Staat in der Weiterbildung nicht in gleichem Maße

- steuernd,
- fördernd,
- unterstützend und
- veranstaltend

auftritt wie in den anderen Bildungsbereichen. Insofern scheint das Thema des Kongresses „Bildung zwischen Staat und Markt" in der Weiterbildung besonders gut aufgehoben: Weiterbildung ist ohnehin irgendwo zwischen Staat und Markt lokalisiert.

2. Weiterbildung – Konstrukt oder System?

Die „Weichheit" des Weiterbildungsbereichs ist so evident, daß einen Augenblick die Frage gestattet sein muß, ob „Weiterbildung" nach wie vor nur ein gedankliches Konstrukt ist. Der häufige Verweis in der einschlägigen Literatur auf den Deutschen Bildungsrat als derjenigen Instanz, die den Begriff Weiterbildung salonfähig gemacht hat, zusammen mit der verbleibenden Popularität der Termini „Erwachsenenbildung" und „Fortbildung" unter den Wortführern des Bereiches nährt eher die Vermutung, daß hier mehr Konstrukt als Realität zur Debatte steht. Aber eben nicht ganz: Die Gralshüter von Teilbereichen der Weiterbildung reagieren heute nervöser auf Änderungen in anderen Teilbereichen der Weiterbildung, als das früher der Fall war. Und wenn es um Kritik des Status quo und um die Suche nach neuen Lösungen geht, dann steht heute Weiterbildung insgesamt zur Diskussion: Dies zeigt sich zum Beispiel, wenn staatliche Instanzen Gutachten vergeben oder Kommissionen einsetzen, um eine Bestandsaufnahme zu veranlassen und Empfehlungen für die zukünftige Entwicklung zu erhalten.

3. Die Vorliebe für ordnungspolitischen Diskurs

Für jemanden, der Weiterbildung eher aus der Distanz als aus dem Innenleben betrachtet, ist es zunächst einmal überraschend, daß große ordnungspolitische Diskussionen über das Verhältnis von „Staat und Markt" im Hinblick auf Bildung gerade in der Weiterbildung mit besonderer Heftigkeit geführt werden. Man könnte meinen, daß sei hier am wenigsten angebracht, weil sich in der Weiterbildung doch alle zentralen Akteure mit unterschiedlichen Mischmodellen arrangiert haben und tatsächlich eine gemischte Gemengelage vorliegt, was Beratung und Entscheidungen zur Systemgestaltung, inhaltliche Ausgestaltung, Unterstützung und Finanzierung angeht.

Zwei Erklärungen möchte ich für die Prominenz der ordnungspolitischen Debatten in der Weiterbildung anbieten:

1. Die Weiterbildung gehört zu den Bereichen, in denen ein spezifisches Konzept der Staatsfunktion gepflegt wird. Das bedarf der kontinuierlichen Belebung und der diskursiven wie propagandistischen Pflege. Hier muß immer wieder gefordert und zurückgewiesen werden.

Der „gute" Staat, so läßt sich zugespitzt formulieren, ist in der Weiterbildung vor allem derjenige, der

- sich als ideologischer und materieller Ausfallbürge für solche Themenbereiche der Weiterbildung geriert, in denen es den Erwachsenen an Einsicht und Einsatzbereitschaft gebricht: als der sorgende Vater für die wertvolle, aber „nicht marktgängige" Bildungsaufgabe. Der Kompromiß mit dem Staat als Mäzen wird hier dadurch gewonnen, daß als das besonders Wertvolle und Kostbare in dieser Hinsicht – gemessen an der finanziellen Leistung des Staates – die politische Bildung an erster Stelle rangiert.

- Weniger wortreich gepriesen, aber ebenso wertvoll wird die Aufgabe des Staates in der Sorge dafür gesehen, daß die Hereingefallenen der Arbeitsgesellschaft privilegierten Zugang zu den Segnungen der Weiterbildung erhalten – damit verbindet sich der Hoffnungsschimmer, daß danach die Rückkehr in den Beruf gelingt – also in den Bereich, in den der Mensch einstmals nach der Austreibung aus dem Paradies verwiesen wurde.

Der „schlechte" Staat ist dagegen derjenige, der mehr will, wenn er schon mal an der Weiterbildung beteiligt ist. Hier scheiden sich die Geister darüber, was von diesem Mehr am stärksten zu beklagen sei.

Dieses besondere Staatsverständnis allein kann aber nicht die ordnungspolitische Begeisterung in der Weiterbildungs-Debatte erklären. Denn ein analoges besonderes Staatsverständnis finden wir auch in anderen Bereichen, ohne daß dies zu so großen ordnungspolitischen Debatten reizt. Mein home turf, die Hochschule, ist ein anderes exzellentes Beispiel dafür, daß wir das angelsächsische Sprichwort „you cannot have the cake and eat it" im Hinblick auf den Staat für völlig deplaziert halten: Auch in der Hochschule wollen wir den guten Staat, dem die Sorge über die unbestimmten Leistungen der Hochschule in Forschung und Lehre so sehr am Herzen liegt, daß er nur an die Tugend der Autonomie denkt, und daß er seine sonstigen Allüren der Aufsicht und Forderung nach berechenbarer Leistung vergißt.

2. Hinzu kommt in der Weiterbildung ein weiterer Faktor, der ordnungspolitische Debatten beflügelt. Ein „weiches System" hat seine spezifische Phobie davor, daß irgendwann einmal irgendeine harte Forderung hineinregieren und dann auch gleich durchregieren könnte. Vielleicht zu Recht, weil die gewachsenen Balancen in der Weiterbildung angesichts einer relativ schwachen Institutionalisierung und einer generellen Weichheit des Systems gebrechlich sein können. Also wird jede sich abzeichnende Veränderung gegenüber der gewachsenen Balance in der Weiterbildung gleich einem Weichspülgang unterzogen.

4. Auf der Suche nach Mittelwegen zwischen „Staat" und „Markt"

Wenn wir so komplexen Phänomenen wie der Einheitlichkeit und Vielfalt der Bildungsangebote oder der individuellen und gesellschaftlichen Verantwortung in der Bildung begegnen, so betten wir diese Phänomene gerne erst einmal in eine begriffliche Dichotomie ein. „Staat" und „Markt" sind Extrempole auf einem ordnungspolitischen Kontinuum.

Das Problem dabei ist, daß die Extrema dann beliebter Gegenstand des Preisens und Anklagens werden, während der tatsächliche erreichte Punkt auf dem Kontinuum, der der Mitte näher liegt als den Extremen, begrifflich ungefaßt bleibt, daher auch nicht goutiert wird und bestenfalls das mulmige Gefühl hinterläßt, Ergebnis eines faulen Kompromisses zu sein. So können wir uns dem realen Zustand weder intellektuell noch emotional innig zuwenden, denn er ist sozusagen ex definitione blaß.

Als empirischer Sozialforscher konstruiere ich standardisierte Fragen, bei denen ich Skalenwerte nummeriere und bei den Extremwerten der Zahlenskala Worte hinzusetze. Zum Beispiel: Für wie wichtig halten Sie es, daß Sie sich weiterbilden? Kreuzen Sie auf einer Skala von 1 = „sehr wichtig" bis 7 = „sehr unwichtig" an. Ich formuliere die standardisierte Frage so in der Annahme, daß nur eine Minderheit die Weiterbildung für „sehr wichtig" oder für „sehr unwichtig" hält. Die Mehrheit der Probanden sollen dort ankreuzen, wo ich sprachlos geblieben bin. Ich rede mich damit heraus, daß ich durch die Einsetzung der Zahlen eine Äquidistanz der Klassen geschaffen habe und mir dies ein statistisch überlegenes Auswertungsverfahren erlaubt. Klammheimlich hoffe ich, daß diejenigen, die die nicht verbal bezeichneten Kästchen ankreuzen, einen Begriff von dem haben, was sie tun und meinen, aber ich verzichte vorsichtshalber darauf, dies wirklich zu prüfen.

Ich kann mir nicht anmaßen, alle Nuancen der Weiterbildungsdebatten zu kennen und nachzuvollziehen. Mein Metier ist ein anderes. Ich hatte jedoch seit Anfang der achtziger Jahre einige freundliche Berater, die mich zu einem kleinen Schnupperstudium im Bereich der Weiterbildungsfragen aufriefen (Hellmut Becker, Detlef Kuhlenkamp, Antonius Lipsmeier, Joachim Dikau und Hinrich Seidel).

Erst in den letzten Jahren ergaben sich Anlässe zu etwas genauerer Beobachtung. Einige Überlegungen, die in enger Kooperation zwischen Peter Faulstich und mir entstanden, haben sich 1991 in dem Gutachten „Bestand und Perspektiven der Weiterbildung. Das Beispiel Hessen" und kürzlich in „Bestand und Entwicklungsrichtungen der Weiterbildung in Schleswig-Holstein" niedergeschlagen, und sie sind auch in manchen Aspekten in dem „Bremer Bericht zur Weiterbildung" von 1995 aufgenommen worden. Aus diesem Dialog eines Vollblut-Kenners und einem „marginal man" der Weiterbildungsdiskussion ist vor allem das Postulat hervorgegangen, die existierende Mittellage

- zwischen geordneten und offenen Bildungsangeboten und deren Bewertung,
- zwischen harter und fluider Institutionalisierung und
- zwischen „Staat" und „Markt" in den Entscheidungs- und Beratungsstrukturen und -prozessen

auf den Begriff zu bringen. Rationalität in der Analyse und Verbesserung der Lage ist – so meinen wir – erst zu ereichen, wenn die entstandene mittlere Situation auf den Begriff gebracht wird. Dann, so behaupten wir weiter, entpuppen sich die großen gesellschaftspolitischen Schlagabtäusche zum Teil aus Täuschung; es bleibt ein relativ übersichtlicher Spielraum von Optionen, die jeweils im Farbenspektrum des politischen mainstream in der Bundesrepublik Deutschland allseits nachvollziehbar sind.

Die Resonanz auf unsere Aussagen läßt die Einschätzung zu, daß wir die Absicht realisieren konnten, die Problematik auf den Arbeitsbegriff zu bringen. „Mittlere Systematisierung" klingt nicht unbedingt wie eine abschließende terminologische Bewältigung, sondern – das war so beabsichtigt – wie ein Suchprogramm. Ausgesagt wird, daß die Logik einer mittleren Gemengelage es wert ist, ernstgenommen zu werden, und daß eine Lösungssuche in diesem Umkreis ihre Dignität haben kann.

5. „Mittlere Systematisierung"

Als ein wenig schillernd und unklar wird die Formulierung „mittlere Systematisierung" empfunden, was den letzten Teil des Wortes, die „-ierung", angeht. Hier kultivieren wir die gleiche Ambivalenz wie zum Beispiel bei dem Wort „Fundamental-Demokratisierung". Wir sehen eine reale Bewegung, einen „Trend", in die genannte Richtung, aber nicht eine sich unabdingbar durchsetzende Kraft – vielleicht einen zerbrechlichen Trend, der sich durch Einsicht und Unterstützung entfalten, aber auch bekämpft und verbogen werden kann. Im letzteren Falle würde die zugrundeliegende Provokation nicht aufgehoben, aber eine Chance vertan.

Von den drei Dimensionen mittlerer Systematisierung,
- der Bildungsangebote und -prozesse,
- der institutionellen Bedingungen und
- den übergreifenden Beratungen und Entscheidungen zur Gestaltung der Weiterbildung,

steht in diesem Kontext die letztgenannte Ebene im Mittelpunkt. Vorab sei daher nur kurz auf die anderen beiden Dimensionen eingegangen.

Was eine brauchbare mittlere Systematisierung zwischen geschlossenen Ausbildungsgängen und berechtigenden Zertifizierungen, wie sie in der Erstbildung überwiegen, auf der einen Seite und den offenen Kursangeboten, wie sie eher in der Weiterbildung anzutreffen sind, auf der anderen Seite sein kann, wird im breiten Spektrum der Weiterbildung von Fall zu Fall zu klären sein. Wir verweisen aber darauf, daß es eine Chance des fließenden Überganges zwischen offenem und kasuistischem Lernen zu einer Konfiguration von Kompetenz und Qualifikation geben müßte: Weiterbildungspässe und Bildungsdossiers können Schritte in diese Richtung sein.

Als eine überzeugende mittlere Systematisierung zwischen der kaum zu übersehenden Vielfalt der an Weiterbildung beteiligten Institutionen und einer Unübersichtlichkeit ihrer Struktur, Arbeitsweisen und Qualitäten einerseits und einer harten, relativ einheitlichen und übersichtlichen Institutionalisierung andererseits kann – so wird bereits seit langem diskutiert – eine Teil-Stabilisierung etabliert werden, die zugleich die Vielfalt und Offenheit respektiert als auch ein Element von Erwartungssicherheit, Transparenz und Qualität in die Weiterbildung hineinbringt. Viele Experten sehen hier in einer (Teil-)Professionalisierung der Weiterbildner den Königsweg. Wir haben den Akzent auf einen anderen Aspekt gelegt, der sich unseres Erachtens in nuce auch bei der Konzertierten Aktion Weiterbildung Ende der achtziger Jahre gezeigt hatte. Wir halten es für sinnvoll, daß der Staat den Schwerpunkt seiner Involvierung in Weiterbildung in der Förderung von unterstützenden Strukturen sieht. Wir setzten oft „support structures" hinzu, um darauf hinzuweisen, daß wir aus internationalen Erfahrungen mehr Anregungen für dieses Konzept erhalten haben als aus Beobachtungen in Deutschland. Als wichtige Bereiche unterstützender Strukturen sind diejenigen zu nennen, die die Beratungen in einem vielköpfigen und pluralen Expertengremium „überlebten": Ich nehme deshalb den Bremer Bericht zur Weiterbildung auf:

- Information über Weiterbildungsangebote,
- Beratung potentieller und tatsächlicher Teilnehmer(innen),
- Entwicklungsaufgaben,
- Qualitätssicherung und Evaluation,
- Personalqualifizierung,
- Forschung und Statistik,
- Unterstützung der Planung, Koordination und Administration,
- Management von Infrastrukturen der Weiterbildung.

Ein Konsens kann sicherlich unter Experten und Vertretern des Praxisfeldes erzielt werden, daß solche Aktivitäten eine Schlüsselfunktion für Transparenz, Qualitätssicherung und Anregung von Innovationen haben können. Umstritten sind jedoch vor allem zwei Punkte: erstens, ob hier vielfältige und großenteils trägernahe Lösungen gefunden werden sollen oder – wie wir betonen – überwiegend trägerunabhängige Lösungen vorzuziehen sind; zweitens, ob dieser Aufgabenbereich so bedeutsam ist, daß er auch unter zunehmenden Finanzrestriktionen und eventuell sogar zu Lasten der unmittelbaren finanziellen Förderung von Weiterbildungsangeboten ausgebaut werden soll.

6. Koordination in „öffentlicher Verantwortung"

Das Hauptthema ist hier die dritte Dimension der „mittleren Systematisierung", d.h. eine gewisse Bündelung der Beratungen und Vorentscheidungen „in öffentlicher Verantwortung".

Um noch einmal auf die Dichotomie von Markt und Staat zurückzukommen: Insgesamt fällt es wohl nicht so schwer, von den Extremen einer dominanten staatlichen Steuerung, Förderung und Veranstaltung der Weiterbildung einerseits und einer dominanten Marktregulation andererseits Abschied zu nehmen: Natürlich gibt es immer eloquente Protagonisten der Extremfälle, aber die endemischen Schwächen solcher Lösungen sind zu evident.

Der Staat ist in der Regel nicht der Protagonist der Vielfalt; oft gelingt es ihm nicht, eine Balance zwischen einer Sorge für alle und seiner Rolle als öffentlicher Arbeitgeber zu gewinnen, wie sich zum Beispiel an der staatlichen Hochschulpolitik erweist; der Staat hat nicht den Ruf, zu besonders effizienter Organisation beizutragen; der Staat tendiert gegenüber „weichen" Organisationsbereichen in finanziellen Krisenzeiten zu versagen, weil er ihre Weichheit zu überproportionalen Kürzungen mißbraucht. Schließlich gibt es in der Gesellschaft keine Legitimation, Weiterbildung in ähnlichem Maße öffentlich zu fördern wie Erstbildung.

Eine vollständige Marktregulation der Weiterbildung scheitert daran, daß die Lernenden als Kunden im Hinblick auf Transparenz und Qualitätsbeurteilungen überfordert wären, daß berufliche Weiterbildung oft gerade da am notwendigsten ist, wo das betriebliche Interesse an Förderung gering und die finanziellen Mittel der Individuen beschränkt sind und daß viele Bereiche sozialer und kultureller Bildung bei voller Marktabhängigkeit verdorren würden.

Vielmehr steht zur Diskussion, ob das gewachsene Nebeneinander unterschiedlicher staatlicher Steuerungen, Förderungen, Dienstleistungen und Veranstaltungen und unterschiedlicher Marktsteuerungen so wünschenswert sei, wie es heute ist, oder ob dies zu erratisch sei und einer größeren Abstimmung bedürfe.

Wir argumentieren, daß es angesichts des prinzipiellen Bedeutungsgewinns von Weiterbildung zu mehr Abstimmung kommen muß: Qualitätssicherung, Breite und Zugänglichkeit des Angebots, systemisch notwendige Verknüpfung von allgemeiner, sozialer und berufsfachlicher Kompetenz, Synergie der eingesetzten Mittel und Kompetenzen – all das ist ohne größere Abstimmung in gemeinsamer Verantwortung für die Gesellschaft nicht zu leisten. Geschieht nichts anderes in Richtung höherer Systematisierung als bisher, so werden wirtschaftliche, soziale und kulturelle Entfaltungschancen des Gemeinwesens entscheidend gebremst und ein Teil der Erwachsenen bedeutsamer Chancen beraubt. Das höhere Maß von Systematisierung gegenüber dem Status quo könne und solle jedoch, so argumentieren wir, nicht durch „mehr Staat" geleistet werden – nicht nur, weil eine solche politische Prioritätensetzung heute als unrealistisch erscheint, sondern auch, weil darunter das allseits gewünschte Maß von Offenheit, Vielfalt und Innovationsfähigkeit der Weiterbildung leiden würden. Die potentiell staatlichen Aufgaben werden besser durch viele Beteiligte „in öffentlicher Verantwortung" wahrgenommen.

„Öffentliche Verantwortung" ist eine Chiffre, die uns einerseits an den Staat erinnert: Wir reden von der „öffentlichen Hand", dem „öffentlichen Dienst", dem „öffentlichen Personennahverkehr" und dem „öffentlichen Wirtschaftssektor". Andererseits weist der Begriff über den Staat hinaus: daß der Staat sich in seinem Handeln durch offene, faire und freie Kommunikation mit mündigen Akteuren außerhalb des Staatsapparats zu legitimieren hat und daß er ohne solche Kommunikation in seiner genuinen Funktionswahrnehmung zu degenerieren droht. Wir gebrauchen diese Bezeichnung „öffentliche Verantwortung" heute, wenn wir den Staat auffordern, in seinem Metier nicht ohne Alleinvertretungsanspruch für die Allgemeinheit zu agieren, sondern sich in die Kommunikation mit anderen Akteuren als ein Partner besonderer Art und besonderen Gewichts, aber als Partner einzureihen.

Vielleicht leistet der Terminus „öffentliche Verantwortung" nicht mehr das, was wir vermuteten. Möglicherweise assoziieren wir, wenn wir das Wort „Öffentlichkeit" hören, nicht mehr Jürgen Habermas, sondern eher skandalträchtigen Enthüllungsjournalismus und Eintagsfliegen von öffentlicher Thematisierung und Entthematisierung. Ohne hier endgültig klären zu wollen, ob „Öffentlichkeit" als verantwortliches Korrektiv gegenüber dem Staat durch freie Kommunikation völlig passé ist oder nicht, könnten wir uns auf die Suche nach neuen Chiffren machen.

Vielleicht transportiert heute das Wort „Netzwerk" eher das, was hier zur Diskussion steht. Netzwerkförmige Organisationsmuster, die einerseits nicht die Stabilität und Machtimplikationen von festen Organisationen haben und andererseits über akzidentielle Kommunikationen, die immer wieder ad hoc neu zu stiften sind, hinausgehen, erlauben regelmäßige Beratungen und Verhandlungen – das gilt nicht nur für Netzwerke von Individuen, sondern auch für Netzwerke korporativer Akteure.

Ein Zusammenwirken staatlicher und privater Institutionen, Förderern, Trägern und Nachfragern kann auf überrgionaler Ebene wie auf regionaler Ebene erfolgen. Dabei kann die Kooperation drei Formen einnehmen:

- Beratung weiterbildungspolitischer Maßnahmen und Entscheidungsvorbereitung,
- Vorbereitung und Koordination gemeinsamer Aktivitäten, z.B. Information, und
- Ressourcensharing, z.B. in Weiterbildungszentren, Weiterbildungsverbünden, trägerübergreifender Information und Beratung.

Der Gegenstandsbereich der Kooperation kann sehr breit sein. Als potentielle Aufgaben regionaler Weiterbildungsbeiräte nannte Peter Faulstich z.b.:

- Bedarfsklärung, Planung und Empfehlungen für Schwerpunktsetzungen;
- Abstimmung der Angebote und Erstellung eines regionalen Programms;
- Anregung durch Kooperation und Sicherung der Kontinuität von Angeboten;
- Beratung der öffentlichen Weiterbildungsinfrastruktur;
- Mittelbeantragung und Vergabe für örtliche Initiativprojekte;
- Verknüpfung mit der Wirtschaftsförderung.

Der Vorschlag, mittlere Systematisierung der Beratung und Entscheidung durch Verhandeln und Entscheidungsvorbereitung in überregionalen und regionalen Räten und durch Zusammenarbeit in gemeinsamen Aktionen der an den Räten Beteiligten eine neue Intensität und Qualität zu erreichen, trifft nicht selten auf skeptische Einwände. Vor allem drei miteinander verknüpfte Vorbehalte sind erwähnenswert:

a) Erstens werden negative Erfahrungen mit Weiterbildungsbeiräten in der Vergangenheit geltend gemacht: Dienen sie in der Regel nicht nur der phantasielosen Abstimmung minimaler Abstimmungserfordernisse? Ist die Kommunikation und Zusammenarbeit nicht durch das Dominanzgehabe weniger starker Akteure in Frage gestellt?

In der Tat sind die Erfahrungsberichte über die Tätigkeit von Weiterbildungsbeiräten für unsere Vorschläge nicht ermutigend: Gremien dieser Art können sich jedoch, so meinen wir, im Charakter ihrer Arbeitsweise deutlich ändern, wenn die Aufgaben der Zusammenarbeit lohnenswerter erscheinen. Es kommt, wie unten noch zu behandeln, auf die Bündel der Aufgaben und einen kooperationsfördernden Kontext an.

b) Zweitens wird eingewandt, daß die Beiräte zur Marginalität verurteilt seien, weil die einflußreichen Beteiligten, insbesondere die staatlichen Instanzen, sich ihre Entscheidungsrechte vorbehielten. Die Souveränität der Partner sei demnach ein überwindbares Hindernis.

Sicherlich können die Repräsentanten staatlicher Förderung oder des Arbeitsamts nicht vorab Souveränitätsverzichte, etwa wie Nationalstaaten in einem Staatenbund Europa, eingehen; sie können sich aber de facto wirksame Selbstbindungen auferlegen, und sie können die Zusammenarbeit in solchen Netzwerken dadurch stärken, daß sie diesen die Verantwortung für gemeinsam getragene Verbundaktivitäten, Infrastrukturen u.ä. überlassen.

c) Drittens wird die Sorge geäußert, daß sich die Kommunikation und Kooperation von der Sache her auf so unwichtige Dinge begrenzen wird, daß die Bereitschaft zu intensiver Zusammenarbeit und zur Hintanstellung der eigenen Souveränitätsrechte gering bleiben wird. Selbst wenn im

Prinzip keine organisatorischen Schwächen des vorgeschlagenen Modells bestünden, würde die Marginalität des von der Sache her gemeinsam Machbaren solche Kooperation zur Irrelevanz treiben.

Man kann diesem Argument sicherlich eine Fülle von Aufgabenbereichen entgegenhalten, bei denen Effizienzsteigerungen und Synergieeffekte nicht ausgeschöpft sind. Diese Argumentation reicht jedoch nicht, wenn in der Tat das Kochen des eigenen kleinen Süppchens nach eigenen Würzungspräferenzen weiterhin höher bewertet wird als solche Effizienzsteigerungen und Synergieeffekte.

So sind es eher die äußeren Umstände, die verstärkt in Richtung einer Ausschöpfung gemeinsamer Lösungsmöglichkeiten drängen. Auf der einen Seite wird der prinzipielle Bedeutungsgewinn der Weiterbildung angesichts schneller Innovationen, zunehmender internationaler Kooperation, Verlusten von Arbeitsplätzen infolge von Rationalisierung und internationaler Konkurrenz, Notwendigkeit zur Etablierung neuer Tätigkeiten, eines stärkeren existenziellen Krisenbewußtseins, einer Alterung der Gesellschaft u.ä. immer eindeutiger. Jede Liste dieser Art spiegelt einerseits die subjektiven Relevanzvorstellungen der Autoren wider, ist jedoch andererseits intersubjektiv in der Bestätigung des Bedeutungsgewinns von Weiterbildung. Auf der anderen Seite wird der Druck auf Rationalisierung und Verkleinerung des Einsatzes für Weiterbildung auf den Staat, auf die Unternehmen, die Arbeitsämter und die tendenzbetrieblichen Träger der Weiterbildung immer größer.

Hier zeigt sich ein gewisser Wandel der Atmosphäre innerhalb der sechs Jahre, in denen wir das Postulat der mittleren Systematisierung zur Diskussion stellten. Anfangs wurde lediglich skeptisch gefragt: Kann und wird der Staat die zusätzlichen Kosten für die vorgeschlagenen Supportstrukturen aufbringen? Damit kam auch zum Ausdruck, daß das Weiterbildungssystem so atomistisch wie bisher bleiben werde, wenn der Staat nicht gewisse ergänzende Aufwertungen sichere. Inzwischen ist die Suche nach Rationalisierungs- und Synergiegewinnen schon deshalb ein ernsthafteres Thema, weil die Diskrepanz zwischen der prinzipiellen Bedeutung und den Leistungspotentialen der verschiedenen Akteure in der Weiterbildung immer eklatanter wird. Not macht in einem weichen gesellschaftlichen Bereich nicht nur erfinderisch, sondern vielleicht auch netzwerkerisch.

Literatur

Faulstich, P./Teichler, U./Bojanowski, A./Döring, O.: Bestand und Perspektiven der Weiterbildung. Das Beispiel Hessen. Weinheim 1991

Faulstich, P./Teichler, U./Bojanowski, A./Döring, O.: Bestand und Entwicklungsrichtungen der Weiterbildung in Schleswig-Holstein. Weinheim 1996

Peter Faulstich

Regulation der Weiterbildung – Markt, Staat und Netze

Weiterbildung ist der Teilbereich des Bildungswesens, der in den letzten zwanzig Jahren die stärksten Veränderungen erfahren hat, obwohl viele Akteure und Organisationen es noch nicht wahrgenommen haben. Die Lage der Erwachsenenbildung ist grundlegend anders als Anfang der siebziger Jahre, als viele der heute noch hochgehaltenen Programmatiken geschrieben, die bestehenden Gesetze der Erwachsenenbildung verabschiedet und entsprechende Institutionen etabliert worden sind. Es hat eine erhebliche Expansion der Weiterbildungsangebote gegeben; es hat sich eine stärkere Funktionalität für andere gesellschaftliche Teilbereiche herausgebildet; gleichzeitig wurden die internen Systemstrukturen dynamisiert.

Die folgenden Impulse beruhen auf Erfahrungen im Zusammenhang mehrerer Projekte zur Politikberatung in der Weiterbildung: für den Landtag in Hessen (Faulstich u.a. 1991), für die Max-Traeger-Stiftung bezogen auf die „neuen" Bundesländer (Faulstich 1993), in der Strukturkommission Weiterbildung des Senats der Freien Hansestadt Bremen (Strukturkommission 1995), für die „Rau-Kommission" in Nordrhein-Westfalen und zuletzt für das Ministerium für Frauen, Bildung, Weiterbildung und Sport des Landes Schleswig-Holstein (Faulstich u.a. 1996). Dabei ging es darum, ausgehend von dem jeweiligen Bestand und der aktuellen Situation in der Weiterbildung mögliche Perspektiven und Entwicklungsrichtungen zu identifizieren.

Nicht zuletzt aus der Expansion und einer tendenziellen Ubiquität von Weiterbildung resultieren bei solchen Versuchen einer empirischen Analyse der Weiterbildungslandschaft gravierende Probleme. Es fehlen in weiten Bereichen aussagekräftige und zuverlässige Daten und Informationen. Die immer noch nur rudimentäre Weiterbildungsstatistik liefert nur ansatzweise ein angemessenes Bild. Obwohl immer wieder Vorstöße in diese Richtung erfolgt sind, gibt es keine bundeseinheitliche Erfassung der Aktivitäten im Weiterbildungsbereich. Deshalb müssen nach wie vor Notlösungen aufgegriffen und Partialstatistiken herangezogen werden. Dies sind erstens die Institutionenstatistiken der einzelnen Träger bzw. Einrichtungen. Davon ist die Statistik der Volkshochschulen sicherlich die weitreichendste und tragfähigste. Zweitens gibt es Statistiken auf Landesebene, z.B. bei den einzelnen

Ministerien aber auch bei den Landesarbeitsämtern. Drittens können die Rahmenbedingungen auf das „Berichtssystem Weiterbildung" bezogen werden, welches aber nicht regionalisiert ist. Darüber hinaus gibt es viertens mittlerweile die Möglichkeit, auf bundesweite Datenbanken zurückzugreifen. Für Schleswig-Holstein haben wir eine Analyse der weiterbildungsrelevanten Daten des „Informationssystems Aus- und Weiterbildung" der Bundesanstalt für Arbeit durchgeführt. Trotzdem sind hinreichende Unterlagen, welche es ermöglichen würden, die Weiterbildungslandschaft adäquat zu beschreiben, nicht vorhanden. Deshalb mußten wir in allen Fällen notgedrungen auf eigene Umfragen zurückgreifen. Eine solche punktuelle Empirie kann aber eine längerfristig angelegte, offizielle Statistik sicherlich nicht ersetzen. Die Daten sind mit zahlreichen Unschärfen belastet, da in einem ersten Anlauf die Angaben der einzelnen Institutionen schwanken.

Ungeachtet der empirischen Erfassungsprobleme gibt es einen breit akzeptierten Diskussionsstand, daß Weiterbildung zunehmend gewichtiger und umfassender geworden sei (1.). Nichtsdestoweniger gibt es zugleich gravierende Probleme (2.). Die besondere Entwicklungsform der Weiterbildung haben wir mit dem Begriff „mittlere Systematisierung" zu kennzeichnen versucht (3.). Für die weitere Perspektive scheint anhaltender Bedeutungszuwachs und Umfangswachstum wahrscheinlich (4.). Deshalb stellt sich die Frage nach den Regulationsmechanismen für die Weiterbildung schärfer als in der Vergangenheit (5.). Eine Möglichkeit angesichts von Defiziten sowohl der Marktregulation als auch der Staatssteuerung ist die Entscheidungsfindung in Netzwerken (6.). Diese kann einige zentrale strategische Felder aufgreifen (7.).

1. Ende des „Okkasionellen"

Bis in die sechziger Jahre trug Erwachsenenbildung viele Merkmale des Zufälligen. Teilnehmerzahlen, Trägerstrukturen, Ressourcen und Personal waren, verglichen mit Schule und Hochschule, fast vernachlässigbare Randphänomene. Dies hat sich entschieden geändert. Zwar hat die Weiterbildung in den siebziger und achtziger Jahren keineswegs einen so starken Wachstumstrend gezeigt, wie er zunächst vermutet oder postuliert worden ist. Langfristig ist aber in der Bundesrepublik Deutschland ein deutlicher Zuwachs zu verzeichnen. Die Teilnahme an Weiterbildung stieg in der BRD laut Repräsentativumfrage von Infas zum Weiterbildungsverhalten von 23 Prozent der 16- bis 64jährigen im Jahr 1979 auf 42 Prozent im Jahr 1994 (Kuwan 1996). Einbrüche z.B. durch den Rückgang der AFG-Förderung kehren bisher diesen Trend langfristig nicht um.

Betrachtet man die Trägerstrukturen, so stellt sich eine große Vielfalt dar. Weiterbildung wird bereitgestellt von Betrieben, Volkshochschulen, Privatinstitutionen, kirchlichen Stellen, Verbänden, Berufsverbänden, Hochschulen, Akademien, Wohlfahrtsverbänden, Kammern, Gewerkschaften, Arbeitgeberverbänden, Fachschulen u.a.. Das Weiterbildungsvolumen wird nach der Repräsentativerhebung von Infratest im „Berichtssystem Weiterbildung" zu 26 Prozent von Arbeitgebern und Betrieben getragen, zu 7 Prozent von den Volkshochschulen, 14 Prozent private Institute, 7 Prozent von Universitäten und Fachschulen, 5 Prozent von Akademien, 6 Prozent von Kammern, 6 Prozent von Fachschulen; der Rest verteilt sich auf eine Vielzahl von Anbietern und Arbeitern mit unter 3 Prozent. Dabei haben die innerbetrieblichen Weiterbildungsveranstaltungen sicherlich das größte Gewicht. Es bestehen insgesamt Tausende von Einrichtungen und Zehntausende von Kursen und Programmen.

Einen Eindruck über die Anteile der verschiedenen Segmente kann man durch die Höhe der finanziellen Ressourcen gewinnen. Insgesamt werden die tatsächlichen Aufwendungen für die Weiterbildung im Jahre 1992 auf über 80 Milliarden DM geschätzt. Das „Institut der deutschen Wirtschaft" nennt als Kostenvolumen der privaten gewerblichen Wirtschaft 36,5, für die Landwirtschaft 6,7, für Organisationen ohne Erwerbscharakter und öffentliche Arbeitgeber 6,5 Milliarden. Der Förderumfang der „Bundesanstalt für Arbeit" für Fortbildung, Umschulung, Einarbeitung sowie Sprachförderung von Aussiedlern erreichte 19,1 Milliarden. Bund, Länder, Gemeinden und die Europäische Union kommen auf 4,5 Milliarden. Die individuellen Ausgaben der Weiterbildungsteilnehmer wurde aufgrund einer Untersuchung des Bundesinstituts für Berufsbildung auf 9,8 Milliarden geschätzt. Der Finanzmix der Weiterbildung besteht aus einem Geflecht von internen Kosten, öffentlichen Ausgaben, Staatsfinanzen, direkten und indirekten Subventionen sowie von Gebühren, Beiträgen und Entgelten.

Die statistischen Daten über die Personalstruktur in der Erwachsenenbildung sind noch lückenhafter als diejenigen über Teilnahme und Finanzen. Nur wenige große Institutionen verfügen über einen breiten Personalstamm, gleichzeitig sind die Aufgaben von Leitung, Planung, Unterricht und Verwaltung oft wenig differenziert. Weil die Zahl der hauptberuflichen Stellen nach wie vor relativ gering ist, gibt es eine „marginale Professionalisierung" (Faulstich 1996), bei der das Hauptgewicht der Arbeitstätigkeiten bei Honorarkräften bzw. nebenberuflichen oder ehrenamtlichen Personen liegt. Es wird unterstellt, daß für den Gesamtbereich der bundesrepublikanischen Erwachsenenbildung zwischen 1 Prozent bis 5 Prozent fest angestellt sind; dies geht aus von genaueren Angaben bei den Volkshochschulen und der Evangelischen Erwachsenenbildung. Niemand weiß genau, wie viele Personen ihr Haupteinkommen in der Weiterbildung verdienen. Wenn wir – wissenschaftlich äußerst riskant – auf der Grundlage unserer Erhebungen in Hessen und Schleswig-Holstein auf das Bundesgebiet hochrechnen, kommen wir auf eine – über den Daumen gepeilte – Gesamtzahl von etwa 80- bis 100.000 Personen, welche ihr Haupteinkommen in der Weiterbildung verdienen.

Immerhin geben diese Schätzgrößen einen Eindruck davon, welche Dimensionen das System der Weiterbildung mittlerweile erreicht hat. Bezogen auf Teilnahmefälle ist sie der größte Bildungsbereich. Das „Okkasionelle" ist dem Regulären gewichen. Gleichzeitig sind die Systemstrukturen dem noch nicht gefolgt.

2. Defizite, „Lücken" und Problemlagen

Da das Aktivitätsniveau kontinuierlich gewachsen ist, hat sich eine naturwüchsige Vielfalt von Institutionen sehr unterschiedlicher Größenordnung herausgebildet. Das bestehende System von Weiterbildung ist hochgradig differenziert und erfüllt unterschiedlichste Partialfunktionen. Es ist aber auch extrem segmentiert zwischen den einzelnen Aufgabenbereichen. Daraus resultieren eine Reihe von Problemen für die Teilnahmemöglichkeiten. Es gibt, bezogen auf die intendierte Aufgabenerfüllung, deutliche „Lücken" bezogen auf die Beteiligung, die Angebote, besonders die Möglichkeiten lebensbegleitenden Lernens, und die Förderung.

Anhaltspunkte für Beteiligungslücken in der Weiterbildung werden von Daten unterstützt, welche Disparitäten bezogen auf die verschiedenen Bevölkerungsgruppen aufzeigen. Die sozialen Faktoren der Weiterbildungsteilnahme werden z.B. durch die Repräsentativbefragung im Berichtssystem Weiterbildung immer wieder belegt. Jüngere Personen nehmen häufiger an Weiterbildung teil als ältere; mit steigender Schulbildung nimmt auch die Weiterbildungsbeteiligung zu; mit steigender beruflicher Qualifikation wächst die Teilnahmequote; bezogen auf die Stellung im Beschäftigungssystem nehmen deutlich die Beamten am meisten teil, am wenigsten dagegen die Arbeiter. Weiterhin gibt es deutliche Unterschiede in einzelnen Branchen, bezogen auf Betriebsgrößen, und schließlich für Regionen. Das Berichtssystem Weiterbildung belegt auch die Geschlechterdifferenz in den Teilnehmerquoten. 1994 lag die Beteiligung von Männern bei 44 Prozent, bei Frauen bei 40 Prozent.

Neben der aufgeführten „Beteiligungslücke" gibt es auf der anderen Seite „Angebotslücken". Es ist keineswegs so, daß für alle gesellschaftlichen Bedürfnisse auch entsprechende Programme und Kurse bereitgestellt werden. Angesichts der Menge der Anlässe, für die jeweils besondere, zweckgerichtete Weiterbildungsangebote geschaffen worden sind, gibt es trotzdem kein realisiertes System lebensbegleitender Bildung. Nur in Ausnahmefällen ist es möglich, tatsächlich eine Korrektur vorgängiger Biographien zu vollziehen.

Ausgleichende Maßnahmen haben, bezogen auf Weiterbildungsbeteiligung, wenig Erfolge erzielt. Vielmehr verstärkt eine „Förderungslücke" die Disparitäten. Es herrscht eine gezielte Adressatenpolitik vor zugunsten verschiedener „Problemgruppen", und zugleich gibt es gut ausgebaute Nutzungsmöglichkeiten für Personen in beruflich hohen Positionen. Die gegenwärtige Mittelaufbringung fördert ein System, das auf der einen Seite besondere Innovationsträger und auf der anderen Seite die sozial Ausgegrenzten berücksichtigt.

Besonders in der letzten Zeit sind durch die „Qualitätserlasse" der Bundesanstalt für Arbeit, die Diskussion um „Gütesiegel" und die Debatte um DIN/ISO 9.000ff. Qualitätsprobleme in der Weiterbildung auf die Tagesordnung gesetzt worden. Es geht dabei erstens um Verbraucherschutz und zweitens um die politisch akzentuierte Umverteilung von Ressourcen. Allerdings stellt sich die scheinbar einfache Frage „Was ist eine gute Weiterbildung?" bei genauerem Hinsehen als immer komplizierter heraus. Weder sind Kriterien, noch Methoden, noch Adressaten von Evaluation hinreichend konsensuell abgesichert. Erst schrittweise präzisiert sich diese Diskussion in die Richtung auf systematische und vergleichbare Verfahren der Begutachtung von Trägern und Einrichtungen, von Durchführung und Erfolg. Dabei sind nicht nur die Kriterien problematisch, sondern es muß auch ein transparenter Prozeß der Qualitätssicherung institutionalisiert werden.

3. *„Mittlere Systematisierung" als heuristische Kategorie*

Die vorhandenen Leistungsdefizite und Systemlücken sind kennzeichnend für das erreichte Zwischenstadium im Prozeß der Herausbildung eines besonderen Bereichs Weiterbildung. Langfristig war die fortschreitende Genese der Moderne durch eine Herausverlagerung von Lernaufgaben aus primären gesellschaftlichen Institutionen wie von Familien und Betrieben gekennzeichnet. Belege dafür finden sich in der Entwicklung von Schule und Berufsbildung. In der Erwachsenenbildung als „Spätentwickler" des Bildungssystems wird diese „Besonderung" zwar immer wieder gebrochen durch tendenzielle Zurückverlagerungen, so daß Funktionen teilweise wieder entfallen, weil sie von der Erstausbildung, durch Lernen am Arbeitsplatz, von Institutionen der Kultur- oder der Sozialarbeit oder von Vereinsaktivitäten zurück übernommen werden. Daraus ergibt sich ein typisches Hin- und Herschwingen der Grenzen des Systems, durch welches ein widersprüchlicher Prozeß entsteht: Einerseits erfolgt eine Systematisierung von Weiterbildung als eigenständiger Bildungsbereich; andererseits tendiert das System zu einer verstärkten Funktionalisierung durch Indienstnahme bei aktuellen gesellschaftlichen Aufgaben und wird so Teil anderer Sinnzusammenhänge.

So hat Weiterbildung einerseits immer größeres Gewicht erhalten für die Weitergabe gesellschaftlicher Deutungen ihrer technikbasierten Produktions- und Reproduktionsprozesse und ihre hochgradig sensiblen Legitimationsprobleme. Andererseits laufen Prozesse der Ausbreitung, Zerstreuung und Entgrenzung. Das System der Weiterbildung befindet sich in einem permanenten, flexiblen Prozeß zwischen Verfestigen und Entschwinden. Dies kann man als „mittlere Systematisierung" kennzeichnen, in dem ein „besonderer" Bereich Erwachsenenbildung gegenüber anderen gesellschaftlichen Tätigkeiten differenziert und strukturiert wird, gleichzeitig aber eine spezifische interne Struktur entsteht. Verglichen mit Schulen und Hochschulen hat Weiterbildung, bezogen auf die Struktur der Träger und Einrichtungen, die Definition von Lernzielen, die Nutzung von Ressourcen, den Einsatz des Personals usw., nicht den gleichen Grad von Systemhaftigkeit erhalten. Weiterbildung nimmt verschiedenste Anforderungen und Bedürfnisse von Teilnehmern auf, reagiert mit besonderer Flexibilität und Aktualität auf sich neu entwickelnde Bedarfe. Daraus entsteht – verglichen mit anderen Bildungsbereichen – der besondere Charme der Weiterbildung bezogen auf ein größeres Maß von Vielfalt, von Spontaneität im institutionellen und curricularen Wandel, die Möglichkeit, unterschiedliche Interessen und Optionen von Lernenden aufzunehmen, die Offenheit gegenüber pluralen Zwecksetzungen und Kombinationen von Mittelaufbringungen. Gleichzeitig setzt die „Weichheit" der Weiterbildung sie aber immer wieder Krisen und finanzbedingten Zugriffen aus.

Die Weiterbildung ist intern so hochgradig segmentiert, so daß fragwürdig ist, ob man überhaupt von einem einheitlichen Weiterbildungssystem reden kann. Die betriebliche Weiterbildung, die über das AFG-geförderten „Maßnahmen", die offenen Angebote unterschiedlichster Träger umgrenzen verschiedene Felder der Weiterbildungslandschaft. Dabei behindern eingefahrene, überholte Leitvorstellungen und tatsächliche Aufspaltungen des Bereichs Erwachsenenbildung sinnvolle Entwicklungsperspektiven. Die „Besonderung" des Lernens Erwachsener gegenüber anderen gesellschaftlichen Tätigkeiten und die dadurch ausgelöste Entwicklung eines spezifischen Partialsystems ist nicht abgeschlossen. Vielmehr erzeugen Versuche, einzelne Strukturaspekte des offenen Systems Weiterbildung zu optimieren, entfernte, gegenläufige Konsequenzen und Disfunktionalitäten. Der Grad „mittlerer Systematisierung" ist dann jeweils Resultat von Interessen- und Machtkonstellationen, welche spezifische Ausprägungen auf spezifische Dimensionen herstellen. Dies gilt für

- die Regulationsmechanismen: Markt versus öffentliche Verantwortung;
- die interne Dynamik: Spontaneität versus Kontinuität;
- die interne Struktur: Partialität versus Universalität;
- die curriculare Struktur: Programme versus „offenes Lernen";
- die Personalstruktur: Hauptamtlichkeit versus Ehrenamtlichkeit usw.

Es geht um eine Form der Systematisierung, welche in Zwischenlagen zwischen einer im Kern marktmäßig regulierten Ökonomie und dem Sozialstaatsprinzip ausgeprägt wird.

4. Herausforderungen und Leitvorstellungen

Trotz vielfältiger gegenläufiger Trends setzten sich Tendenzen des Bedeutungszuwachses und des Umfangswachstums in der Weiterbildung fort. Neue Anforderungen, „Bedarfe" und Funktionen kommen auf die Weiterbildung zu. Dabei umfaßt die Liste der Themen Probleme aus verschiedensten gesellschaftlichen Bereichen. Zu nennen sind: Bevölkerungsentwicklung, Umweltfragen, technische Probleme, Wertewandel und Partizipationschancen. Für jeden dieser Problemkreise lassen sich spezifische Konsequenzen für die Erwachsenenbildung benennen.

Veränderungen in der Bevölkerungsentwicklung werden zunächst durch den größeren Anteil Älterer das Gewicht der Erwachsenenbildung im Bildungswesen erhöhen. Durch erhöhte Lebenserwartungen werden neue Aktivitäten an Umfang zunehmen; einen wachsenden Anteil werden sicher Angebote in den Bereichen Sport und Gesundheit ausmachen. Durch die veränderten Ansprüche von Frauen im Verhältnis von Familie und Beruf werden für diese Gruppen der Bezug zur Erwerbstätigkeit und entsprechende Angebote gewichtiger. Gleichzeitig werden Personen, welche mit höherer Vorbildung Programme der Erwachsenenbildung nachfragen, anteilsmäßig zunehmen. Durch den höheren Anteil von Ausländern werden Fragen interkulturellen Lernens an Gewicht gewinnen. Angesichts der zunehmenden Fremdenfeindlichkeit sind Probleme von Gewalt und Frieden in der politischen Bildung unabweisbar.

Da negative Resultate industrieller Produktion in ihrem ganzen Ausmaß noch nicht in das Bewußtsein der Mehrheit gedrungen sind, werden umfassende Umweltfragen zum Thema, welches verstärkt auf die Erwachsenenbildung zukommt. Dabei geht es nicht nur darum, über die Auswirkungen aufzuklären, sondern Einstellungen zu verändern und Alternativen individuellen und kollektiven Handelns aufzuzeigen und einzuüben.

Für das Begreifen von Technik und damit für technische Bildung insgesamt ist es wesentlich, Veränderungs- und Gestaltungsmöglichkeiten aufzuzeigen. Es geht darum zu begreifen, warum eine konkrete Technik geworden ist und aufgrund welcher Interessen sie in bezug auf ihren gesellschaftlichen Nutzen zu bewerten ist. Dies resultiert in einer doppelten Aufgabe: Zum einen die Kompetenzen zu vermitteln, welche es ermöglichen, über Ängste hinaus Handlungsmöglichkeiten zu ermitteln, zum anderen Diskussionsforen bereitzustellen, in welchen Probleme artikuliert, Dialoge organisiert und Alternativen entwickelt werden können. Im Verhältnis von Technik, Organisation und Qualifikation entsteht eine neue Form von Beruflichkeit im Zentrum der Arbeitstätigkeiten. Die Beherrschung inhaltlich bestimmter, arbeitsbezogener Tätigkeitsbereiche wird zum unverzichtbaren Bestandteil von Bildung, sogar ihr Kristallisationspunkt. Erwachsenenbildung kommt die Aufgabe zu, die Aneignung neuer Inhaltsbereiche zu vermitteln und zu unterstützen, sowie Gestaltungsmöglichkeiten von Arbeitstätigkeiten aufzuzeigen und dafür Bereitschaft zu wecken. Gleichzeitig wird das Gewicht von Programmen, welche andere Schwerpunkte setzen als Beruflichkeit, wachsen. Weiterbildung wird vermehrt auch Bezüge außerhalb von Erwerbstätigkeit haben. Sie wird zu Aktivitäten befähigen im Bereich von Kultur, Sport, Altenarbeit und bezogen auf eine Vielfalt von Vereinen und Gruppen.

Angesichts des Wertewandels werden Programme der Erwachsenenbildung mit veränderten Einstellungen der Teilnehmer zu rechnen haben. Statt Konsumverhalten in Kursen wird zumindest eine größere Gruppe auch Eigenaktivitäten einbringen. Die Inhalte müssen stärker auf Verbindung zwischen verschiedenen Bereichen und auf Ganzheitlichkeit abzielen. Die Institutionen der Erwachsenenbildung verzahnen sich mit sozialen Bewegungen, welche verstärkt zu verschiedenen Themen aktiv werden.

Die bisherigen Formen „politischer Bildung" – um Partizipationschancen im Institutionensystem zu entwickeln –, welche für zahlreiche Erwachsenenbildungseinrichtungen im Zentrum ihrer Aktivitäten stand, werden sich verändern. Gleichzeitig ergeben sich erhebliche Schwierigkeiten, Teilnehmer zu gewinnen. Insofern kommt es darauf an, die Inhalte dessen, was als „politisch" gefaßt wird, zu überprüfen und mit anderen Themen zu verbinden. Wichtig ist es, die Erfahrung der Teilnehmer in sozialen Konflikten aufzunehmen und einzubinden in historische und gesellschaftswissenschaftliche Bezüge. Auch hier ist der Versuch von Ganzheitlichkeit naheliegend, z.B. auch deutliche Verbindung von Lernen und Eigenarbeit.

Diese Tendenzen spitzen heute schon bestehende Fragen nach Funktionen und Leistungen von Weiterbildung zu. Das zentrale Bildungsproblem, die Perspektive der Entfaltung von Persönlichkeit, wird rückgebunden an die Gewinnung von Souveränität für das eigene Leben, d.h. auch von Lernchancen. Es geht darum, Zeit als Raum für menschliche Entwicklung, zur Aneignung von Kultur, zur Bildung zu gewinnen. Der Verfügbarkeit für beliebige Zwecke gilt es diesen Eigensinn entgegenzustellen.

5. Weiterbildung in Mittellagen zwischen Markt und Staat

Weiterbildung ist im Umfang ihrer Aktivitäten und in der Bindung von Ressourcen – bei allen Einschränkungen – keine zu vernachlässigende Randgröße mehr, sondern sie entwickelt einen Umfang und eine Bedeutung, welche dem Postulat der Entwicklung zu einem vierten Bildungsbereich eine reale Basis gibt. Dies heißt aber nicht, daß dieser nach dem Muster staatlicher Schulen oder Hochschulen organisiert werden muß. Gemessen an den neuen Herausforderungen und Aufgabenstellungen steht aber nunmehr ein Einstieg in eine neue Entwicklungsstufe von Weiterbildung an, welche einen „Ruck" in der Gestaltung nahelegt.

Alle Überlegungen bezogen auf Gestaltung, Aufwertung und Verbesserung von Weiterbildung werden schnell von ordnungspolitischen Grundsatzdebatten überlagert, die zu einer Überzeichnung in der Alternative zwischen völliger staatlicher Steuerung einerseits und Selbstregulierung durch den Markt andererseits tendieren.

Alle Initiativen stehen gegenwärtig in einer merkwürdigen Paradoxie von programmatischem Bedeutungsgewinn und realen – besonders finanziellen – Umsetzungsschwierigkeiten. Aus verschiedenen gesellschaftlichen Bereichen – der Arbeitswelt, der Bevölkerungsentwicklung und bezogen auf institutionelle und kulturelle Aspekte – werden unleugbar starke Impulse wirksam. Die Leistungen von Weiterbildung für andere, in der Diskussion heißere und härtere Politikfelder wie Arbeitslosigkeit, Ökologie, Technologie u.a. sind immens. Es gibt kaum ein Feld gesellschaftlicher Probleme, für welches Weiterbildung nicht als relevant angesehen würde. Für politische Initiativen wäre deshalb zu überlegen, dies nicht mit mehr en passant zu nutzen, sondern explizit das Instrumentarium auszubauen, d.h. den Systematisierungsgrad zu erhöhen. Dies könnte auch ressourcensparend wirken (vgl. zu Folgendem Faulstich 1995).

Beobachtbar sind aber gegenläufige Tendenzen. Im Rahmen von Deregulationsstrategien wird auch die Weiterbildung „auf den Markt gebracht" (Volkshochschule im Westen 3/89). Im „Wettbewerb ohne Grenzen" (DIHT 1993) wird gefordert: „Weiterbildung muß den Bedingungen am Markt folgen und nicht den Auflagen einer Bürokratie" (ebd., S. 18). Besonders nach dem Ableben der DDR war eine Wiederauferstehung ordnungspolitischen Denkens festzustellen.

Die gerade in der Weiterbildung sich verbreitenden Stichworte „mehr Markt – weniger Staat", „Privatisierung", „Kommerzialisierung" signalisieren eine ordnungspolitische Grundsatzdiskussion, die theoretisch eigentlich schon für überholt gehalten werden konnte. Ist es schon für die individualistische Perspektive richtig, daß eine ausschließlich nach dem Marktmodell funktionierende Regulation des Gesamtbereichs von Weiterbildung aufgrund von nicht zurechenbaren Erträgen und Kosten und unabsehbaren externen Effekten zu problematischen Defiziten führen würde, so gilt dies besonders bezogen auf kollektive Interessen hinsichtlich der Notwendigkeit umfassender Bildung bezogen auf gesellschaftliche Anforderungen. Vorhandene „Lücken" im Weiterbildungssystem können geradezu als Paradebeispiel für das Versagen des Marktes herangezogen werden. Weiterbildung ist in dieser Sichtweise insofern kollektives Gut, als Nutznießer sowohl die Teilnehmer, als auch beschäftigende Unternehmen wie der Staat sein können.

Die zwangsläufigen Defizite der Marktregulation bedeuten nun aber nicht, daß der Staat überall ordnend, kontrollierend und steuernd eingreifen müsse. Auch dies ist Ergebnis, daß nämlich staatliche Eingriffe keineswegs Allheilmittel sind. Der Weiterbildungsbereich ist ebenfalls ein Paradebeispiel für eine bezogen auf die Verarbeitungskapazität staatlicher Politik bestehende Überkomplexität der spezifischen Möglichkeitshorizonte. Es kommt notwendig zu Steuerungsdefiziten, verursacht durch unzureichende Information und resultierenden fehlenden Sachverstand; durch die Ungeklärtheit der Zuständigkeiten; durch den Ressortegoismus der beteiligten Verwaltungen; durch die Ebenenverflechtungen der Bundes-, Länder- und Kommunalbehörden. Neben diesen Informations- und Organisationsproblemen ergibt sich angesichts der Finanzkrise des Staates ein zwingendes Implementationsdefizit, weil die „öffentliche Hand" nicht über die Ressourcen verfügt, umfassende Ziele zu realisieren. Dies verweist zusätzlich auf ein Prioritätenproblem, daß nämlich keineswegs vorab ausgemacht ist, was als „Bedarf" artikuliert werden soll. Es entspricht dann einer lange gehegten Omnipotenzillusion, daß seit nunmehr 20 Jahren von einem Staatsversagen bei der Erfüllung seiner Aufgaben gesprochen wird. Spätestens seit den 70er Jahren schwimmen die westlichen Gesellschaften in Unbeherrschbarkeitswellen. Gesellschaftliche Tendenzen, wie die Grenzen einer ökologisch blinden Verwertung, der tayloristischen Arbeitsteilung, des wissenschaftlich-technisch-industriellen Selbstlaufes, der institutionellen Vermachtung und der Bürokratisierung sozialer Dienstleistungen haben zu einer Erosion der hierarchischen Überordnung des Staates über ausdifferenzierte gesellschaftliche Teilsysteme geführt (Scharpf 1991).

Bezogen auf die Weiterbildung betrifft dies die drei zentralen Staatsfunktionen (Mayntz 1987). Die Ordnungsfunktion läßt sich nicht in lückenlose juristische Regeln umsetzen, ohne die notwendige Flexibilität und Dynamik der Programme zu gefährden. Die Leistungsfunktion einer Wohlfahrtssicherung in der Weiterbildung ist angesichts der Finanzkrise des Staates nicht durchzuhalten. Eine Gestaltungsfunktion ist angesichts fehlender Durchsetzungsmöglichkeiten aufgrund divergierender Interessen und Machverhältnisse mit dem Risiko eines Steuerungsversagens behaftet.

Angesichts der Gleichzeitigkeit von „Marktversagen" und „Staatsversagen" ist es deshalb naheliegend, sich aus der Alternative „Markt" versus „Staat", welche immer neue Grabenkämpfe erzwingt, zu befreien. Beides wären Totaloptionen für unzulässig vereinfachende Ordnungshüter. Komplexere Organisationsstrukturen könnten offenere Perspektiven eröffnen, welche der Komplexität der Weiterbildung angemessen sind. Dazu ist es zunächst notwendig, den Staat als eine spezifische Form des politischen Systems zu begreifen, welche Souveränität nach außen und hierarchische Überordnung der Staatsgewalt über alle gesellschaftlichen Kräfte im Inneren (Scharpf 1991, S. 621) voraussetzt. In vielen politischen Teilbereichen ist aber mittlerweile die Initiative und die Trägerschaft kollektiven Handelns vom „Staat" auf Akteure der „Gesellschaft" übergegangen.

Damit werden aber die Funktionen des politischen Systems nicht wieder in die Ökonomie zurückverlagert. Vielmehr bleibt Konsens in den Systemtheorien bis Willke, daß die Herstellung kollektiv verbindlicher Entscheidungen eine doppelte Sonderstellung der Politik begründet, zum einen als Problemadressat zum anderen als Steuerungs- bzw. Regulationsinstanz. Das politische System gibt damit Rahmenbedingungen für andere Partialsysteme primär durch Entscheidungen, die im Konfliktfall verbindlich durchsetzbar sind.

Dies ist aber dann nicht mehr ausschließlich Aufgabe des Staates, sondern veränderter Formen kollektiver Entscheidungsfindung im Verhältnis von Staat und Gesellschaft. Gerade für die Weiterbildung wurden Marktbeschränktheit und Nichtstaatlichkeit unter dem Begriff der öffentlichen Verantwortung artikuliert. Öffentliche Verantwortung wurde vom Deutschen Bildungsrat explizit eingeführt, um die Tatsache zu unterstreichen, daß damit nicht notwendig staatliche Trägerschaft gemeint ist. *„Die Verwirklichung der bildungsbezogenen Grundrechte im Sozialstaat kann nicht den jeweiligen freien Bildungsangeboten überlassen bleiben. Deshalb besteht eine öffentliche Verantwortung für das gesamte Bildungswesen unabhängig von der öffentlichen oder privaten Trägerschaft"* (Deutscher Bildungsrat 1970, S. 260).

Damit wurde ein Begriff in die Diskussion über die institutionelle und organisatorische Basis des Weiterbildungssystems eingeführt, welcher der juristischen Deutungssphäre zunächst als fremd, unscharf und relativ erscheinen mußte (Bocklet 1975). Es geht um die Anerkennung der Erwachsenenbildung als öffentliche, also nicht ausschließlich private, aber auch nicht unmittelbar staatliche Aufgabe (Brinckmann/Grimmer 1974, S. 73). In der verfassungsrechtlichen Diskussion wurde herausgearbeitet: „Bildung und Weiterbildung sind Voraussetzung für freie Entfaltung der Person, für Freiheit der Meinungsbildung und Meinungsäußerung, für Teilnahme an Kommunikationsprozessen, für freie Wahl und damit auch Erhaltung von Beruf und Arbeitsplatz, für Freiheit und Wahl der Arbeitsstätte. In diesem Sinne beinhalten insbesondere die in den Artikeln 2 GG (freie Entfaltung der Person), Artikel 5 GG (Freiheit der Meinungsbildung und -äußerung), Artikel 12 GG (Berufsfreiheit) verbürgten Freiheitsrechte auch als Bedingungen und Bestandteil den Anspruch auf Bildung und Weiterbildung" (Brinckmann/ Grimmer 76). „Die Verbürgung der Freiheitsrechte durch das Grundgesetz beinhaltet dann aber auch als eine ihrer Geltungsbedingungen entsprechend Artikel 1 Abs. 3 GG einen ‚Teilhabeanspruch‘, einen ‚Verschaffungsanspruch‘, so lange und so weit die Ausstattung mit Freiheitsmitteln, d.h. mit Mitteln zur eigenverantwortlichen, freien Selbstentfaltung der Person und zur Teilhabe an der Gesellschaft sowie zur Mitbestimmung der konkreten Ordnung der staatlich erfaßten Gesellschaft unterschiedlich ist" (ebenda 75). 20 Jahre später schlußfolgert Ingo Richter: „Öffentliche Verantwortung soll heißen, daß bestimmte gesellschaftliche Prozesse, ..., nicht dem Belieben der Individuen, der Familien und sonstigen Primärgruppen überlassen bleibt, also der privaten Sphäre, sondern in gesellschaftlich organisierte Verfahren, also in einer öffentlichen Sphäre, verantwortet wird" (Richter 1994, S. 1). Welche gesellschaftlichen Aktivitäten der privaten und welche der öffentlichen Sphäre zuzuordnen sind, ist keine feststehende Größe.

Insofern folgt die Ausprägung von „öffentlicher Verantwortung" jeweils aktuellen politischen Konstellationen. Die sozialstaatliche Transformation des liberalen Rechtsstaats bedeutete zunächst eine Ausdehnung eines politischen Umverteilungssystems zu Lasten privater Verfügungs- und Verteilungssphären. Aktuelle Konflikte um Deregulierung, Privatisierung und Kommerzialisierung gehen um diese Grenze. Aus der Sozialstaatsklausel läßt sich durchaus ein effektives Gebot der Versorgung mit Weiterbildungsmöglichkeiten ableiten, nicht aber ein umfassendes primäres Versorgungsgebot mit staatlicher Trägerschaft (Richter 1970, S. 62). Es geht vielmehr darum, den Begriff der öffentlichen Verantwortung weiter zu fassen. Öffentliche Verantwortung heißt bezogen auf Weiterbildung keineswegs sofort staatliche Trägerschaft oder staatlichen Mitteleinsatz. Es gilt zu unterscheiden zwischen:

- Juristischer Rahmensetzung und Absicherung: Unbestritten müssen rechtliche Regelungen die Handlungsspielräume der Akteure in der Weiterbildung definieren. Strittig ist dabei, ob entsprechende Konzepte nur Rahmenbedingungen setzen und einer Aufsichtspflicht genügen, oder ob sie auch gestalterisch in Richtung auf eine curriculare und institutionelle Integration einwirken sollen.
- Finanzieller Förderung: Wenn Weiterbildung als kollektives Gut begriffen wird, gibt es ein Gemeinwohlinteresse, das den Einsatz öffentlicher Mittel in dem Bereich rechtfertigt. Strittig ist dabei, inwieweit Weiterbildungsangebote privat und inwieweit sie öffentlich zu finanzieren sind.
- Infrastruktureller Unterstützung: Weitgehender Konsens besteht darüber, daß es notwendig ist, über die bestehenden Leistungen hinaus eine vielfältige unterstützende Struktur zu fördern, welche Entscheidungsträgern, Trägern und Einrichtungen, Lehrenden und Teilnehmenden zugute kommt. Strittig ist, ob es nur darum geht, die Transparenz eines als funktionierend unterstellten Marktes zu erhöhen, oder ob dabei auch Entwicklungsarbeiten in Richtung auf einen höheren Systematisierungsgrad erfolgen können.
- Institutioneller Gewährleistung: Gerade angesichts der bestehenden „Lücken" im Angebot und bestehender Teilhaberrechte besteht öffentliche Verantwortung auch darin, Grundstrukturen eines zugänglichen Weiterbildungssystems zu sichern. Strittig bleibt, inwieweit auch staatliche Trägerschaft dafür zu sorgen hat, daß ein „Grundangebot" gesichert wird.

Strittig ist also, wie die Reichweite öffentlicher Verantwortung gesetzt werden soll und vor allem, welche Rolle staatlichem Handeln dabei zukommt. Wenn „öffentliche Verantwortung" nicht zur Konsensformel verkommen soll, darf sie nicht dazu dienen, den Rückzug des Staates vor immer mehr Aufgaben zu legitimieren. Wenn es richtig ist, daß sowohl das Automatenmodell eines regulierenden Marktes als auch die Akteursperspektive des steuernden Staates zunehmend durch machtgestützte Kompromisse konkurrierender kollektiver Interessen ersetzt werden, so sind diese beiden Eckpunkte gesellschaftlicher Ordnungsvorstellungen keineswegs vollständig obsolet. Die gewachsene Komplexität bedeutet für den Staat nicht einen Rückzug auf den „Nachtwächterstaat". Eine Begründung für staatliches Handeln in der Weiterbildung kann bildungspolitisch ausgehen von den vielfach diagnostizierten Disparitäten und Benachteiligungen bestimmter Personengruppen (Lipsmeier 1990, S. 104). Aus einer solchen Sicht bleibt staatliches Handeln auch in der Weiterbildung weiter regulierend, kann aber nicht riskieren, durch globalen Mitteleinsatz und umfassende Ordnungsvorstellungen in die Schwierigkeit manövriert zu werden, alles bezahlen und verantworten zu sollen. Dies bedeutet nicht einen Rückzug aus öffentlicher Verantwortung, sondern eine Form, die den Anforderungen des besonderen Bereichs Weiterbildung gerecht wird. Die Effizienz staatlichen Handelns hängt dann davon ab, wie das Raffinement der indirekten Gestaltung erhöht wird. Es kommt für eine eher indirekte Politik darauf an, öffentliche Formen der Diskussion anzustoßen und diskussionsfähige Strukturen für die Herstellung und Sicherung kollektiver Güter, wie dies Weiterbildung auch teilweise ist, zu etablieren.

6. Netzwerke für die Weiterbildung

Wenn man nicht gestalterische Regression in Kauf nehmen will, ist es naheliegend, im „vorstaatlichen" Raum Formen öffentlicher Entscheidungsfindung und Planung zu institutionalisieren, welche den Diskurs intermediärer Interessen zulassen, um gemeinsame Prioritäten zu finden. Das in die Kritik geratene Modell parlamentarischer Demokratie kann stabilisiert werden durch öffentliche Foren für die Diskussion alternativer Perspektiven zum Erstellen prozeduraler Kompromisse (Preuß 1990, S. 87). Gerade in der Weiterbildung zeigt sich, wie staatliche und private Handlungsformen sich ineinanderschieben und eine Sphäre öffentlichen Handelns entsteht, an der staatliche Instanzen, öffentlich-rechtliche Körperschaften, Verbände und Organisationen und private Akteure beteiligt sind.

Interessant werden demnach Überlegungen über intermediäre Organisationen, Institutionen und politische Aktionsfelder, in denen weder der Markt, also dezentral agierende Unternehmen, noch der hierarchisch steuernde Staat erfolgreich sein können. „Während die Zwänge der Praxis längst Koordinationsgremien, Konzertierte Aktionen, Runde Tische und Verhandlungssysteme der unterschiedlichsten Art hervorgebracht haben, während die massiven Risiken der ungebremsten Eigendynamik der spezialisierten Funktionssysteme notdürftig durch rudimentäre Formen der Selbstbescheidung und Reflexion eingedämmt werden, geistern durch kleine Teile der Politikwissenschaft und große Teile der Rechts- und Staatstheorie nach wie vor die Allmachtsphantasien staatlicher Kontrolle und Steuerung gesellschaftlicher Prozesse" (Willke 1992, S. 7/8). Helmut Willke versucht demgegenüber eine Rekonstruktion der Staatstheorie im „Verständnis moderner, funktional differenzierter Gesellschaften als polyzentrische und polykontexturale Netzwerke von Sozialsystemen, die zugleich als autonom und strukturell gekoppelt zu begreifen sind" (ebenda, S. 8).

Es bestehen Netzwerke korporativer Akteure mit Konstellationen von Interessen und Macht, welche das stereotype Bild einer klaren Trennung von Staat und Gesellschaft und vom Staat als höchstem Kontrollzentrum widerlegen. Mit zunehmendem Verlust nationalstaatlicher Steuerungsfähigkeit erweist sich die Formulierung und Realisierung von Politik als Ergebnis multilateraler Verhandlungen zwischen einer Vielfalt von Akteuren und Gruppen. Netzwerkförmige Organisationsmuster und darauf basierende Regulationsleistungen basieren auf Informiertheit und Interessenartikulation. Damit wächst die Problemverarbeitungskapazität durch eine dezentrale Form der Entscheidungsselektion und Handlungskoordination. Die in der Erwachsenenbildung lange schon diskutierten Probleme der Kooperation und Koordination erhalten aus dieser Sicht neues Gewicht.

Es ist allerdings absehbar, daß eine Netzwerksteuerung der Weiterbildungsentwicklung nicht als Allheilmittel funktionieren kann. Die Grenzen der Netzwerksteuerung sind ebenfalls bekannt:

- Vielzahl der Beteiligten;
- Zeitdauer der Entscheidungsfindung;
- institutionelle Instabilität;
- Koodinationsprobleme;
- Verhandlungsschwierigkeiten;
- Entfaltung von Macht;
- Spannungsverhältnis von Konflikt und Kooperation.

Alle diese Probleme sind in bestehenden Gremien der Erwachsenenbildung belegbar. Die Logik der Verhandlungen in Netzen ist die des Kompromisses. Mögliche Nachteile sind schmerzhafte Trägheit, suboptimale Ergebnisse und sogar völlige Blockaden. Um tatsächlich innovative Impulse für die Weiterbildungsentwicklung zu provozieren, ist es notwendig, die Gremien als Teilöffentlichkeiten zu nutzen und entsprechend eine Transparenz der Information und Prioritäten herzustellen. Die Maschen der Netze müssen sorgfältig geknüpft werden.

Wenn man den Gedanken der „öffentlichen Verantwortung" für die Weiterbildung aufgreift, dann agiert staatliches Handeln heute in einem dichten Geflecht von Verhandlungsbeziehungen, das sich linearen hierarchischen Strukturen entzieht, aber durchaus auch korrigierende Intervention und komplementäre Partizipation ermöglicht. Die regionalen Aktivitäten können nur dann greifen, wenn sie eingebunden sind in landes- und bundespolitische Entwicklungen. Weiterbildung ist auch geradezu ein Beispielsfeld für die

Leistungsfähigkeit und Grenzen politischer Netzwerksteuerung, welche der Tatsache gerecht wird, daß in einer wechselnden Abhängigkeit zwischen Unternehmen, öffentlichen Institutionen und gesellschaftlichen Akteuren Regulationsmechanismen entstehen, in denen weder der Markt (also die dezentralen einzelnen Privatinteressen) noch ein hierarchisch steuernder Staat erfolgreich sein können. Öffentliche Verantwortung resultiert dann daraus, daß ein Ausgleich individueller, ökonomischer und gesellschaftlicher Interessen in Richtung auf eine gemeinsame Wohlfahrtssicherung hergestellt werden muß. Dies heißt für die Weiterbildung, „öffentliche Verantwortung" nicht zurückzunehmen, sondern in Richtung auf eine stärkere Systematisierung des gesamten Bereichs der Weiterbildung auszudehnen.

7. Strategieansätze und Entwicklungsperspektiven

Wenn man einen höheren Grad an „mittlerer Systematisierung" für notwendig hält, bleiben bezogen auf das Weiterbildungssystem eine Reihe von Problemstellungen nach wie vor ungelöst. Diese beziehen sich vor allem auf das Zusammenwirken der Bundes-, Landes-, Kommunen- und Betriebsebene. Zu koordinieren sind vor allem zentrale und regional-lokale Aktivitäten.

Angesichts der bestehenden Desintegration ist es naheliegend, zentrale Rahmenbedingungen auf Bundesebene herzustellen. Aufgrund der gegenwärtigen Kompetenzstruktur muß eine Ordnung des Gesamtbereichs der Weiterbildung auf Bund-Länder-Ebene erfolgen. Nur so ist es möglich, die Zuständigkeit des Bundes für die „berufliche Weiterbildung" und die der Länder für die „allgemeine Weiterbildung" zusammenzubringen. Gegenstand einer „Bundesrahmenordnung für die Weiterbildung" könnten sein:

- Fortbildungs- und Weiterbildungsordnungen;
- einheitliche Zertifikate;
- Information und Transparenz;
- Qualitätskriterien für Institutionen und Programme;
- Anerkennungsverfahren;
- Sicherung finanzieller Ressourcen;
- Freistellungsregelungen.

Da Weiterbildungsinstitutionen meist in einem regionalen Umfeld agieren, ist diese Ebene bezogen auf die Qualität für die Teilnehmenden die wichtigste. Die Partialinteressen einzelner Träger und Einrichtungen sichern nicht automatisch ein optimales Weiterbildungsangebot. So resultiert die deutliche soziale Selektivität bezogen auf Beteiligungslücken verursacht durch Angebotslücken. Deshalb werden in der Weiterbildung des längeren Kooperations- und Koordinationsansätze diskutiert. Modisch formuliert geht es um polizentrische, regionale Netzwerke, welche ein Zusammenwirken von staatlichen, kommunalen und privaten Institutionen, Vertretern der Sozialpartner, der Lehrenden und Lernenden sowie staatlichen Verwaltungs- und Förderungsinstanzen ermöglichen. Dies bezieht sich auf zwei Aspekte: zum einen Formen regionaler Entscheidungsfindung; zum anderen regionales Ressourcensharing durch Konzentration. Weiterbildungsverbünde umfassen diese beiden Aspekte der demokratischen Prioritätensetzung und der effizienteren Ressourcennutzung.

Für die Entscheidungsfindung ist die Einrichtung regionaler Weiterbildungsbeiräte ein Ansatzpunkt. Entsprechende Gremien werden für Kreise und kreisfreie Städte in entsprechenden Konzepten vorgeschlagen. Diese müßten sowohl die Erwachsenenbildungsträger, die bisher noch getrennt operierenden Verwaltungsausschüsse der Arbeitsämter sowie die regionalen Berufsbildungsausschüsse und weitere Repräsentanz unter Einbeziehung von Förderern umfassen. Zu den Aufgaben der regionalen Weiterbildungsbeiräte können gehören:

- Bedarfsklärung, Planung und Empfehlung für Schwerpunktsetzungen;
- Abstimmung der Angebote und Erstellung eines regionalen Programms;
- Anregungen zur Kooperation und Sicherung der Kontinuität von Angeboten;
- Beratungen der öffentlichen Weiterbildungsinfrastruktur;
- Mittelbeantragung und Vergabe für örtliche Initiativprojekte;
- Verknüpfung mit der Wirtschaftsförderung.

Solche Initiativen bleiben aber so lange zerbrechlich, wie nicht die notwendigen „Support-Strukturen" zur Verfügung stehen, welche träger- und einrichtungsübergreifende Aufgabenerfüllung sicherstellen. Einiges spricht dafür, örtliche Weiterbildungszentren einzurichten. Ausgangspunkt können regionale Informations- und Beratungsdienstleistungen sein, deren Notwendigkeit mittlerweile kaum bestritten ist. Zu den Funktionen der regionalen Weiterbildungszentren gehören:

- Information und Beratung;
- Curriculum- und Materialerstellung;
- Qualifizierung des Personals;
- Bereitstellung dezentraler Ressourcen, z.B. Einrichtungen und Lernmittel;
- Koordination gemeinsamer Projekte;
- gemeinsames Marketing für die Weiterbildung;
- Qualitätssicherung und Anerkennungsprozesse.

Die Erfahrungen mit entsprechenden Kooperations- und Koordinationsstrategien berechtigen allerdings einige Skepsis: So gibt es zum einen eine proklamatorische Kooperation, wo das Gerede über die Zusammenarbeit ihre tatsächliche Realität ersetzt. In einer imperialistischen Kooperation wären demgegenüber einige der Beteiligten an der Machtstellung, die gegen andere ausgespielt werden kann. Dann reagieren die einzelnen Revierhirsche aggressiv, wenn ihre Abgrenzungsstrategien gestört werden. Eine expansive Kooperationsstrategie muß demgegenüber die Prämissen der jeweiligen Institutionen selbst mitreflektieren. Erst dann werden die Kooperationschancen in einem institutionellen Kooperationsprozeß nutzbar für die Verbesserung der Qualität der Erwachsenenbildungsangebote.

Im Rahmen der Stabilisierung und Entfaltung von Weiterbildung sind eine Reihe von Entwicklungsrichtungen aufzugreifen und zu verstärken:

Institutionenprofile

In diesem Zahlenverhältnis spiegelt sich die Vielfalt von Partialfunktionen und -interessen. Deutlich negativ ist es aber, daß nirgendwo eine Übersicht über dieses Aktivitätenspektrum existiert. Dies wäre Voraussetzung dafür, einen verstärkten Bedarfsbezug zu entwickeln und gleichzeitig darzustellen. Wenn eine Tendenz dahingeht, daß Weiterbildungsinstitutionen sich vom Programmanbieter hin zu Dienstleistungszentren entwickeln, werden die einzelnen Träger und Einrichtungen ihr eigenes Profil deutlich entwickeln und dazu Modelle der Bedarfsanalyse, der Programmplanung und der Qualitätssicherung verstärkt aufnehmen müssen.

Dies gilt auch besonders für eine Verzahnung mit den Einrichtungen der Erstausbildung. Wenn eine stärkere Flexibilität von Lernformen und -zeiten erreicht werden soll, muß die Abstimmung von Erstausbildung und Weiterbildung zugleich klarer, wie auch transparenter werden.

Kooperationsstrategien

Gerade die Unübersichtlichkeit des Institutionenspektrums legt es nahe, Ansätze zur Kooperation von Trägern und Einrichtungen zu verstärken. Knappe Mittel für die Weiterbildung und gleichzeitig höhere Kosten legen eine Bündelung der Kräfte durch Ressourcensharing nahe. Die gemeinsame Nutzung von Räumen und Ausstattungen, Austausch von Dozenten, gemeinsame Entwicklung und Nutzung von Unterrichtsmitteln, neuen Medien und Informationstechniken, können Ansatzpunkte sein, um zugleich zu neuen Lernortkombinationen und Methodenansätzen zu kommen.

Qualitätsstandards

Angebots- und Beteiligungslücken sowie Durchführungsmängel geben immer wieder Hinweise, daß in der Weiterbildung Qualitätsdefizite auftreten, welche nicht alleine über Marktprozesse ausgemerzt werden können. Dabei ist Qualität der Weiterbildung gleichzeitig Voraussetzung für ihre Akzeptanz und eine Erhöhung der Beteiligung. Letztendlich ist es notwendig, zu vereinheitlichenden Hilfsstandards zu kommen, um eine Vergleichbarkeit der Abschlüsse und damit auch höhere Durchlässigkeit von Bildungswegen zu ermöglichen. Es geht hierbei einerseits um die Entwicklung eines Kriteriensystems bezogen auf die Qualität von Trägern und Einrichtungen, die Durchführung und den Weiterbildungserfolg. Zum anderen muß ein Prozeß der Qualitätskontrolle institutionalisiert werden, welcher die Interessen der verschiedenen Beteiligten aufnimmt.

Zertifikatssystem

Bezogen auf die Gesamtheit des Bildungswesens könnte ein wichtiger innovativer Impuls aus der Weiterbildung darin bestehen, das festgefahrene System von Berechtigung und Laufbahn aufzubrechen. So bietet es sich an, ein träger- und einrichtungsübergreifendes Zertifikatssystem zu installieren, welches die Teilnahme- und Leistungsnachweise unterschiedlicher Angebote zeit- und ortsunabhängig miteinander vereinbar macht. Ein Baukastenmodell ist nur dann realistisch, wenn die einzelnen Module anerkannt und übertragbar sind.

Professionalität

Für die Qualität von Weiterbildungsangeboten ist die Auswahl und die Aus- und Weiterbildung des Personals wesentliche Voraussetzung. Angesichts der immer noch unabgeschlossenen Professionalisierung kommt es dabei erstens darauf an, das Verhältnis von hauptberuflichen Mitarbeitenden und Honorarkräften deutlich zu verbessern. Eine Ansatzmöglichkeit dafür ist es, die öffentliche Finanzierung, welche an Institutionen geht, auf Personalmittel zu konzentrieren. Eine verstärkte Ausstattung der Weiterbildungseinrichtungen und -träger mit hauptberuflichem Personal ist unabdingbare Voraussetzung, um höhere Qualität zu sichern. Zweitens ist neben dem Stellenausbau die Aneignung andragogischer Kompetenz die abstützende Entwicklungsrichtung von Professionalisierung. Mit der Abteilung Weiterbildung des Landesinstituts in Nordrhein-Westfalen sind dabei Ansatzpunkte gegeben. Diese müßten aber verstärkt und ausgebaut werden.

Information und Beratung

Die Systemstruktur der Weiterbildung führt notwendig zu einer erheblichen Intransparenz für die Adressaten. Mittlerweile hat es sich durchgesetzt, daß über entsprechende Datenbanken Informationssysteme bereitgestellt werden, welche die Zugangsmöglichkeiten verbessern. Das ist aber nach den Erfahrungen mit entsprechenden Weiterbildungsinformationssystemen unabdingbar, diese durch Beratungsaktivitäten abzustützen. Bundesweit gibt es einen Trend, bisher landesbezogen oder regional entwickelte Datenbanken zu vereinheitlichen und zusammenzufassen, bezogen auf die KURS-Datenbank der Bundesanstalt für Arbeit, welche 1993 etwa 190.000 Angebote umfaßte. Schon wenn man sich den Umfang dieses Informationsspektrums vor Augen hält, wird deutlich, daß ohne die Vermittlung durch professionelle Weiterbildungsberater die Datenmenge schon wieder weiterbildungsverhindernd wirken kann. Weiterbildungsberatung ist also unabdingbar, um teilnehmerorientiert die erklärungsintensiven Zugangswege zu öffnen.

Regionale Akzente

Weiterbildung ist in regionale Kontexte in doppelter Weise eingebunden: Zum einen als Mittel im Rahmen von ökonomischen und kulturellen Strategien; zum anderen ist die Ausweitung von Weiterbildungsmöglichkeiten selber regionalpolitisches Ziel. Traditionelle Regionalpolitik, welche darauf beruhte, industrielle Wachstumsüberschüsse in Problemregionen zu lenken, ist gerade in Nordrhein-Westfalen aufgrund der Erosion der Industriezentren zu einem Abschluß gekommen. So verbreitet sich mittlerweile ein Plädoyer für eine Innovationsorientierung der Regionalpolitik. Diese Ansätze beruhen auf einer Rückbesinnung auf endogene Entwicklungsmöglichkeiten in den Regionen selbst. Regionalentwicklung durch Innovation und Qualifikation sind dafür die wichtigsten Stichworte. Von daher richtet sich das Augenmerk selbstverständlich stark auf die vorhandenen Qualifikationspotentiale und Weiterbildungsangebote.

Es gibt eine Reihe von Entwicklungsverbünden, welche auf Regionalstrukturpolitik abzielen. Dabei geht es um Mobilisierung von Wachstumsreserven in strukturschwachen Gebieten; Reduzierung der konjunkturellen und strukturellen Anfälligkeiten in der Region; Verminderung interregionaler Unterschiede hinsichtlich der Einkommenserzielung, der Versorgung und der Lebensverhältnisse. Regionalpolitische Maßnahmen, für die Weiterbildung relevant ist, beziehen sich auf die Förderung regionaler Innovationsprozesse, die Analyse und Informationen über regionale Qualifikationsdefizite, Ausbau der Weiterbildungsangebote, Erhöhung von Flexibilität und Mobilität, Qualifikationen der Unternehmer und Führungskräfte bezogen auf Innovationschancen, Management und Marketingstrategien. In dieser Sichtweise ist besonders der Qualifizierungsaspekt von Weiterbildung im Rahmen „berufsbezogener" Konzepte relevant. Damit wäre aber die mögliche Entwicklungskraft von Weiterbildungsansätzen unterschätzt. Weiterbildung ist eben nicht nur ein regionalökonomisches Instrument, sondern selber Faktor im Rahmen von Standortfragen. Die kulturelle Qualität in der Region ist auch abhängig von den bereitgestellten Weiterbildungsangeboten. Im Rahmen einer umfassenden Strategie endogener Potentiale kommt es darauf an, Bildungseinrichtungen und besonders Weiterbildungseinrichtungen mit in die Aktivitäten regionaler Zentren einzubeziehen.

Wenn man die weitere Expansion von Erwachsenenbildung für wahrscheinlich hält, wird es unabdingbar werden, die Rahmenbedingungen dieser Entwicklung deutlicher zu systematisieren, damit die erheblichen gesellschaftlichen Ressourcen, welche in diesen Bereich fließen, optimal genutzt werden. Gleichzeitig entsteht bei den Akteuren im Feld eine immer wieder neu grassierende Unsicherheit. Es ist aber, wenn man die Scheuklappen der einzelnen Institution ablegt und eine umfassende Perspektive entwickelt, ein eher positives Bild zu sehen.

Literatur

Alt, Christel/Sauter, Edgar/Tillmann, Heinrich 1993. Berufliche Weiterbildung in Deutschland (Strukturen und Entwicklungen). Berlin: Bertelsmann

BMBW (Hg.) 1993. Berichtssystem Weiterbildung 1991. Integrierter Gesamtbericht zur Weiterbildungssituation in den alten und neuen Bundesländern. Bonn

Bockemühl, Christian 1977. Zur politischen und gesellschaftlichen Funktion der Erwachsenenbildung. Recht der Jugend und des Bildungswesens, 188-203

Bocklet, R. 1975. Öffentliche Verantwortung und Kooperation – Kriterien zur Organisation der Weiterbildung. In: Deutscher Bildungsrat (Hg.): Umrisse und Perspektiven der Weiterbildung, Stuttgart: Klett

Brinckmann, H./Grimmer, K. 1974. Rechtsfragen der Weiterbildung, der Information und der Bildungsstatistik. In: Deutscher Bildungsrat (Hg.): Weiterbildungsinformationssystem, Stuttgart: Klett

Bundesanstalt für Arbeit (Hg.) 1993. Förderung der beruflichen Weiterbildung. Bericht über die Teilnahme an beruflicher Fortbildung, Umschulung und Einarbeitung (jährlich). Nürnberg

Bundesinstitut für Berufsbildung (Hg.) 1991. Checkliste Qualität beruflicher Weiterbildung. Berlin, Bonn.

Bundesminister für Bildung und Wissenschaft 1985. Thesen zur Weiterbildung. Bonn

Deutscher Ausschuß für das Erziehungs- und Bildungswesen (Hg.) 1960. Zur Situation und Aufgabe der deutschen Erwachsenenbildung. Stuttgart: Klett

Deutscher Bildungsrat 1970. Empfehlungen der Bildungskommission: Strukturplan für das Bildungswesen. 2. Aufl., Stuttgart

Deutscher Bundestag 1989. 11. Wahlperiode: Zwischenbericht der Enquete-Kommission „Zukünftige Bildungspolitik – Bildung 2000" (Drucksache 11/5349). Bonn 14.9.1989

Deutscher Bundestag 1990. Schlußbericht der Enquete-Kommission „Zukünftige Bildungspolitik – Bildung 2000". (Anhangsband Bundestagsdrucksache 11/7820 vom 05.09.90)

Deutscher Industrie- und Handelstag (Hg.) 1993. Wettbewerb ohne Grenzen. Bonn

Deutscher Industrie- und Handelstag (Hg.) 1994. Berufs- und Weiterbildung 1993/94. Bonn

Faulstich, Peter 1993. Qualität, Organisation und Systemstrukturen in der Erwachsenenbildung. Hessische Blätter für Volksbildung, 97-102, 43

Faulstich, Peter 1994. Erwachsenenbildung nach der Jahrtausendwende. In: Fischer, A./Hartmann, G. (Hg.): In Bewegung (Dimensionen der Veränderung von Aus- und Weiterbildung), Bielefeld: AUE.

Faulstich, Peter 1995. Öffentliche Verantwortung für die Weiterbildung. In: Jagenlauf u.a. 77-91

Faulstich, Peter/Faulstich-Wieland, Hannelore/Nuissl, Ekkehard/Weinberg, Johannes/Brokmann-Nooren, Christiane/Raapke, Dietrich 1992. Weiterbildung für die 90er Jahre (Gutachten über zukunftsorientierte Angebote, Organisationsformen und Institutionen). Weinheim: Juventa

Faulstich, Peter/u.a. 1991. Bestand und Perspektiven der Weiterbildung – Das Beispiel Hessen. Weinheim: Deutscher Studien Verlag

Faulstich, Peter/u.a. 1996. Bestand und Entwicklungsrichtungen der Weiterbildung in Schleswig-Holstein. Deutscher Studien Verlag

Friebel, Harry u.a. 1993. Weiterbildungsmarkt und Lebenszusammenhang. Bad Heilbrunn: Klinkhaardt

Grundlagen der Weiterbildung e.V. (Hg.) 1981ff. Grundlagen der Weiterbildung. Recht. Neuwied: Luchterhand. (Loseblattsammlung)

Hans-Böckler-Stiftung (Hg.) 1986. Weiterbildung im Arbeitnehmerinteresse. Düsseldorf

Hauptausschuß des BIBB 1990. Positionspapier zur Kooperation in der Weiterbildung. BWP

Kade, Jochen 1993. Aneignungsverhältnisse dieseits und jenseits der Erwachsenenbildung. Z.f.Päd.

Knoll, J.H. 1976. Institutionen der Erwachsenenbildung (Selbststudienmaterialien der Pädagogischen Arbeitsstelle des Deutschen Volkshochschulverbandes). Frankfurt/M.

Knoll, Joachim H. 1989. Situation und Stand der Weiterbildung und Weiterbildungsdiskussion. In: Grundlagen der Weiterbildung e.V. (Hg.): Grundlagen der Weiterbildung, Hagen, Bonn

Krug, Peter 1988. Für den Vorrang öffentlich verfaßter Weiterbildung. Bildung und Erziehung, 25-30

Kuhlenkamp, D. 1983. Weiterbildung zwischen Förderung und Gewährleistung. Recht der Jugend und des Bildungswesens, 113ff., 31

Kuhlenkamp, D. 1984. Die Weiterbildungsgesetze der Länder. Analysen, Dokumente, Materialien. Frankfurt/M.: PAS/DVV

Kuratorium der Deutschen Wirtschaft für Berufsbildung (Hg.) 1980. Grundposition der Wirtschaft zur beruflichen Weiterbildung. Bonn

Kuwan, Helmut 1996. Berichtssystem Weiterbildung VI. Bonn. BMBF

Kuwan, H./Gnahs, D./Seusing, B. 1991. Weiterbildungsstatistik in Deutschland. Mitteilungen aus der Arbeitsmarkt- und Berufsforschung, 277-290, 24

Mayntz, Renate 1987. Politische Steuerung und gesellschaftliche Steuerungsprobleme. Jahrbuch zur Staats- und Verwaltungswissenschaft. 89-110

Picht, G./Edding, F./u.a. (Hg.) 1972. Leitlinien der Erwachsenenbildung. Braunschweig: Westermann

Richter, Ingo 1970. Öffentliche Verantwortung für die berufliche Bildung. Stuttgart

Richter, Ingo 1993. Recht der Weiterbildung. Baden-Baden

Scharpf, Fritz W. 1991. Die Handlungsfähigkeit des Staates am Ende des 20. Jahrhunderts. PVS H.4,621-634

Schrick, Gerhard (Hrsg.) 1994. Standortfaktor Weiterbildung. Eschborn: RKW

Schulenberg, W./u.a. 1979. Soziale Lage und Weiterentwicklung. Braunschweig

Tippelt, Rudolf (Hrsg.) 1994. Handbuch Erwachsenenbildung/ Weiterbildung. Opladen

Willke, Helmut 1992. Ironie des Staates. Frankfurt/Main

Wilms, Dorothee 1985. Aufgaben der Weiterbildung aus der Sicht des Bundes. Volkshochschule im Westen, 251-253

Christiane Schiersmann

Kooperation im regionalen Umfeld – Modelle und Erfahrungen

Die Forderung nach Kooperation der verschiedenen, am Weiterbildungsgeschehen beteiligten Akteure steht als Forderung mindestens seit der Phase der Expansion der Weiterbildung in den siebziger Jahren im Raum. Schon der Strukturplan des Deutschen Bildungsrates (1970) plädierte für eine Koordination der Bildungsangebote auf lokal-regionaler Ebene und eine kooperative Gesamtplanung des Weiterbildungssektors auf überregionaler Ebene. Dennoch hat sich in dieser Hinsicht seither nicht viel bewegt. Die Ländergesetze schreiben Gremien auf Landesebene als Beiräte oder Kuratorien in der Regel verbindlich vor. Diese funktionieren auch mehr oder weniger gut, beeinflussen das faktische Weiterbildungsgeschehen jedoch eher rudimentär und beziehen keineswegs alle Weiterbildungseinrichtungen ein. Auf der darunter liegenden Ebene, beispielsweise auf der Ebene von Kreisen oder Städten, sind vergleichbare Gremien häufig in den Ländergesetzen als Soll-Bestimmung vorgesehen. Diese werden jedoch nur sehr zögerlich umgesetzt.

Angesichts der zunehmenden Bedeutung von Weiterbildung bei gleichzeitig extrem geringer Systematisierung und Reglementierung (s. dazu u.a. die Beiträge von Faulstich, Teichler, Dobischat und Kuhlenkamp in diesem Band) erweist sich der geringe Kooperationsgrad als zunehmend unbefriedigend. Die bislang unzureichende Steuerung der Weiterbildung hat zu verschiedenen Strukturdefiziten beigetragen. Im Hinblick auf das Angebot kommt es sowohl zu Defiziten als auch zu Überschneidungen, wobei ersteres sich insbesondere für potentielle Teilnehmer/-innen als Nachteil erweist, letztere insbesondere für die Anbieter angesichts eingeschränkter Rentabilität. Sowohl organisatorisch als auch inhaltlich hat sich die Abstimmung als defizitär erwiesen, sie trägt zur Segmentierung der Weiterbildung im Hinblick auf den faktischen Zugang einzelner Zielgruppen zur Weiterbildung bei, sie führt zu einer suboptimalen Ressourcennutzung. Eine verstärkte Kooperation von Weiterbildungseinrichtungen miteinander sowie mit anderen bildungsrelevanten Institutionen und Verbänden könnte einen Beitrag dazu leisten, die skizzierten Mängel zumindest zu mildern und die Weiterbildungsqualität zu optimieren. Verbesserte Kooperationsstrukturen können zugleich einen zentralen Ansatzpunkt einer Operationalisierung des vielfach geforderten Prinzips der öffentlichen Verantwortung in der Weiterbildung darstellen.

Außerdem liegt ein weiterer aktueller Bezugspunkt für die Diskussion um Chancen und Grenzen von Kooperationsansätzen in dem Bemühen begründet, die Gestaltung von Weiterbildung zu regionalisieren. Die Regionalisierung der Gestaltungsprinzipien hat insbesondere als Ansatzpunkt für die Arbeitsmarktpolitik an Bedeutung gewonnen. Der Einbezug der Weiterbildung in die Regionalisierungsdiskussion wiederum ist u.a. auf die Einsicht zurückzuführen, daß eine isolierte Investitions- und Technologieförderung sich als nicht hinreichend für die Weiterentwicklung von Regionen erwiesen hat (vgl. Bosch 1995, S. 94) und Qualifizierung als wichtiger Faktor der Regionalentwicklung ernst genommen wird.

Vor diesem Hintergrund werden in letzter Zeit vollmundige Vorstellungen einer Regionalisierungspolitik für den Weiterbildungsbereich formuliert, ohne daß die konkreten Instrumente für einen solchen Politikansatz hinreichend ausformuliert, geschweige denn erprobt wären. Im folgenden sollen die positiven Ansatzpunkte der bisherigen Kooperationskonzepte und -erfahrungen ausgelotet, aber auch Friktionen und Grenzen aufgezeigt werden. Ich stütze mich bei meiner Bilanz insbesondere auf die kritische Durchsicht der gerade in jüngerer Zeit dazu erschienenen Projektberichte und im Fall der Weiterbildungsberatungsstelle Köln auf die eigene Evaluation dieser Aktivitäten (vgl. Schiersmann 1993). Zunächst beschreibe ich die unterschiedlichen Formen der Kooperation, analysiere anschließend die einzelnen Handlungsfelder, in denen sich die Kooperationsansätze realisieren, und resümiere abschließend Chancen und Probleme der bisherigen Kooperationskonzepte auf regionaler Ebene.

1. Modelle, Formen und Ziele der Kooperation

Es werden gegenwärtig verschiedene Modelle der Kooperation erprobt, die je spezifische Vor- und Nachteile aufweisen. Ich will drei exemplarisch genauer beleuchten, die sich zum einen unterscheiden und für die zum anderen Evaluationen vorliegen.

Weiterbildungsberatungsstellen

Einen Ansatzpunkt für die Initiierung von Kooperationsstrukturen bieten Weiterbildungsinformations- und insbesondere Beratungsdienste. Bereits gute und aktuelle Datenbanken können zu einer besseren Vergleichbarkeit der Angebote beitragen. Insbesondere aber die in der Regel als Modellprojekte initiierten Weiterbildungsberatungsstellen haben es sich häufig neben der Individualberatung als Aufgabe gestellt, auch Institutionen zu beraten und dadurch Kooperation zwischen Weiterbildungseinrichtungen, aber auch zwischen diesen und anderen relevanten Institutionen wie Beratungseinrichtungen, Betrieben, Arbeitsämtern zu initiieren (vgl. Kejcz 1988). Besonders lange und umfangreiche Erfahrungen mit derartigen Aktivitäten hat die Weiterbildungsberatungsstelle in Köln, die aus einem Modellprojekt des Bundesministeriums für Bildung und Wissenschaft hervorgegangen ist und inzwischen als kommunale Einrichtung weiterbesteht (vgl. Schiersmann 1993). Das Konzept dieser Weiterbildungsberatungsstelle geht über die Institutionenberatung insofern hinaus, als sie sich auch als Clearingstelle mit einer Moderatorenfunktion zur Koordination von Weiterbildung in einem regionalen Umfeld versteht. Dabei steht die interinstitutionelle Kooperation (vgl. Schiersmann/Thiel 1993) im Vordergrund.

Die Beratungsstelle für Weiterbildung der Stadt Köln (im folgenden BWB) gehört zu den wenigen, verhältnismäßig gut ausgebauten, kommunalen Weiterbildungsberatungsstellen in der Bundesrepublik. Sie arbeitet dezentral in vier Kölner Stadtteilen, in denen viele Arbeitslose und Bürger/-innen ohne Schul- und/oder Berufsabschluß leben, d.h. sie ist nach wie vor auch dem Gedanken der Motivierung bildungsbenachteiligter Zielgruppen verpflichtet.

1984 wurde ein Kooperationsverbund in der Alphabetisierung gegründet, in dem Anfang der 90er Jahre über 20 Weiterbildungseinrichtungen aus Köln und Umgebung zusammengeschlossen waren. Zunächst ging es dabei um die gegenseitige Hilfestellung bei der Planung und Durchführung neuer Bildungsangebote, der Auswahl und Einarbeitung von Kursleiter/-inne/n, der Teilnehmer/-innen/werbung, der Erarbeitung erwachsenengerechter Unterrichtsmaterialien und dem gemeinsamen Erfahrungsaustausch. Die BWB fungierte in diesem Kontext als Geschäftsstelle. Die inhaltlichen und organisatorischen Entscheidungen über gemeinsame Arbeitsvorhaben wurden in einer „kooperativen Leitung" getroffen, in der die Weiterbildungseinrichtungen und die Beratungsstelle vertreten waren. Daneben gab es themenspezifische Arbeitsgruppen, z.B. zu pädagogischen Fragestellungen.

Ein weiteres Projekt der interinstitutionellen Kooperation lag im Bereich der Weiterbildung für Frauen. Den Hintergrund dieses Schwerpunkts bildete die Erfahrung, daß 60% der Ratsuchenden der BWB Frauen waren, davon über ein Drittel Frauen, die nach einer Phase der Konzentration auf familiale Aufgaben einen beruflichen Wiedereinstieg anstrebten. Ebenfalls seit 1984 bemühte sich die BWB um eine gezielte Verbesserung des Angebots für die zuletzt genannte Zielgruppe. Gemeinsam mit Weiterbildungseinrichtungen und anderen Institutionen wurden zielgruppenspezifische Angebote entwickelt, koordiniert und bekannt gemacht. 1985 gründete sich ein Arbeitskreis „Frauen-Kursprogramm" unter Federführung der BWB, die regelmäßig alle zwei Monate zu Sitzungen einlud. Dieser Arbeitskreis, der zunächst als Informationspool die Funktion übernahm, die Zusammenarbeit der verschiedenen Weiterbildungseinrichtungen zu fördern, verstand sich im Laufe der Zeit immer stärker als Forum, das sich über das entwickelte Weiterbildungsprogramm hinaus für die Vertretung der Interessen von Frauen in Beruf und Weiterbildung einsetzte.

Vor dem Hintergrund der in den achtziger Jahren rapide wachsenden Bedeutung neuer Technologien entwickelte sich auch dieser Themenbereich zu einem Arbeitsschwerpunkt der BWB. Sie trug zunächst mit Hilfe von Veröffentlichungen dazu bei, das undurchsichtige Angebot zu strukturieren. Außerdem wurde eine Arbeitsgruppe von Trägern gegründet, die sich für eine Verbesserung zielgruppenspezifischer Einstiegs- und Aufbaukurse im EDV-Bereich einsetzten. Seit 1987 wird im Interesse von Bildungswerbung und -information jährlich eine Computer-Infowoche durchgeführt, auf der Weiterbildungseinrichtungen ihr Aus- und Weiterbildungsangebot zum EDV-Bereich präsentieren.

Das Arbeitnehmerweiterbildungsgesetz (AWbG) von 1985, das Arbeitnehmer/-inne/n in Nordrhein-Westfalen den Anspruch auf bezahlte Freistellung von Arbeit zum Zweck der Weiterbildung eröffnet, war zunächst wenig bekannt, und aufgrund der oppositionellen Haltung der Arbeitgeber bestanden massive Unsicherheiten in bezug auf die Auslegung dieses Gesetzes. Daher leistete die BWB breite Öffentlichkeitsarbeit, um über die neuen Regelungen und die geplanten Bildungsurlaubsangebote zu informieren. 1990 wurde der Kölner Arbeitskreis Bildungsurlaub als Kooperationsgremium gegründet. Da auch die Weiterbildungseinrichtungen zunächst unsicher im Hinblick auf die Auswirkungen dieses Gesetzes waren, bestand ein dezidiertes Kooperationsinteresse in dieser Frage. Außerdem bot die Zusammenarbeit die Chance, die Kosten für zusätzlich notwendige Publikationen und Werbemaßnahmen gering zu halten. Zudem wurde im Kontext des Arbeitskreises eine eigenständige Konzeption für ein Bildungsurlaubsseminar für Schichtarbeiter/-innen sowie ein Aktionsprogramm „Bildungsurlaub in Köln" entwickelt. Letzteres bestand aus einer Informationswoche und einer koordinierten Bildungsurlaubswoche mit 14 zielgruppenspezifischen Angeboten.

Als Ziele der Kooperation standen für die BWB die folgenden Aspekte im Vordergrund:

- *„Weitergabe der Ergebnisse hinsichtlich des Weiterbildungsbedarfs aus den Einzelberatungen an die Weiterbildungseinrichtungen*
- *Sensibilisierung der Weiterbildungseinrichtungen sowie der Fach- und weiteren Öffentlichkeit für neue Problemfelder im Weiterbildungssektor*
- *Verbesserung und Ausbau des vorhandenen sowie Initiierung neuer zielgruppenspezifischer Weiterbildungsangebote*
- *gemeinsame Nutzung knapper finanzieller Ressourcen*
- *Motivierung neuer Zielgruppen (z.B. funktionelle Analphabeten) für die Teilnahme an Weiterbildung*
- *gegenseitige Hilfestellung bei der Planung von Maßnahmen*

- *Auswahl und Einarbeitung von Kursleiter/-innen"*
(Schiersmann/Engelhard 1992, S. 256).

Die involvierten Kooperationspartner, zu denen in erster Linie Weiterbildungseinrichtungen zählten, aber auch Behörden, z.b. das Arbeitsamt oder die Gleichstellungsstelle, weitere Beratungseinrichtungen sowie Landes- und teilweise auch Bundeseinrichtungen, waren im Kontext der Kooperation in erster Linie interessiert an

- *„einem (kontinuierlichen) Informations- und Erfahrungsaustausch über die jeweilige Thematik des Projektes*
- *gegenseitiger Hilfe und Nutzung der unterschiedlichen Kompetenzen*
- *Teilnehmer/-innen/werbung und Öffentlichkeitsarbeit*
- *Regelung von Finanzierungsfragen"*
(Schiersmann/Engelhard 1992, S. 256).

In allen näher analysierten Kooperationsschwerpunkten bildeten Erfahrungen aus der Individualberatung, aus der Zusammenarbeit mit Weiterbildungseinrichtungen sowie bildungspolitische Veränderungen den Anlaß und Hintergrund für die Initiierung eines Kooperationsprozesses. Ausschlaggebend für das Zustandekommen der Kooperationsbeziehungen war zum einen die von den Beteiligten wahrgenommene Relevanz der jeweiligen Thematik sowie zum anderen die Einsicht, daß die einzelnen Weiterbildungsträger aus verschiedenen Gründen nicht in der Lage gewesen wären, die durch die Kooperation ermöglichten Resultate alleine zu erreichen. Zu diesen Faktoren zählten mangelnde Personal- und Finanzkapazitäten, nicht ausreichende Fachkompetenz in den neuen Themenbereichen sowie die vorhandene Konkurrenzsituation.

Die Form der Kooperation in den unterschiedlichen Projekten kann verallgemeinernd als „verbindlich unverbindlich" charakterisiert werden. Damit wird ausgedrückt, daß die Zusammenarbeit nicht durch starre Regeln gesteuert wurde, sondern überwiegend ohne schriftliche Fixierung der Aufgaben, Kompetenzen und Arbeitsabläufe erfolgte. Die gemeinsam getroffenen Entscheidungen hatten für alle Beteiligten Empfehlungscharakter. Eine stärkere Reglementierung der Zusammenarbeit, z.B. durch eine Satzung oder eine Geschäftsordnung, hätte vorausgesetzt, daß entstehende Probleme bereits zu Beginn antizipierbar gewesen wären, was aber keineswegs der Fall war. Zudem hätte eine solche Basis massive juristische Fragen aufgeworfen, z.B. wer für wen vertretungsberechtigt wäre, welche Relevanz getroffene Entscheidungen für die beteiligten Institutionen mit sich brächten etc. Nach übereinstimmender Auffassung der Beteiligten hätte zudem der Aufwand einer solchen Formalisierung der Kooperationsstrukturen das spontane Engagement reduziert und Kraft und Zeit verschlungen, die zur Realisierung der praktischen Aufgaben und Ziele dringend gebraucht wurden. Die realisierte Form wurde von den Kooperationspartnern übereinstimmend als entscheidende Basis der Zusammenarbeit bewertet.

Das Verhalten der Vertreter/-innen der an den Arbeitskreisen bzw. Gremien beteiligten Institutionen zu Beginn der Projekte kann als in der Regel eher vorsichtig und zurückhaltend gekennzeichnet werden. Bei allen Projekten wich die anfänglich zu beobachtende Zurückhaltung zugunsten einer größeren Offenheit und Dynamik.

Unterschiedliche Interessen ergaben sich in mehreren Fällen zwischen den Kursleiter/-innen auf der einen, den hauptberuflich Tätigen auf der anderen Seite. Diese Konflikte bezogen sich beispielsweise auf das Einstellen eines Kurses wegen Teilnahmemangel, die Bezahlung der von Kursleiter/-inne/n über die eigentliche Unterrichtstätigkeit hinaus geleisteten Arbeit oder der Solidarisierung der Dozent/-inn/en mit Teilnehmer/-innen gegen die jeweilige Institution. Als problematisch wurde in einigen Fällen auch eine vergleichsweise hohe Fluktuation der an den Arbeitskreisen bzw. Gremien teilnehmenden Personen angesehen.

Als kritische Punkte des Kooperationsprozesses erwiesen sich zum Teil auch größere öffentliche Veranstaltungen, insbesondere wenn nicht alle Beteiligten sich in gleicher Weise einbringen und darstellen konnten bzw. eine beteiligte Einrichtung nach Einschätzung der übrigen ihre Interessen zu sehr in den Vordergrund stellte. Konnten derartige Konflikte dagegen vermieden werden, dann schweißten öffentlichkeitsrelevante Aktionen und deren Erfolge die Kooperationspartner enger zusammen.

Die BWB erbrachte in allen Projekten eine arbeitsaufwendige Serviceleistung, z.B. durch die Zusammenstellung von Kursangeboten, die Durchführung der Öffentlichkeitsarbeit, Teilnehmer/innen/werbung etc. Diese Entlastung der beteiligten Institutionen stellte eine wesentliche Basis der Akzeptanz der Rolle der Beratungsstelle dar.

Die Ergebnisse des Kooperationsprozesses lassen sich auch in Zahlen messen: So erhöhte sich beispielsweise das Kursangebot zum Themenbereich der Alphabetisierung in der Kölner Region innerhalb von vier Jahren von 4 auf 57. Zwischen 1984 und 1989 wurden 33 umfangreiche Kurs-Programme zur Frauenweiterbildung durchgeführt.

Als weiteres Ergebnis der Kooperation ist die Bildung eines Netzwerkes der regionalen Weiterbildungseinrichtungen und weiterer bildungsrelevanter Institutionen hervorzuheben. Damit wird ein wesentlicher Beitrag zur Verbesserung der Weiterbildungsinfrastruktur geleistet. Für diesen Erfolg war sowohl die neutrale Position der Beratungsstelle ausschlaggebend als auch die Tatsache, daß diese die Autonomie der beteiligten Institutionen respektierte. Die Ergebnisse der Kooperation fließen darüber hinaus in die regionale, für Nordrhein-Westfalen vom Gesetzgeber vorgeschriebene Weiterbildungsentwicklungsplanung ein und machen dieses eher formale Instrument zu einem handlungsrelevanten.

Qualifizierungsverbünde und Netzwerke

Ein anderes Modell zur Intensivierung von Kooperationsbeziehungen stellen Netzwerke oder Weiterbildungsverbünde, auch Qualifizierungsverbünde genannt, dar. Sie können sowohl zwischen verschiedenen Weiterbildungsträgern als auch zwischen Weiterbildungsträgern und Betrieben geschlossen werden. Mit diesen Zusammenschlüssen sollen insbesondere Synergieeffekte erzielt werden.

Exemplarisch sei auf die Erfahrungen von Siegen eingegangen.[1] Damit wird ein wesentlicher Beitrag zur Verbesserung der Weiterbildungsinfrastruktur geleistet (vgl. zum folgenden Bosch 1995, S. 103): Eine 1988 eingerichtete Informationsstelle Weiterbildung der Industrie- und Handelskammer richtete zunächst eine regionale Weiterbildungsdatenbank ein. 1989 entwickelte sich ein Qualifizierungsverbund mit 30 regionalen Weiterbildungsanbietern. Neben dem Kreis tragen die Weiterbildungsanbieter zur Finanzierung der Informationsstelle bei. Dieses Netzwerk strebt die Verbesserung des regionalen Standorts durch eine systematische Qualifizierungspolitik an, insbesondere durch Angebotstransparenz, Erfahrungsaustausch zwischen den Bildungsträgern und Kooperation bei der Durchführung von Maßnahmen. Bereits zu Beginn seiner Arbeit einigte sich der Verbund auf eine freiwillige Selbstkontrolle in bezug auf die Einhaltung von Qualitätsstandards und vergab Gütesiegel. Zwischen den Mitgliedern des Verbundes bestehen inzwischen vielfältige bi- und trilaterale Kooperationen. So schickt das gewerkschaftliche Bildungswerk beispielsweise Teilnehmer/-innen für einzelne Module zur Industrie- und Handelskammer. Außerdem wurde als Erfolg gewertet, daß es gelang, eine größere Zahl von Arbeitskräften eines Großbetriebes, die von Arbeitslosigkeit bedroht waren, in Weiterbildungsmaßnahmen zu vermitteln.

Weiterbildungsverbünde zwischen verschiedenen Betrieben führen dazu, daß die Ressourcen von Großbetrieben besser ausgeschöpft werden und zugleich neue didaktisch-methodische Konzepte auch für Arbeitskräfte in Klein- und Mittelbetrieben erschlossen werden. Weiter tragen sie dazu bei, daß die Konzeptentwicklung effektiviert wird, Evaluation, Qualität und Controlling verbessert werden (vgl. Faulstich u.a. 1996, S. 114).

Derartige Verbünde können aber auch als Kartellbildung wahrgenommen werden, zumal sie kaum alle örtlichen Bildungsträger einbeziehen können, wenn sie arbeitsfähig sein wollen. Der Ausschluß der „schwarzen Schafe" durch die Selbstverpflichtung auf Qualitätsmaßstäbe ist allerdings durchaus gewollt (vgl. Bosch 1995, S. 104).

---

1 Inzwischen gibt es zahlreiche ähnliche Initiativen. So – um nur noch einige zu nennen – das Dithmarscher Modell oder der Verein Weiterbildung e.V. in Hamburg, der zugleich eine Weiterbildungsberatungsstelle und eine Stelle zur Vergabe von Qualitätszertifikaten umfaßt.

Regionale Qualifizierungszentren

In den neuen Ländern wurden fünf Regionale Qualifizierungszentren (RQZ) eingerichtet, die in den Jahren 1991 bis 1994 vom Bundesministerium für Bildung und Wissenschaft gefördert wurden (vgl. Hübner/Bentrup 1995). [2]

Mit diesen RQZ sollte der unmittelbar aus dem Transformationsprozeß resultierende Prozeß der Qualifikationsanpassung vor Ort, d.h. in der Region unterstützt und langfristig eine an regionalen Bedürfnissen orientierte Qualifikationsentwicklung unterstützt werden. Zugleich sollte durch die Anschubfinanzierung eine organisatorische Grundlage für die Etablierung einer Weiterbildungsinfrastruktur in den einzelnen Regionen gefördert werden. Das Anliegen der RQZ bestand darin, über neutrale, regionalorientierte Einrichtungen Interessenpluralität und Interessenausgleich ohne Orientierung an zentralistischer Verbindlichkeit und Bevormundung anzuregen. Deshalb wurde ein trägerneutraler Status der RQZ als wichtige Voraussetzung für die Förderung des Zusammenwirkens regionaler Akteure und die Lösung von Aufgaben auf der regionalen Handlungsebene angestrebt (vgl. Hübner/Bentrup 1995, S. 26).

Die im Rahmen dieses Projektes bestehende organisatorische Trennung von Projekt und Träger erwies sich in der Startphase als Vorteil, stellte sich im Laufe der Zeit jedoch insofern als Nachteil heraus, als die dadurch gegebene juristische Unselbständigkeit der RQZ deren Handlungsspielraum in vielen Fällen einengte. Hübner/Bentrup (1995, S. 107f.) gelangen daher zu der Einschätzung, daß freie und eigenverantwortlich handelnde Institutionen eine wesentliche Voraussetzung für eine gelingende Kooperation darstellen.

Der Aufgabenbereich der RQZ war breit angelegt und entsprechend variabel in seiner Schwerpunktsetzung in bezug auf Handlungsfelder wie Information, Beratung, Moderation, Bedarfsanalyse, Qualitätssicherung etc.

Die Autoren der Evaluationsstudie (vgl. Hübner/Bentrup 1995) weisen zurecht auf die besonderen Startschwierigkeiten dieses Ansatzes angesichts der Umbruchsituation in den neuen Ländern hin. Mit dem Aufbau von Strukturen und der Herausbildung personeller Kontinuitäten ging viel von der ohnehin begrenzten Projektlaufzeit verloren. Dennoch wird die Projektarbeit positiv bilanziert: Es konnte der Aufbau neuer Weiterbildungsstrukturen in den neuen Ländern konkret unterstützt werden, und bei der Erkundung neuer

---

2   Dabei handelte es sich um die Innovationstransfer- und Forschungsstelle für beruflich-betriebliche Weiterbildung (ITF) in Schwerin, das Institut für Innovationsmanagement GmbH (ifi) in Leipzig, das Institut für Wirtschaftsförderung durch Personalentwicklung beim Verband der Wirtschaft Thüringens e.V. (IWT) in Erfurt, das Regionale Forschungs- und Transferzentrum für berufliche Weiterbildung Sachsen-Anhalt (RTW) in Halle, das Qualifikationsentwicklungsbüro Brandenburg (Quebb) in Eberswalde.

Wege und effektiverer Formen der beruflichen Weiterbildung hat sich der regionale Ansatz als tragend erwiesen.

Gemeinsamkeiten und Unterschiede

Zunächst fällt auf, daß die ersten beiden erwähnten Modelle auf einer Entwicklung „von unten" basieren. Sie gingen aus der praktischen Arbeit der beteiligten Institutionen hervor. Die RQZ können demgegenüber als ein Ansatz „von oben" charakterisiert werden, wobei anzumerken ist, daß im Interesse des raschen Aufbaus von Handlungsstrategien in den neuen Ländern vermutlich auch kein anderer Weg gangbar war. Dennoch lassen sich aus den unterschiedlichen Modellen divergierende Erfahrungen ableiten. Sie lassen den Schluß zu, daß die Ansätze „von unten" einige Vorteile aufweisen (vgl. dazu auch Gnahs 1994, S. 187): Sie knüpfen an konkrete Problemlagen an und entwickeln induktiv Kooperationsstrategien. Sie können auf engagierte Akteure zurückgreifen, die etwas bewegen können und wollen. Demgegenüber müssen diejenigen, die Modelle „von oben" durchsetzen, zunächst mehr Überzeugungsarbeit im Hinblick auf den zu erwartenden Nutzen und die Sinnhaftigkeit der Kooperation leisten. Dennoch kann im positiven Fall auch auf diesem Weg Problembewußtsein und Handlungsbereitschaft erzeugt werden. Hübner/Bentrup (1995, S. 100) ziehen für die neuen Länder das Fazit, daß sich ein Vorgehen „von oben" als am erfolgreichsten erwiesen hat.

Im Hinblick auf die formale Strukturierung der Projekte bzw. Initiativen lassen sich ebenfalls Unterschiede nicht verkennen. Einige Modelle setzen auf rechtlich klar definierte Strukturen (wie die RQZ), andere verzichten bewußt auf formale Regelungen (wie die BWB in Köln), wobei sich letztere Ansätze noch im Grad der Kontinuität und der internen Verbindlichkeit ihrer Arbeit unterscheiden. Es läßt sich bislang – und unter Umständen auch prinzipiell – nicht generell entscheiden, welchem Ansatz der Vorzug zu geben wäre. Vorgegebene Strukturen fördern Verbindlichkeit und Rechtssicherheit, die geringere formale Strukturierung erweist sich als flexibler und läßt sich aufgabenspezifisch optimieren, sie birgt aber auch die Gefahr der Unverbindlichkeit in sich (vgl. Gnahs 1994, S. 190).

Unabhängig davon, um welches Organisationsmodell es sich handelt, ist die Frage der koordinierenden oder federführenden Stelle von außerordentlicher Bedeutung. Alle Erfahrungen zeigen, daß es sich dabei um eine neutrale Instanz handeln muß, daß jede träger- bzw. gruppenspezifische Anlehnung den Kooperationsprozeß stark erschwert, wenn nicht verhindert.

Um funktionsfähige Netzwerke aufzubauen, ist es unabdingbar, gemeinsame Interessen aller Beteiligten zu identifizieren, z.B. die Transparenz des Marktes zu verbessern, Erfahrungen auszutauschen, Personal und Anlagen effektiver zu nutzen, Marketingstrategien zu optimieren etc. Die Erfahrungen zeigen, daß es sich empfiehlt, die Zusammenarbeit schrittweise aufzubauen, um so Vertrauen zueinander bei den Beteiligten zu entwickeln. „Erfahrungen aus mehreren Orten zeigen, daß solche Kooperationsverbünde mit ihrer fragilen Institutionalisierung auch immer wieder zusammenbrechen können, wenn die handelnden Personen wechseln oder die Konkurrenzbedingungen sich verschärfen." (Bosch 1995, S. 104).

Bosch (1995, S. 101) nennt als weitere Voraussetzung für eine erfolgreiche Kooperation die Bereitschaft der beteiligten Akteure, vorhandene Handlungsspielräume zu nutzen, was in vielen Fällen einen grundlegenden Wandel des jeweiligen institutionellen Selbstverständnisses voraussetzen dürfte. Dies kann am Beispiel der Arbeitsämter illustriert werden, die entweder als strikte Dependancen der Bundesanstalt für Arbeit oder als aktive Akteure der regionalen Vernetzung agieren (vgl. Zander 1995). Ebenso können die Kammern sich als begrenzte Wirtschaftslobby oder als Akteur regionaler Strukturpolitik gerieren (vgl. Bosch 1995, S. 101). „Kooperation kann sich nicht entwickeln, wenn sie nur als Bringschuld anderer verstanden wird (vgl. Bosch 1995, S. 101)."

Schließlich fällt auf, daß die politischen Zielsetzungen überwiegend wirtschafts- bzw. arbeitsmarktorientiert, selten vorrangig bildungspolitisch ausgerichtet sind (vgl. Gnahs 1994, S. 188). Hier bildet die BWB Köln eine interessante Ausnahme, die gerade auch die Ansprache bildungsbenachteiligter Zielgruppen im Auge behält. Es ist folglich darauf zu achten, daß der Regionalisierungsprozeß und die Verbesserung der Kooperationsstrukturen nicht erneut zu einer Funktionalisierung von Weiterbildung für andere gesellschaftliche Problembereiche führt.

2. *Handlungsfelder*

In den Projektberichten sowie in der bilanzierenden Auswertung zur Regionalisierung in der Weiterbildung (vgl. Gnahs 1994) werden in weitgehender Übereinstimmung die folgenden Handlungsfelder als zentral hervorgehoben:

- Information;
- Beratung;
- Moderation;
- Bedarfsanalyse;
- Qualitätssicherung;
- Curriculaentwicklung;
- Evaluierung.[3]

Im Hinblick auf *Informationen* kann es sowohl um den gezielten Transfer vorhandener als auch um die Generierung neuer Informationen gehen. Der

---

3   Die Evaluierung wird bei Gnahs nicht extra benannt.

Transfer von Informationen kann durch eigene Publikationen (Schriftenreihe, Zeitungen, Übersichten, Broschüren etc.), durch Vorträge, Diskussionen, Workshops, Gespräche oder Tagungen erfolgen. Der Informations- und Öffentlichkeitsarbeit kommt in allen Projekten eine herausragende Bedeutung zu. Diese Aktivitäten stellten zugleich einen wesentlichen Motivationsfaktor für die beteiligten Institutionen dar: Die Öffentlichkeitsarbeit ermöglicht eine positive Außendarstellung der Institutionen, dient der Bildungswerbung und intensiviert die Zielgruppenansprache.

Der Übergang vom Informationstransfer zur *Beratung* ist fließend. Der Anteil der expliziten Beratung von Weiterbildungseinrichtungen bzw. Betrieben oder anderen Institutionen fällt in den einzelnen Projekten unterschiedlich aus. Bei den RQZ konzentrierte sich die Beratung in erster Linie auf die Organisationsberatung, insbesondere in bezug auf den betrieblichen Bereich, weiter auf die Beratung von Beschäftigungs- und Qualifizierungsgesellschaft, auf Weiterbildungseinrichtungen und Arbeitsämter. Bei der BWB in Köln beispielsweise spielt Beratung im engeren Sinne eine eher untergeordnete Rolle.

Die *Moderation* hat die Aufgabe, die Formen der Zusammenarbeit zu entwickeln. Als übereinstimmendes Fazit aus allen Kooperationsansätzen ist das Plädoyer für eine Neutralität einer moderierenden Stelle abzulesen, wenngleich in den neuen Ländern selbst eine neutrale Stelle zunächst aufgrund der Erfahrungen mit der Planwirtschaft und den Machtkämpfen zwischen den Sozialpartnern nicht angenommen wurde (vgl. Buggenhagen 1994). Mit diesem Plädoyer für die Trägerneutralität sind aber noch nicht alle Probleme gelöst, denn es ist außerordentlich schwierig, in den Regionen solche neutralen Träger auszumachen, die sich zugleich für Weiterbildung engagieren. Zudem steht die Arbeit der moderierenden Stelle immer im Spannungsfeld unterschiedlicher Interessengruppen. Sie hat die schwierige Aufgabe, die unterschiedlichen Interessen zu bündeln und explizite oder latente Konkurrenzstrategien in Kooperationsstrategien umzuwandeln.

Bekanntlich stellt die *Bedarfsanalyse* in der Weiterbildung keine einfache Aufgabe dar, da es sich beim Bedarf nicht um eine objektive, sondern eine auch politisch beeinflußte Größe handelt. Sie hängt u.a. davon ab, wie die Arbeit organisiert wird, d.h. ob stärker arbeitsteilige oder integrative Arbeitszuschnitte gewählt werden, ob die Qualifizierung sich an dem aufgrund des technologischen Wandels Unabdingbaren orientiert oder präventiv und an der Nutzung der Humanressourcen orientiert ist, ob sie auf den Verwendungszusammenhang im beruflichen Kontext reduziert wird oder auch auf die allgemeine und politische Bildung (vgl. Baethge u.a. 1990). Diese Schwierigkeit macht naheliegenderweise die vielen Bemühungen um die Ermittlung eines Qualifikationsbedarfs in der Region zu einem außerordentlich schwierigen Unterfangen. So verweist Bosch (1995, S. 98) auf zahllose unfruchtbare Versuche von Arbeitsämtern, Weiterbildungsexperten und öffentlichen Unternehmen, im Rahmen von Konferenzen den betrieblichen Bedarf zu ermitteln. Ebenso haben sich Befragungen von Betrieben und Unternehmern als wenig ergiebig erwiesen: So gaben in der Untersuchung von Schönfeld/Stöbe (1995) 90% der befragten Weiterbildungsträger an, daß die mit ihnen kooperierenden Betriebe ihren Bildungsbedarf nicht benennen konnten. Eine Befragung von 2000 Unternehmen in der Industrie und im Handwerk in Nordrhein-Westfalen kam zu dem eher trivialen Ergebnis, daß im Kontext des Einsatzes der neuen Technologien der Weiterbildungsbedarf zukünftig steigen werde (vgl. Bosch 1995, S.98). Diese negativen Erfahrungen führen in einigen Fällen dazu, daß sich die Bedarfsanalysen auf innovative Felder beschränken. Diese Vorgehensweise impliziert allerdings wiederum den Nachteil, daß nur ein sehr geringer Teil des Qualifizierungsbedarfs erfaßt wird.

Im Hinblick auf die Frage nach dem Nutzen von Bedarfserhebungen ist zudem auf die zeitliche Diskrepanz zwischen der eher längerfristig zu planenden Realisierung eines Weiterbildungsangebots und dem in der Regel kurzfristigen Qualifizierungsbedarf der Betriebe im Auge zu behalten. Folglich sind die Chancen einer regionalen Weiterbildungspolitik, auf kurzfristige Qualifizierungsbedarfe der Betriebe angemessen reagieren zu können, eher begrenzt. Bosch (1995, S. 99) zieht aus dieser Analyse die Schlußfolgerung, daß sich regionale Weiterbildungspolitik immer stark angebotsorientiert wird verhalten müssen, „um durch qualitativ hochwertige und breite Bildungsangebote ein Spektrum künftiger Entwicklungen einfangen zu können".

Bilanziert man die Erfahrungen, die Erfolge und Krisen in den verschiedenen Handlungsfeldern, so zeigt die Auswertung der vorliegenden Literatur (vgl. auch Hübner/Bentrup 1995, S. 98; Gnahs 1994, S. 192), daß Information, Beratung, Bedarfsanalyse und Moderation zu den häufigsten aktiven Handlungsfeldern zählen, während insbesondere die Curriculaentwicklung und die Evaluation eine geringere Rolle spielen. Allerdings ist auch festzuhalten, daß die Akzentsetzung von Region zu Region und Projekt zu Projekt sehr unterschiedlich ausfallen kann.

3. Fazit

Die bisher erprobten Organisationsmodelle und Handlungsstrategien lassen sich als Suchprozesse kennzeichnen. Als Ziele der Kooperationsbemühungen können generell zählen die Verzahnung mit anderen Bereichen regionaler Strukturpolitik, die Erhöhung der Transparenz und die Verbesserung der Qualität des Weiterbildungsbereichs.

Ohne Frage haben Kooperationsmodelle auf regionaler Ebene an Bedeutung gewonnen und Erfolge erzielt. So kommt eine Befragung von Bildungsträgern zu ihren Kooperationserfahrungen im Raum Schwerin (vgl. Prier 1994) zu einer erstaunlich positiven Bilanz. Sie ergab, daß eine über die unmittelbare Zusammenarbeit zwischen einzelnen Bildungsträgern hinausgehende Form der Kommunikation, des Erfahrungsaustausches und der Kooperation als erforderlich angesehen wird und durch eine regionale Kontakt-Transfer-Stelle unterstützt werden sollte. Die Bildungsträger beurteilten die Initiierung einer solchen Kontakt-Transfer-Stelle, die in dieser Form nicht vorhanden war, als spezielles regionales Dienstleistungszentrum, das zu einem profilierten Markenzeichen mit hoher Akzeptanz entwickelt werden könne. So wurde die Kooperation als notwendig angesehen, weil sie eine optimale Auslastung der personellen und materiellen Kapazitäten unterstütze und zur Optimierung der Qualität beitrage. Wichtig erschien den Befragten, daß sich die Kooperation primär am konkreten Bildungsbedarf orientiere, stark praxisorientiert ist und die unternehmerische Selbständigkeit nicht tangiert. Praktische Erfahrungen in der Kooperation bestanden bereits im Hinblick auf den zeitweiligen Personalaustausch, um bestimmte Ausbildungsmodule realisieren zu können, im Austausch von Teilnehmer/-inne/n, im Sachbereich (bessere Nutzung der technischen Ausstattung sowie der nicht ausgelasteten Räumlichkeiten) sowie bei der Unterstützung für Praktikumseinsätze der Teilnehmer/-innen. Als nicht unerheblich für deren Zustandekommen wurde ein Vertrauensverhältnis zwischen Personen gesehen. Der zunehmend als härter empfundene Konkurrenzkampf wirkt sich dieser Untersuchung zufolge nicht hemmend auf die Kooperationsbereitschaft aus. Ein wesentlicher Grund dafür wurde darin gesehen, daß sich die Kooperation primär aus ganz konkreten praktischen Erwägungen und Notwendigkeiten heraus vollzieht und zur eigenen Stabilität der jeweiligen Bildungsträger auf dem Markt beitrage.

Begrenzungen der Kooperation sahen die Bildungsträger in der Offenlegung ihrer Finanzsituation, der Überprüfung bewilligter Maßnahmen durch andere Bildungsträger oder in Angaben zur Qualität des Personals. Derartige Informationen werden als Interna der Bildungsträger wahrgenommen. Als negativ wird die Kooperation dann angesehen, wenn sie zur Manipulierung von Angeboten zur Vorteilsbeschaffung dient, wenn sie unseriöse Werbung beinhaltet oder unlauteres Konkurrenzgebaren an den Tag gelegt wird. Solche Phänomene wurden zwar nicht als typisch angesehen, im Falle ihres Auftretens jedoch als Rufschädigung seitens der Bildungsträger beurteilt.

Trotz dieser offenbar positiven Resonanz bleiben eine Reihe von Fragen offen.

So zeigen die Erfahrungen, daß es nach wie vor schwierig ist, eine sinnvolle *Definition von Region* zu finden. Die Ebene des Landes hat sich vielfach als zu groß erwiesen, die Mehrzahl der Aktivitäten konzentriert sich dann jeweils doch auf den näheren Umkreis des Standorts der moderierenden Stelle (vgl. Hübner/Bentrup 1995, S. 102). Eine geeignete kleinere räumliche Bezugsgröße zu finden, erweist sich jedoch ebenfalls als schwierig. Erschwerend kommt hinzu, daß die Abgrenzungen von kommunalen Gebietskörperschaften, Arbeitsamts- oder Kammerbezirke divergieren. Eine räumlich enge

Definition von Region führt zudem bei dem Versuch einer flächendeckenden Umsetzung der Kooperationskonzepte über modellhafte Erprobungen hinaus zu erheblichen investiven Kosten. So würde eine Zuordnung zu kommunalen Gebietskörperschaften beispielsweise in den neuen Ländern zu 54 Stellen führen, der Bezug auf Arbeitsamtsbezirke würde 33 Einrichtungen erforderlich machen (vgl. Hübner/Bentrup 1995, S. 102). Es ist zudem nicht ganz leicht, in dem unübersichtlichen Feld der großen Zahl von – zunächst miteinander konkurrierenden – Einrichtungen ein gemeinsames *regionales* Interesse auszumachen. Zudem werden Steuerungsversuche von den Trägern leicht als unzulässige zentralistische Planwirtschaft zurückgewiesen (vgl. Bosch 1995, S. 95).

Es muß also weiter darüber nachgedacht werden, wie eine geeignete räumliche Bezugsgröße gefunden werden kann, die auf der einen Seite handlungsadäquat und auf der anderen Seite finanzierbar ist. Dabei sollte auch der Gesichtspunkt der subjektiven Identifikation mit einem sozial-räumlichen Gebiet nicht außer acht gelassen werden.

Bilanziert man die notwendigen Voraussetzungen für eine gelingende Kooperation, so ist zunächst eine *finanzielle Grundausstattung* hervorzuheben, da die beteiligten Institutionen dafür in der Regel keine Eigenmittel bereitstellen können. Diese Erfahrung ist allen bisherigen modellhaften Ansätzen gemeinsam. Wenn die Institutionalisierung von Kooperation auf regionaler Ebene – in welcher Form auch immer – einen Beitrag zur Umsetzung dessen leisten soll, was gegenwärtig mit der öffentlichen Verantwortung für Weiterbildung umschrieben wird, so geht dies nicht ohne eine finanzielle Grundausstattung, und zwar eine auch personelle und kontinuierliche.

Es lassen sich bislang wenig verallgemeinerbare Aussagen dazu treffen, welches *Kooperationsmodell* bzw. welche Kooperationsmodelle als die produktivsten und effektivsten anzusehen wären. Es ist auch als eher unwahrscheinlich einzuschätzen, daß sich über kurz oder lang ein solches Idealmodell herauskristallisiert. Für den Erfolg entsprechender Konzepte dürften vielmehr die jeweilige regionale Situation, d.h. die Struktur der Weiterbildungsinstitutionen, die regionale ökonomische Situation, das Vorhandensein anderer Beratungs- und Unterstützungsangebote etc. zu den ausschlaggebenden Faktoren zählen, die bei der Wahl eines geeigneten Kooperationsmodells ausschlaggebend sind.

Eine weitere zentrale Voraussetzung für das Gelingen des Kooperationsprozesses stellt die Notwendigkeit dar, die Eigeninteressen der verschiedenen Träger zu berücksichtigen und zu koordinieren. Weiter hat es sich als strukturelle Schwierigkeit von Kooperationsmodellen erwiesen, daß eher längerfristig angelegte Bildungsprozesse sich häufig nur schwer mit kurzfristigen ökonomischen Anforderungen in Einklang bringen lassen (vgl. Bosch 1995, S. 95).

Um die Wirksamkeit und die Effektivität von Kooperationsmodellen zu fördern, ist es wichtig, deren Aufgaben mit anderen Einrichtungen, wie Weiterbildungsberatungsstellen, Ämtern für Wirtschaftsförderung etc., abzustimmen. Insbesondere in den neuen Ländern hat sich in den letzten Jahren geradezu ein Wildwuchs an Projekten mit Kooperationsfunktionen herausgebildet, die in vielen Fällen zu unproduktiven Aufgabenüberschneidungen, im schlechtesten Fall sogar zu direkter Konkurrenz geführt haben.

Bislang erfolgen Ansätze regionaler Kooperation in der Weiterbildung fast überwiegend auf der Basis von Modellprojekten mit einer darauf bezogenen Finanzierung. Dies hat immer wieder dazu geführt, daß die Tragfähigkeit der Konzepte nicht hinreichend getestet werden konnte. Da für den Aufbau einer regionalen Kooperationsstruktur eine gewisse Anlaufzeit erforderlich ist, liefen die Projekte häufig genau zu dem Zeitpunkt aus, zu dem sich erste Erfahrungen mit der Zusammenarbeit herausbildeten (vgl. Hübner/Bentrup 1995, S. 96). Weiter ergab sich damit keine Gelegenheit, die erarbeiteten Strukturen und Kommunikationsprozesse zu stabilisieren. Vielmehr gehen die Arbeitsergebnisse verloren, wenn die Arbeit mit Ablauf der Projektförderung zusammenbricht.

Da nur wenige erfolgreiche Erfahrungen vorliegen, bleibt bislang unklar, „ob es den Regionen überhaupt gelingen kann, die bislang so unterschiedlichen Zielsysteme und getrennt agierenden Institutionen im Weiterbildungsbereich zusammenzuführen" und ob regionale Weiterbildungspolitik mehr sein wird, „als nur schmückendes Etikett bei programmatischen Reden über regionale Entwicklung" (Bosch 1995, S. 93).

Es darf außerdem trotz aller unbestreitbaren Vorteile und Erfolge der Kooperation auf regionaler Ebene nicht übersehen werden, daß die im Moment so aktuelle Betonung der regionalen Handlungsebene auch als Alibi benutzt werden kann, um angesichts knapper Ressourcen die Lösung anstehender Probleme auf diese Ebene zu delegieren und von Versäumnissen auf den überregionalen Ebenen abzulenken.

Literatur

Baethge, M./Dobischat, R./Husemann, R./Lipsmeier, A./Wedding, D.: Forschungsstand und Forschungsperspektiven im Bereich betrieblicher Weiterbildung aus Sicht von Arbeitnehmern. (Studien zu Bildung und Wissenschaft, Bd.88,2). Bad Honnef 1990

Bosch, G.: Weiterbildung in der Region. In: Dobischat, R./Husemann, R. (Hrsg.): Berufliche Weiterbildung als freier Markt? Regulationsanforderungen der beruflichen Weiterbildung in der Diskussion. Berlin 1995, S. 91-109

Buggenhagen, H. J.: Der regionale und plurale Ansatz in der Weiterbildung – Methode und Ergebnis regionaler Strukturentwicklung. In: Weiterbildung in der Region,11/94, S. 4-12

Deutscher Bildungsrat: Strukturplan für das Bildungswesen. Stuttgart 1970

Faulstich, P. u.a.: Bestand und Entwicklungsrichtungen der Weiterbildung in Schleswig-Holstein. Weinheim 1996

Gnahs, D.: Regionalisierung in der beruflichen Bildung. – Endbericht -. Hannover 1994

Hübner, W./ Bentrup, U.: Regionalisierung von Weiterbildungsprozessen.(Quem-Report, H.35). Berlin 1995

Kejcz, Y.: Weiterbildungsberatung. Heidelberg 1988
Prior, H.-J.: Ergebnisse zu Kooperation und Konkurrenz bei Bildungsträgern sowie Vorstellungen der Bildungsträger zur Schaffung einer regionalen Kontakt-Transferstelle der Weiterbildung – Eine Untersuchung in der Region Schwerin. In: Weiterbildung in der Region,11/94, S. 24-27
Schiersmann, Ch.: Weiterbildungsberatung im regionalen Bezugsfeld. Eine Analyse von Kooperationsstrukturen. Berlin 1993
Schiersmann, Ch./Engelhard, W.: Regionalbezogene Kooperationsformen einer Weiterbildungberatungsstelle. Am Beispiel der Beratungsstelle für Weiterbildung Köln. In: Grundlagen der Weiterbildung , 3, 1992, 5, S.254-258
Schiersmann, Ch./Thiel, H.-U.: Weiterbildungsberatung als Beitrag zur Regionalentwicklung. In: Berufliche Weiterbildung als Faktor der Regionalentwickung. Forschungs- und Entwicklungsberichte. Hanover 1993, S. 230-243
Schönfeld, M./ Stöbe, S.: Weiterbildung als Dienstleistung. Die Zusammenarbeit zwischen Weiterbildungsträgern und Betrieben bei der Qualifizierung von Beschäftigten. Neuwied 1995
Zander, I.: Steuerungsansätze im Bereich Weiterbildung auf lokaler und regionaler Ebene. In: Egge, M./Zander, I.: Qualifizieren im Strukturwandel. Erfahrungen mit Kooperationen in der Regionalen Weiterbildung Gelsenkirchen o.J (1995)

Harry Friebel[1]

Bildungs- und Weiterbildungskarrieren im Lebenszusammenhang

Seit den 60er Jahren hat es in der Bundesrepublik eine zuvor nicht gekannte Veränderung des Bildungswesens gegeben. Schulbildung, Berufsausbildung und Weiterbildung werden im Lebenslauf bedeutsamer. Aber seit den 70er Jahren bestimmen Strukturprobleme des Arbeitsmarktes kontinuierlich tiefgreifende Widersprüche zwischen Bildungsexpansion auf der einen Seite und Berufsstart bzw. beruflichem Werdegang auf der anderen Seite. Schließlich haben die Wechselbäder von Geburtenanstieg und Geburtenrückgang im Bildungssystem und im Erwerbsarbeitssystem zu epochalen Verschiebungen geführt, zu erheblichen Unsicherheitsfaktoren im Lebens-, Bildungs- und Erwerbsverlauf verschiedener Geburtskohorten. Es fehlt bisher an Längsschnittuntersuchungen über den „Verstrickungsgrad" von Lebenslauf und Biographien mit diesen gesellschaftlichen Bedingungskonstellationen, also z.B. über Angehörige der Altersgruppen, die „Kinder" der Bildungsexpansion waren, die zugleich „Stiefkinder" der Arbeitsmarktkrise beim Berufsstart wurden und die als Generation des Baby-Boom auch dramatische quantitative „Rückstaueffekte" erfahren mußten.[2]

Im Rahmen unserer Längsschnittstudie (vgl. hierzu u.a. Friebel 1983; Friebel 1985; Friebel 1990; Projektgruppe 1994; Friebel u.a. 1993; Friebel u.a. 1996) mit einem Sample der Hamburger Schulabschlußkohorte 1979 fragen wir nach biographischen Mustern von Bildungs- und Weiterbildungskarrieren im Kontext des Bildungsbooms. Die Biographieträger dieser Kohorte waren und sind lebensgeschichtlich verstrickt in die oben beschriebene trilaterale Verkettung:

- Sie gehören zur Generation derer, die in den 70er Jahren vom Ausbau des Bildungswesens profitiert haben.

---

1 Unter Mitarbeit von Heinrich Epskamp, Roswitha Friebel und Stephan Toth
2 Anfang der 80er Jahre wurde diese Generation noch prominent in zahlreichen Jugendforschungen dokumentiert. „Deutungsmuster" waren gefragt, als die Chancengleichheit in der Schule zu „Null Chance" (vgl. Frackmann 1981) beim Berufsstart führte.

- Sie mußten 1979 beim Übergang von der Schule in den Beruf die Erfahrung machen, daß Ausbildungsplätze und sichere Arbeitsplätze knapper wurden.
- Zudem standen sie als Repräsentanten des Baby-Booms in einer massiven Verdrängungskonkurrenz. Sie gehören zu den geburtenstarken Jahrgängen – sind zwischen 1959 und 1965 geboren.

Seit 1980 begleiten wir die Lebensläufe der Angehörigen dieser „Dilemma"-Kohorte „synchron" (Deutsche Forschungsgemeinschaft 1990, S. 68ff.), um besondere Aufschlüsse über den Zusammenhang zwischen Subjektautonomie und überindividuellen Regelungen der Bildungs- und Weiterbildungskarrieren zu gewinnen. Die Erhebungstechniken in den bisher neun Befragungswellen sind jeweils Fragebogenbefragungen und problemzentrierte Intensivinterviews. Der vorliegende Bericht dokumentiert Befunde der biographischen Erzählungen auf der Grundlage von Intensivinterviews (qualitativ) mit sechs Sampleangehörigen und der Lebenslaufdaten (quantitativ) des Gesamtsamples.[3]

Im Rahmen von drei „Lesungen" der Befunde unserer Längsschnittstudie fragen wir nach der „Entscheidungsoffenheit" (vgl. Beck 1986) der Bildungs- und Weiterbildungskarrieren[4] dieser 79er Kohorte: Im ersten Schritt

---

3   In der neunten Befragungswelle (1994) wurden mit 143 Angehörigen der Schulabschlußkohorte Fragebogenbefragungen durchgeführt. Zusätzlich wurden mit einem Subsample von 22 Personen des Gesamtsamples Intensivinterviews durchgeführt. Die Auswahl dieses Subsamples ist an problembezogenen und theoretischen Überlegungen (vgl. Glaser/Strauss 1967 und Strauss/Corbin 1990) – insbesondere zu den typischen Lebenszusammenhängen im Kohortenfluß – ausgerichtet. Insofern variierte die Zusammensetzung dieses Subsamples im Zeitverlauf der Untersuchung – immer in Abhängigkeit von typischen Lebenszusammenhängen zu den Befragungsquellen. Die sechs Fälle, von denen hierbei explizit berichtet wird – das Sub-Sub-Sample –, sind kontinuierlich in alle Intensivinterviewrunden von 1980 bis 1994 einbezogen worden. Diese komplexe methodische und theoriegeleitete Stichprobenauswahl auf drei Niveaus bezeichnen wir in Anlehnug an Preim u.a. als „Matrjoschka-Sampling" (Preim u.a. 1993, S. 52). Die dysproportional geschichteten qualitativen Samples (Sub-Sample und Sub-Sub-Sample) werden aus der quantitativen Stichprobe so gezogen, „daß – ähnlich wie bei der russischen Holzpuppe gleichen Namens – die kleine Stichprobe bestimmte Merkmale der größeren Stichprobe (manchmal allerdings in bewußt verzerrter Form) trägt". Mit unserem methodischen Zugriff zielen wir auf eine gegenseitige Validierung der Befunde. Die prozeßproduzierten quantitativen und qualitativen Daten generieren einen interpretativen Auswertungsprozeß, der subjekt- und strukturzentrierte Paradigmen vermitteln hilft (vgl. Wilson 1982; Esser 1987; Freter u.a. 1991; Preim u.a. 1993). Unsere Forschungsbefunde sind nicht repräsentativ im statistisch-wahrscheinlichkeitstheoretischen Sinne, sie repräsentieren ein typisches Sample (vgl. Heinz u.a. 1993) zum Nachzeichnen der Mikro-Perspektive von Bildungs- und Weiterbildungsbiographien im Kontext der „Dilemma"-Erfahrung.

4   Bildungsprozesse individualisieren, aber „keine Person kann ihre Identität *für sich allein* behaupten" (Habermas 1991, S. 16). Den komplementären Aspekten von unverwechselbarer Bildungsidentität und Gelegenheitsstruktur des Bildungswesens

geht es um die empirische Erfassung von Mustern der Schul- und Berufswahl sowie der Weiterbildungsentscheidungen der Angehörigen des Gesamtsamples (quantitativ). In einem zweiten Schritt kontrastieren wir diese Befunde mit Gesprächsbefunden aus den Intensivinterviews (qualitativ). Im abschließenden dritten Schritt „rahmen" wir diese Ergebnisse im Kontext von Dimensionen und Variablen sozialer Differenzierung.

1. Lesung: Schulwahl-, Berufswahl- und Weiterbildungsentscheidung: Subjektautonomie

Am Beginn der Längsschnittstudie 1980 fragten wir die 79er Kohorte nach sozialen Bedingungskonstellationen der Schul- und Berufswahl. Fortlaufend ermittelten wir in den folgenden Befragungswellen (Fragebogenerhebung: quantitativ) Entscheidungs- und Aushandlungskonstellationen zur Weiterbildungsteilnahme.

Ein Jahr nach Schulabschluß teilten die Befragten rückerinnernd mit, daß sie selbst in entscheidendem Umfang an ihrer Schul- und Berufswahl partizipieren konnten. Bezogen auf die Schulformentscheidung (nach der Beobachtungsstufe) sagten mehr als die Hälfte (58%): „Ich konnte mitentscheiden." Ein weiteres Viertel (25%) meinte, nach seinen/ihren Wünschen befragt worden zu sein, nur etwa jede/r Zehnte (14%) stellte fest: „Es wurde ohne mich entschieden." Bezogen auf die Berufswahlentscheidung nach Schulabschluß berichteten 2/3 (67%): „Ich habe das allein entschieden.", jede/r Fünfte (19%) meinte, „mitentschieden" zu haben. Nur jede/r Zwanzigste (5%) sagte: „Ich wurde nach meinen Wünschen befragt."[5]

Auch bezogen auf die Bildungskarriere im Lebenslauf dominiert die Perspektive, Subjekt der Teilnahmeentscheidung gewesen zu sein. Mit ziemlicher Stetigkeit antworten die Befragten im Verlaufe der verschiedenen Be-

---

entsprechen dabei die Perspektiven von Individualisierung und sozialer Strukturierung. Sich selbst als Subjekt des Bildungsprozesses zu begreifen, Bildungspartizipation als eigenständige Leistungen des Subjekts zu begreifen, ist eine mögliche Lesart der Moderne. Eine andere Lesart ein und derselben Befunde liefert die Theorie sozialer Differenzierungen. Die aktuelle sozialwissenschaftliche Debatte (vgl. Berger/Hradil 1990; Zapf 1990; Wohlrab-Sahr 1992) hierzu kreiert Konstrukte, ermöglicht artifizielle Zurechnungsschemata: Führt eine neue Individualisierung der Lebensführung zur individuellen Verfügbarkeit über Bildungsbiographien oder führt eine zunehmende Ordnungsmacht gesellschaftlicher Institutionen zur verstärkten Rigidität sozialstruktureller Determinanten des Bildungsverlaufs?

5 Es liegt nahe, daß die Bedeutung individuell gewählter Orientierungspunkte um so größer wird bzw. um so größer erscheint, je weiter der Lebenslauf verfolgt wird (Meulemann 1985, S. 265). Das heißt: Schon aus der Perspektive einer Identitätskonstruktion ist die Berufswahlentscheidung „näher" als die Schulwahlentscheidung.

fragungswellen, daß zu allererst sie es waren, die zur Weiterbildung drängten. Jeweils nur wenige meinen, daß ihre Weiterbildungsteilnahme vom Arbeitgeber entschieden wurde. So sagten in der neunten Befragungswelle (1994) etwa 3/5 (59%), selbst über die Weiterbildungsteilnahme entschieden zu haben, weniger als 1/10 (9%) führten die Teilnahme auf Anweisung durch den Vorgesetzten oder Arbeitgeber zurück. Das restliche Drittel (32%) sah die Weiterbildungsteilnahmeentscheidung als „Aushandlungsprozeß" (vgl. Friebel 1995) zwischen sich und den Vorgesetzten. Auch bezogen auf das sozialisatorische Milieu der Weiterbildungsteilnahmeentscheidung dominiert die Subjektperspektive. Fördernde Bedingung der Teilnahme war an erster Stelle „Eigenmotivation", an zweiter Stelle „Arbeitgeberunterstützung", erst an dritter Stelle die „Gelegenheitsstruktur der Weiterbildungsangebote". Als hemmende Bedingungen wurden an erster Stelle „Angebotsdefizite der Weiterbildung", an zweiter Stelle „Lebenskontextbedingungen der Nah-Gruppe", an dritter Stelle „mangelnde Unterstützung im Arbeitszusammenhang" genannt.

Wir wollen diese erste Lesung zur Frage nach der Subjektautonomie über Bildungskarrieren mit Zweifeln am „wahren Wert" (vgl. Esser 1989) der Befunde und im Kontext erheblicher Zweifel an rational-choice-Ansätzen (Kelle/Lüdemann 1995, S. 249f.) abschließen. Eine rein variablensoziologische Methodenorientierung produziert notwendigerweise Artefakte, die keinen Bezug zu den wirklichen Lebenszusammenhängen der Subjekte haben. Dies soll hier nur beispielhaft angerissen werden:

- Obwohl 58% der Befragten bezogen auf die Schulwahl feststellten: „*Ich konnte mitentscheiden*", notierten hinsichtlich des Optionsspielraums nur 38%: „*Es wurden verschiedene Möglichkeiten diskutiert*", meinten 50% hingegen: „*Das stand von vornherein fest, war von vornherein klar*".
- Obwohl 67% der Befragten bezogen auf die Berufswahl feststellten: „*Ich habe das allein entschieden*", meinten nur 46%, daß die tatsächliche Berufsausbildung auch dem Berufswunsch entsprach. Fast alle, die sich ihren Berufswunsch nicht hatten erfüllen können, führten dies auf hemmende, äußere Determinanten der Gelegenheitsstruktur des Ausbildungsmarktes zurück, primär, weil die Ausbildungsangebote nicht den Berufswünschen entsprachen.
- Obwohl 59% der Befragten meinten, über die Weiterbildungsteilnahme „*selbst*" entschieden zu haben, nennen 72% als Bedingungen von Weiterbildungsteilnahme Sachzwänge: „*Weiterbildung, um im Berufsleben bestehen zu können*".

In den großen Linien des Bildungsprozesses sehen sich die Sample-Angehörigen einmal als unvertretbares Subjekt, ein anderes Mal als Objekt der Verhältnisse. Dabei entgrenzen sie in artifizieller Art und Weise diese Einheit von Individualisierung und Institutionalisierung. Im Mittelpunkt der Bildungsidentität steht dabei die Perspektive einer Planungs- und Entscheidungssouveränität. Hingenommen werden dabei offensichtlich kulturelle Botschaften, Prämissen des sozialen Handelns, die Anpassungsleistungen einfordern.

2. Lesung: Bildungs- und Weiterbildungskarrieren als zusammenhängendes Ganzes

Wie erinnern unsere sechs Gesprächspartner/-innen ihre Bildungsgeschichten von der Schule über die Berufsbildung bis hin zur Weiterbildung?[6] Diese sechs Fälle, drei Frauen und drei Männer mit den Schulabschlüssen der Hauptschule, der Realschule und des Gymnasiums, stellen insofern eine typische Auswahl des Gesamtsamples dar, als sie kohorten-, geschlechts- und herkunftsspezifische Profile repräsentieren. Im Rahmen der problemzentrierten Intensivinterviews (qualitativ) erörterten wir die Frage, ob (Weiter-)Bildungsprozesse im Lebenslauf unter „Dilemma"-Bedingungen als zusammenhängendes Ganzes erfahren werden, ob Schul- und Berufsbildungserfahrungen sowie Weiterbildungserfahrungen aus der Perspektive der Subjekte gestaltet wurden. Also: Können Individuen das Dilemma zwischen Bildungsoptionen und Arbeitsmarktrestriktionen so verarbeiten, daß ihre Bildungsidentität eine durch sie entschiedene ist/bleibt?

Sylke[7] sieht die große Linie in der Entwicklung und Erweiterung von Selbstverantwortung, sieht ihren Bildungsprozeß als kohärent: *„Daß man selbst versucht, weiterzukommen ... Das ist von mir, daß man sich durchkämpft."*

- Schule: *„Daß man zuwenig getan hat. Ach, hätt' ich doch 'n bißchen mehr getan. Das letzte Jahr hatte ich überhaupt keine Lust mehr, es gab Ungerechtigkeiten und ich war froh, daß ich die Schule hinter mir hatte."*

---

6   Die Auswahl der sechs Fälle des Sub-Sub-Samples erfolgte 1980 einerseits aufgrund theoretischer Setzungen (daß insbesondere „Geschlecht" und Bildungsabschluß" entscheidende Lebenslaufoptionen markieren) und auf der Basis der Befunde der ersten quantitativen Erhebungswelle. Die sechs Fälle sollten die relevanten Merkmalskombinationen der Geschlechter- (weiblich/männlich) und Schulabschluß- (Hauptschulabschluß/Realschulabschluß/Abitur) verteilung repräsentieren. Dabei sicherte die quantitative Voruntersuchung, daß „untypische" (vgl. Siara 1980) Fälle nicht berücksichtigt werden – bei allen Unwägbarkeiten einer ex-ante-Auswahl für eine Längsschnittuntersuchung.

7   *Sylke: Bildungs- und Erwerbsarbeitskarriere – tabellarisch*
    1979: Hauptschulabschluß/1979-1983: Berufsausbildung zur Maschinenschlosserin/1983-1986: Arbeitslosigkeit, Erwerbstätigkeit außerhalb des Ausbildungsberufs, Erwerbsunfähigkeit wg. Krankheit/1986-1987: Umschulung zur Maschinenbautechnikerin/1987-1992: Erwerbstätigkeit als Maschinenbautechnikerin/seit 1992: Mutterschaftsurlaub.

- Berufsausbildung: *„Da wußte man schon, in welche Richtung man will und was man tun muß."*
- Weiterbildung: *„Daß man selbst versucht, weiterzukommen. Der Wille ist voll da."*

Sylke rekonstruiert ihren Bildungsprozeß als insgesamt sinnvollen Aufbau, in dem ihre Intentionalität und Interessiertheit Wege und Ziele bestimmt.

Martin[8] rekonstruiert seinen Bildungsprozeß in Analogie eines Kosten-Nutzen-Modells, begreift seinen Bildungsprozeß als überwiegend kontinuierlich: *„Alles 'n bißchen verbunden, das ist nicht irgendwie so abgehackt ... eins paßt in's andere ... irgendwie paßt das alles so 'n bißchen zusammen."*

- Schule: *„Nur allgemein ausgerichtet ... vielleicht ein Grundstock für alle." „Werken und Sport war ganz gut, sonst eigentlich nichts."*
- Berufsausbildung: *„Man lernt aus allen möglichen Berufsteilen. ... das ist generell und etwas verzettelt."*
- Weiterbildung: *„So fachbezogen ... daß ich es für mich persönlich einsetzen kann ... hundert Prozent Nutzen. Um das machen zu können, was man wollte, dafür muß man eben Weiterbildung machen."*

Der sinnvolle Aufbau erscheint *Martin* in seinen Bildungsprozeß eingezeichnet. Und der unmittelbare Nutzen nimmt im Bildungsprozeß beständig zu. Sinn, Interesse und Nutzen finden in der Weiterbildung absolute Entsprechung.

Beate[9] beschreibt ihren Bildungsprozeß als zusammenhängendes, von ihr gesteuertes Ganzes: *„Ich wär' heute nicht hier, wenn ich das nicht auf die Reihe gekriegt hätte ... frühzeitig die Weichen stellen, was man will."*

- Schule: *„Wissen hart erkämpft ... davon profitier' ich noch heute."*
- Berufsausbildung: *„Man muß kämpfen ... meine Einstellung: Kämpferhaltung."*
- Weiterbildung: *„Man kann sich nicht sperren ... man profitiert doch auch davon. Man hat die Kenntnisse. Jeder muß selbst dran arbeiten."*

Beate hat ihren Bildungsprozeß im *„Kampf"* selbst erobert. Sie ist sich Subjekt ihrer Bildungsgeschichte, und sie profitiert davon. *„Je älter man wird, desto größer werden die Lernerfolge."*

---

8   *Martin: Bildungs- und Erwerbsarbeitskarriere – tabellarisch*
    1979: Hauptschulabschluß/1979-1982: Berufsausbildung zum Schlosser/1982-1988: Erwerbstätigkeit im Ausbildungsberuf/1988-1991: Wehrdienst/1991-1992: Erwerbstätigkeit im Ausbildungsberuf/seit 1992: Nicht erwerbstätig (ohne Inanspruchnahme von Arbeitslosengeld; hin und wieder Jobs im Bauhandwerk)
9   *Beate: Bildungs- und Erwerbsarbeitskarriere – tabellarisch*
    1979: Realschulabschluß/1979-1982: Wirtschaftsgymnasium/1982-1983: Wartezeit auf Studienplatz; teilweise erwerbstätig in Aushilfsjobs/1983-1991: Studium der Rechtswissenschaft, 1. Staatsexamen/1991: Volontariatsausbildung: Verlagswesen/ 1992: Redakteurin/seit 1993: Mutterschaftsurlaub, teilweise erwerbstätig auf Werkvertragsbasis

Boris[10] sieht einen ursächlichen Zusammenhang zwischen seiner fortschreitenden Interessiertheit und dem wachsenden Nutzen seiner Bildungsaktivitäten, stellt aber keinen kontinuierlichen, sinnvollen Aufbau fest: *"Kann man nicht vergleichen, weil die drei Stämme (Schule/Berufsausbildung/Weiterbildung) was ganz anderes bedeuten. ... Eher ein Nebeneinander."*

- Schule: *"Die Interessen wurden einem nicht bewußt gemacht. ... Grundwissen, viel unnützes Zeug dabei."*
- Berufsausbildung: *"Interesse gehabt, weil ich wußte, wofür das ist ... Aber zu lang, den Stoff könnte man in einem Jahr durchhauen."*
- Weiterbildung: *"Die kann man immer vollständig einsetzen, weil die genau auf den Punkt gebracht werden ... wenn das eigene Interesse dahintersteckt, dann ist das eine ganz andere Motivation."*

Die eigene Interessiertheit ist *Boris* der Motor seiner Bildungsprozesse. Den Höhepunkt sieht er in der Weiterbildung: *"Probleme lösen, das kann man nur in der Weiterbildung."*

Waltraud[11] entdeckt in ihren Bildungsaktivitäten kein zusammenhängendes Ganzes. Sie macht sich selbst Vorwürfe über verpaßte Chancen im Bildungsprozeß, beklagt biographische Verwerfungen: *"Bis jetzt hab ich noch nicht das gemacht, was mir also voll entspricht ... beruflich auch nicht."*

- Schule: *"Früher fand ich das nicht so toll, im nachherein ärgere ich mich, daß ich mich da nicht reingekniet habe."*
- Berufsausbildung: *"Viele Bereiche und Menschen kennengelernt. Aber Berufsbildung, das betrifft ja nur den Arbeitsbereich: was ich also nicht so toll finde."*
- Weiterbildung: *"Ich hatte nicht so viel Lust dazu ... hätte mich mehr reinknien müssen ... Möchte ich gern für mich allein machen. Wenn es sich dann beruflich irgendwann mal auswirkt, dann ist das 'ne angenehme Begleiterscheinung ... aber ich will etwas für mich machen."*

Da auch *Waltraud* die individuelle Intentionalität als Mittelpunkt des Bildungsprozesses sieht, kommt sie zu dem Fazit *"selber schuld"*. *"Liegt auch immer an einem selber, ich hatte auch nicht so viel Lust"*. Schließlich fällt noch auf, daß *Waltraud* Weiterbildung nicht berufsbezogen assoziiert.

---

10 *Boris: Bildungs- und Erwerbsarbeitskarriere – tabellarisch*
1979: Realschulabschluß/1979-1982: Berufsausbildung zum Heizungs- und Lüftungsbauer/1982-1983: Erwerbstätigkeit im Ausbildungsberuf/1983-1984: Wehrdienst/1984-1985: Bauhelfer im Anlagenbau/seit 1986: Bauleitender Monteur

11 *Waltraud: Bildungs- und Erwerbsarbeitskarriere – tabellarisch*
1979: Abitur/1979-1981: Berufsausbildung zur Bankkauffrau/1981-1984: Erwerbstätigkeit im Ausbildungsberuf/seit 1984: Mutterschaftsurlaub, nicht-erwerbstätige Hausfrau

Jens[12] beschreibt sich als Subjekt seines Bildungsprozesses: „*Ich kann's verschlunzen, oder ich kann was draus machen.*" Insgesamt sieht er seine Bildungswege nicht kohärent, sieht er ein von institutionellen Verwerfungen und individuellen Orientierungsirritationen geprägtes, unverbundenes Neben- und Nacheinander. Sein Fazit zu den Erfahrungen im Rahmen von Umschulungen: „*Wenn ich jetzt was machen würde, dann würde ich mich ganz genau darüber informieren: Wer macht das, wie die's machen, was dahinter steckt.*"

- Schule: „*Autoritär, Denken wurde unterdrückt ... dennoch: Ich hab' einfach gelernt, Interessen zu entwickeln.*"
- Berufsausbildung: „*Uni war theoretisch, an praktischen Themen vorbei ... aber ich wurde gezwungen, dann selbst zu bestimmen, was ich machen will.*"
- Weiterbildung: „*Weiterbildung braucht nicht theoretisch zu sein, es muß einfach funktionieren. Weiterbildung ist irgendwie faszinierend, weil, sie ist wirklich sehr praxisbezogen.*"

Jens hat allen biographischen Widrigkeiten zum Trotz den intentionalen Ansatz „*Ich hab' 'ne Idee, ich bin überzeugt, diese Idee ist gut. Und dann zieh' ich das auch durch.*" Und *Jens* ist fasziniert von der Anwendungs-/Nutzen-Orientierung der Weiterbildung.

Drei vorläufige Überlegungen

In den berichteten Bildungsbiographien wiederholen sich in verblüffend isomorpher Weise die oben (Kap. 1) vorgestellten Muster der Schul- und Berufswahl- sowie der Weiterbildungsentscheidung. Dominante Relevanzstrukturen der Selbstvergewisserung am Bildungsprozeß sind Entscheidungs- und Motivationsdimensionen: „*Ich will*". Das Subjekt der Biographie hat ein Interesse, Sinn zu erzeugen, zu begründen und gleichzeitig die Bildungsprozesse als etwas Eigenes zu begreifen. Schließlich – bei der Weiterbildungsentscheidung für sich genommen mehr, bei der Bildungsbiographie insgesamt weniger – dominiert die Perspektive, Konsistenz und Konstanz darzustellen: Man will es zuallererst selbst gewesen sein, und es muß Sinn machen, es muß in den Lebenslauf passen.

Alle deuten sich als interessiert und erkennend tätige Subjekte ihrer Bildungsprozesse. Nur *Martin* neigt dazu, sein „*Selbst*" etwas in den Hintergrund zu plazieren. *Sylke, Martin* und *Beate* begreifen ihre Bildungsbiogra-

---

12 *Jens: Bildungs- und Erwerbsarbeitskarriere – tabellarisch*
   1979: Abitur/1979-1987: Studium der Psychologie; Diplompsychologe – parallel: erwerbstätig in verschiedenen Aushilfsjobs/1987-1990: Erwerbstätigkeit außerhalb des Ausbildungsberufes/1990: Arbeitslosigkeit/1990-1992: Umschulung zum Wirtschaftspsychologen; Praktikum in der Personalentwicklung/seit 1992: EDV-Supporter

phien als kohärent. *Boris, Waltraud* und *Jens* sehen sich eher in einem unverbundenen beziehungsweise diskontinuierlichen Neben- und Nacheinander von Elementen der Bildungserfahrung in Schule, Berufsausbildung und Weiterbildung. Schließlich: Es gibt möglicherweise geschlechtstypische Muster der Biographisierung. *Sylke, Beate* und *Waltraud* erzählen ihre Geschichten mehr von „innen" heraus – als eher innere Entwicklungen des Ichs. *Martin, Boris* und *Jens* orientieren sich – insbesondere bei der Weiterbildung – eher an einer Spiegelung mit den außer ihnen existierenden Gelegenheitsstrukturen der Bildungsmöglichkeiten.

Unabhängig von diesen geschlechtstypischen Überlegungen können wir zwei Subjektperspektiven diskutieren:

1. Was einen zum Subjekt macht und
2. Was ein Subjekt macht.

Im ersten Fall hilft die Analyse des Ensembles der objektiven und intersubjektiven Beziehungen zur Beantwortung, im zweiten Fall das Postulat der Sinnhaftigkeit der erzählenden Person. Es sind zwei Wege, Identität zu identifizieren. Im letzten Fall reichen die protokollierten Intentionen, im ersten Fall muß der Möglichkeits- und Wirklichkeitsraum der Personen recherchiert werden. Wollen wir uns nicht zu *„Komplizen der Biographen"* (Bourdieu 1990, S. 76) machen, wollen wir diese Subjekte nicht im Nachherein zu Objekten des *„langen Arms der Verhältnisse"* umwidmen, dann müssen wir auf eine Perspektivenverschränkung zielen.

3. Lesung: Die individuellen Akteure in den Agenturen gesellschaftlicher Plazierung – Bildungsprozesse im Bildungssystem

3.1. Festivalisierung der „Bildungsgesellschaft"

Sie sind „Kinder" des Bildungsbooms (vgl. Meulemann 1983). 1979 hatte mehr als die Hälfte unseres Hamburger Samples (55%) den Realschulabschluß sowie jeweils etwa ein Fünftel (22%) das Abitur oder den Hauptschulabschluß (20%) erworben. Nur etwa jede/r Zwanzigste (4%) hatte 1979 die Schule ohne Schulabschluß verlassen. Im intergenerativen Vergleich zeigt sich das Resultat der Schulabschlüsse als gravierende Niveauaufwertung: Ihre Eltern hatten bis 1979 etwa zur Hälfte (Väter 50%/Mütter 52%) den Hauptschulabschluß erworben, etwa ein Drittel den Realschulabschluß (Väter 33%/Mütter 32%). 5% der Väter, 2% der Mütter hatten das Abitur. Schließlich: Im Generationenvergleich blieben nur die Anteile der Absolventen/-innen ohne Abschluß (Väter 3%/Mütter 5%) stabil.

Und: Im Zeitverlauf der bisher 15jährigen Longitudinalstudie[13] haben die Sample-Angehörigen erhebliche Qualifikationskarrieren realisiert – der intragenerative Vergleich demonstriert damit die Schokoladenseite der „Bildungsgesellschaft": Im Rahmen von berufsorientierenden (implizit) und allgemeinbildenden (explizit) Qualifikationen hat sich ihre Abitursquote verdoppelt (von 1979 = 22% bis 1994 = 44%). Und jede/r Zehnte hat die Fachhochschulreife (10%) erworben. Nur noch ein Drittel (34%) hat das Endzertifikat Realschulabschluß, nur noch ein Zehntel (11%) das des Hauptschulabschlusses. Ohne Abschluß ist 1994 nur noch ein Hundertstel des Samples.

Die beruflichen Qualifikationsprofile, d.h. die Ressourcen für die Erwerbskarrieren, sind gleichermaßen beeindruckend: Die Gesamtstudierquote des Samples – zusammengesetzt aus Universitäts-, Fachhochschul- und HWP-Studium[14] liegt bei 35%. Und nur 5% haben keinen Berufsabschluß erworben. Insgesamt fast drei Viertel (72%) aller Sample-Angehörigen haben eine betriebliche Berufsausbildung erfolgreich absolviert, etwa ein Viertel (25%) vollzeitschulische Berufsausbildungen. Dabei haben 35% zwei und mehr berufliche Qualifikationsgänge erfolgreich abgeschlossen.

Die Weiterbildungsaktivitäten der Personen des Samples im Rahmen der 15jährigen Untersuchungszeit runden das Bild dieser Kohorte als Idealtypus der „Bildungsgesellschaft" ab: Die berufliche und nicht-berufliche Weiterbildungsteilnahmequote pro Befragungswelle (s. Darstellung 1) hat sich von 1980 (27%) bis 1994 (58%) mehr als verdoppelt – hatte 1991 (68%) ihren Höhepunkt.

3.2. Krisen und Risikolagen in der „Arbeitsgesellschaft"

Sie sind „Stiefkinder" der konjunkturellen und strukturellen Wirtschafts- bzw. Arbeitsmarktentwicklung. Der oben aufgeschlagene Almanach der „Bildungsgesellschaft" schlägt dramatisch um in einen kontinuierlichen Qualifikationsdruck angesichts fehlender Ausbildungsplätze und instabiler Erwerbskarrieren im Kontext eines Verdrängungswettbewerbs. Die Sample-Angehörigen haben die Krisen und Risikolagen[15] beim Übergang von der Schule in

---

13 In der letzten Befragungswelle (9. Welle = 1994) waren die Angehörigen des Samples zwischen 29 und 35 Jahre alt. Über die Hälfte (Männer 48%/ Frauen 54%) von ihnen ist bereits verheiratet – etwa 2/5 sind Eltern (Männer 37%/Frauen 54%). Die Erwerbsquote der Männer liegt bei 99%, die der Frauen bei 59%, – 39% aller Frauen sind Hausfrauen.
14 Die HWP (Hochschule für Wirtschaft und Politik, Hamburg) ist eine Hochschule/Universität des 2. Bildungsweges (vgl. Hammer 1994).
15 Die „Qualifizierungsoffensive" von Bund und Ländern in den 80er Jahren bedeutete erstens eine babylonische Bildungsverwirrung (Klemm 1990, S. 208) mit zweifelhaften Verwertungsversprechungen, zweitens ein schier unfaßbares Wachstum von Berufsausbildungen auf unteren Qualifikationsniveaus (Frackmann u.a. 1981, S. 51)

den Beruf an der ersten (Berufsausbildung) und der zweiten Schwelle (Berufsstart) erlebt und sehen ihre Erwerbskarrieren weiterhin gefährdet.

Der gesellschaftliche Strukturwandel prozessierte die „Postadoleszenz" dieser krisengeschüttelten Jugend, kanalisierte diese Generation[16] in berufliche Vollzeitschulen (Bolder 1985, S. 125; Meulemann 1985, S. 265), drängte sie in Berufsfelder „zweiter Wahl" (Heinz u.a. 1983, S. 18ff.) ab. Die Jugend dieser Generation wurde „freigesetzt" (Wiebe 1989, S. 66). Das Bildungswesen degenerierte zum Nothelfer. Diese widersprüchliche Gleichzeitigkeit von Qualifikationsdruck durch überindividuelle Regelungen und Qualifikationsdrang der betroffenen Jugendlichen beschrieben Alheit/Glaß Mitte der 80er Jahre als Zusammenhang von „strukturellem Betrug" und „Selbstbetrug": „Der ‚Selbstbetrug' ist konsequent und bleibt ein Resistenzfaktor gegenüber jenem ‚strukturellen Betrug', der den Betroffenen – vorwiegend von administrativer Seite – zugemutet wird" (Alheit/Glaß 1986, S. 317).

Der Effekt der „Bildungsgesellschaft" war für die Kohorte eine Deregulierung der Übergänge (Friebel 1990, S. 11ff.), eine weitgehende Entkopplung von Ausbildung und Erwerbsarbeit.[17] Dieter Mertens deutete mit dem Begriff „Qualifikationsparadox" Mitte der 80er Jahre diese zweifelhafte und widersprüchliche Gelegenheitsstruktur von Herstellung und Verwertung des Arbeitsvermögens: Ausbildung ist eine notwendige, aber keine hinreichende Bedingung für berufliche Erfüllung (vgl. Mertens 1984, S. 44f.).[18]

---

mit geringem Marktwert und konnte drittens bedrohliche Arbeitslosigkeitserfahrungen von Hunderttausenden von Jugendlichen nicht vermeiden (vgl. Baethge u.a. 1980). Schließlich wurde mit dem neuen „Normalitätsmuster" schulischer und beruflicher Qualifikation „Mittlere Reife *und* betriebliche Berufsausbildung" der zeitrelative Wert von Qualifikation (Blossfeld 1985, S. 99; Bourdieu 1988, S. 257) evident.

16 Die Verwendung des Generationsbegriffes bezieht sich hier auf eine doppelte Sicht: zum einen als Zusammenhang der gemeinsamen Dilemma-Erfahrung, zum anderen in der Perspektive des intergenerativen Vergleichs (vgl. Hoerning 1991; Matthes 1985).

17 Etwa die Hälfte der Befragten unseres Samples (51%) stellte nach der ersten Schwelle des Übergangs in das Beschäftigungssystem (1980) fest, daß sie nicht ihren ursprünglichen Berufswunsch realisieren konnten. Ebenfalls etwa die Hälfte (48%) war im Zeitraum von 1980 bis 1991 einmal (31%) oder mehrmals (17%) arbeitslos. In einem vergleichbaren Zeitraum (von 1974 bis 1983) war dagegen nur jeder Dritte aller Erwerbstätigen in der Bundesrepublik von Arbeitslosigkeit betroffen (Balon u.a. 1986, S. 42). Arbeitslosigkeitserfahrung wird also für die „Dilemma"-Kohorte zum Normalfall.

18 Ein knappes Drittel aller Erwerbspersonen des Samples (30%) notierte 1994, nicht im (letzten) Ausbildungsberuf zu arbeiten. Zum selben Zeitpunkt sagten nur zwei Fünftel aller Erwerbspersonen (43%), daß sie „vieles" ihrer Qualifikation aus der (letzten) Berufsausbildung in ihrem aktuellen Arbeitsverhältnis anwenden können. Und: Bezogen auf das Teilsample derer, die nicht in ihrem Ausbildungsberuf arbeiten, halbiert sich die Quote derjenigen (21%), die feststellen, „vieles" aus dem Ausbildungsberuf anwenden zu können. Qualifizierungsdruck und Qualifikationsentwertung überschichten sich.

3.3. Soziale Differenzierung

In der Entwicklung der Qualifikations- und der Berufsstrukturen sind große Umschichtungen seit den 70er Jahren zu verzeichnen. Aber Blossfeld verweist bereits Mitte der 80er Jahre auf gravierende Prozesse, „*die man als Verdrängung bezeichnen kann*" (Blossfeld 1985, S. 158). Das Problem der Bildungsexpansion für unsere Kohorte war/ist, daß durch den Verdrängungsprozeß vor bestimmten attraktiven Berufen sukzessive immer neue Bildungshürden aufgebaut wurden/werden – also Qualifikationsdruck permanent: „*Ein Ausstieg aus dem Qualifizierungsprozeß ... empfiehlt sich dann nicht, solange sich alle anderen Konkurrenten weiterbilden. Das Ergebnis sind nicht selten Absolventen, die die Inflationierung ihrer Bildungsabschlüsse als kostspielige Fehlqualifikation erfahren*" (Geißler 1988, S. 159). Auch für unser Sample gilt: Je „höher" die Schulabschlüsse der Eltern, je „höher" der berufliche Status der Väter, desto besser waren die Bildungschancen der Sample-Angehörigen. Bezogen auf den väterlichen Berufsstatus (Basisjahr 1979) markieren sich klassische Schulabschluß- und Berufsstatussegmentierungen im Sample:

- War der Vater Arbeiter, dann verfügte 1994 ein Viertel (24%) der Kinder über einen Hauptschulabschluß, ein Fünftel (21%) über das Abitur.
- War der Vater Angestellter oder Beamter, dann verfügte 1994 jede/r Fünfundzwanzigste (4%) über einen Hauptschulabschluß, mehr als die Hälfte (56%) über das Abitur.

Nur 18% der Arbeiterkinder, aber 45% der Angestellten- und Beamtenkinder hatten 1994 eine Hochschul- bzw. Universitätsausbildung abgeschlossen. 9% der Arbeiterkinder, aber nur 4% der Angestellten- und Beamtenkinder hatten keinen beruflichen Ausbildungsabschluß. Die Berufsstatus-"Vererbung" läßt sich wegen geringer Fallzahlen und angesichts der lebensgeschichtlichen Tatsache, daß mehr als ein Drittel der Frauen aktuell als Hausfrauen nicht Erwerbspersonen sind, nur überblickshaft bezogen auf die aktuell Erwerbstätigen erörtern:

- Das Teilsample mit dem Berufsstatus Arbeiter/-in hat mehrheitlich Arbeiterväter, ein knappes Drittel Angestelltenväter und ein Zehntel selbständig erwerbstätige Väter.
- Das Teilsample mit dem Berufsstatus Angestellte/r bzw. Beamte/r hat mehrheitlich Väter mit Angestellten- und Beamtenstatus, ein knappes Fünftel Arbeiterväter und ein knappes Zehntel selbständig erwerbstätige Väter.

3.4. Lebenslaufregime: Geschlecht

Drei phänographische Anmerkungen zur geschlechtstypischen Dualisierung der Lebensverläufe im Kohortenfluß:

- Die Erwerbsquote der ledigen Frauen des Samples liegt bei 87%, die der verheirateten Frauen bei 37%, die der Mütter bei 30%. Die Erwerbsquote der ledigen und verheirateten Männer wie der Väter bleibt konstant am obersten Limit. Zudem: Mehr als jeder zehnte Mann (12%) ist selbständig erwerbstätig – keine Frau.

- Sowohl Männer als auch Frauen verlassen die Erwerbsarbeitsexistenz im Rahmen ihres Lebenslaufs – aber mit unterschiedlicher zeitlicher Erstreckung, zu unterschiedlichen Zeitpunkten des Lebenslaufs und aus unterschiedlichen Gründen. Die als Nicht-Erwerbspersonen in der Darstellung 2 aufgeführten Männer sind fast ausnahmslos auf Wehrdienst- und Zivildienstzeiten, die der Frauen fast ausnahmslos auf Hausfrauenzeiten zurückzuführen. Quantitativ bedeutsame Unterbrechungsjahre der Männer registrieren wir in der dritten (1983) und vierten (1985) Befragungswelle: Damals war etwa jeder sechste Mann wehrdienst- bzw. zivildienstpflichtig. Der (befristete) Ausstieg der Frauen als Mütter gewinnt ab der siebten Welle (1991) erhebliche Bedeutung, hat einen ersten Höhepunkt in der neunten Welle (1994): Ein bis zwei Fünftel aller Frauen „muttern" seit 1991.
- Ein Drittel (37%) der Männer sind Väter, die Hälfte aller Frauen (54%) sind Mütter. Kindbedingte Erwerbsarbeitsunterbrechungen einschließlich Phasenunterbrechungen von mindestens drei Monaten haben alle Mütter erlebt, insgesamt aber nur drei Väter – davon zwei im Phasenwechsel mit der Frau und Mutter. Insgesamt sind dies maximal drei Männer-Arbeitsjahre, die die Väter dem Erwerbsarbeitsleben entzogen. Dem stehen bisher ca. 135 Frauen-Arbeitsjahre gegenüber.

Das Regime der Geschlechterpolarisierung führt zu einem dualen Kohortenfluß. Bezüglich der allgemeinbildenden Schule können wir zwar einen völligen Ausgleich der Bildungschancen feststellen, aber die *„geschlechtsspezifische Doppelstruktur"* (vgl. Krüger 1989) im Berufsbildungsbereich segmentiert bereits erheblich. 1979, also zum Schulabschluß unseres Samples, wurden zum Beispiel 69.803 Friseure (fast nur Frauen) in der Bundesrepublik als Auszubildende registriert (vgl. Bundesminister für Bildung und Wissenschaft 1980). 1973 waren es noch 43.986. Es ist unschwer vorstellbar, wofür diese Surrogatkarrieren mit hohem Berufsverlustrisiko (Frackmann 1981, S. 76) dienen sollten. Die jungen Frauen wurden auf unterschiedliche Wege *„in das zweite und dritte Glied bezüglich des Aufbaus ihrer Erwerbskarrieren"* (Krüger 1989, S.14) verwiesen.[19] Die geschlechtypische Prozessierung wirft Schatten auf biographische Pläne: Bezogen auf unser Sample sind 69% mit ihren beruflichen Zukunftsperspektiven zufrieden, 31% nicht. Unter den Männern sind 25% unzufrieden, unter den Frauen 38% – unter den Hausfrauen 45%. Zufrieden mit der aktuellen familiären Aufteilung von (männlicher) Erwerbsarbeit und (weiblicher) Familienarbeit sind 51% aller Befragten mit Kindern im Sample, 62%

---

19 In unserem Sample hat nur jeder fünfte Mann (18%), aber immerhin jede dritte Frau (33%) eine vollzeitschulische Berufsqualifikation mit wenig aussichtsreichem Abschlußcharakter erworben – davon nur jeder siebente Mann, aber jede vierte Frau als ausschließliche berufliche Qualifikation.

der entsprechenden Männer, 43% der entsprechenden Frauen – 38% der Hausfrauen. Ein Drittel aller Hausfrauen (35%) plant den zweiten Berufsstart innerhalb der folgenden zwölf Monate. Als zentrale Voraussetzungen für den Wiedereinstieg in die Erwerbsarbeit nennen jeweils zwei Fünftel (40%) der Hausfrauen: befriedigende Kinderversorgung und Arbeitszeiten, die ihrem Lebenszusammenhang entgegenkommen. Das heißt, die Hausfrauen wünschen sich, Familie und Erwerbsarbeit miteinander verbinden zu können.

Inwieweit geschlechtstypische Lebenszusammenhänge und Bildungsprozesse interkorrelieren, läßt sich geradezu bilderbuchhaft am Beispiel der Kohorten nachvollziehen. In Darstellung 1 hatten wir die Weiterbildungsquote der „Dilemma"-Kohorte im Zeitraum von 1980 bis 1994 vorgestellt. Bis Anfang der 90er Jahre hatten die Frauen des Samples fast regelmäßig höhere Weiterbildungsteilnahmequoten als die Männer des Samples. 1991 (7. Welle) lag die Weiterbildungsbeteiligung der Frauen noch bei 71%, die der Männer bei 65%. Dann verkehrte sich das Verhältnis: 54% der Frauen, 71% der Männer hatten im Zeitraum zwischen der 7. (1991) und 8. (1992) Befragungswelle an Weiterbildungsmaßnahmen teilgenommen. In der letzten Befragungswelle (1994) verstetigte sich diese Umkehr: 46% der Frauen, aber 70% der Männer hatten Weiterbildungsveranstaltungen besucht. Die Erklärung für diese zunehmende „Abmeldung" der Frauen, für die wachsende „Anmeldung" der Männer liefert der geschlechtsspezifische Lebenszusammenhang. Dafür eine Konkretisierung: Männer mit Weiterbildungserfahrung in der letzten Befragungswelle: 58% aller Männer ohne Kinder, 86% aller Männer mit Kindern. Frauen mit Weiterbildungserfahrung in der letzten Befragungswelle: 57% aller Frauen ohne Kinder, 27% aller nicht-erwerbstätigen Mütter.

Am Beispiel der Familiensituation deuten die Forschungsergebnisse darauf hin, daß Väter trotz oder vielleicht wegen Familie mit Kind(ern) stärker an Weiterbildungsmaßnahmen teilnehmen, Familie (insb. Kernfamilie mit Kindern) bei Müttern aber deutlich als Hindernis für Weiterbildung (Schulenberg u.a. 1978, S. 435; Bundesminister für Bildung und Wissenschaft 1989, S. 64; Bolder u.a. 1994, S. 47) wirkt. Die geschlechtsspezifische Arbeitsteilung, hier Mann mit primär kontinuierlichem „Normalarbeitsverhältnis", dort Frau mit „weiblichem Arbeitsvermögen", primär für die Familie, sekundär für diskontinuierliche Teilzeitarbeitsverhältnisse, kanalisiert Männer und Frauen in Qualifizierungs- und Lebensläufe mit einer bestimmten zeitlich-räumlichen Fixierung (vgl. Hoff 1990). Erwerbs- und Familiensituation bilden in der Person eine konkrete Einheit, und diese Einheit hat – geschlechtsspezifisch bestimmte – kulturelle Botschaften.[20]

---

20 Beispielsweise führt die Geburt des ersten Kindes, die Familiengründung bei der Frau „normalerweise" zur Unterbrechung und Reduzierung ihrer Erwerbsarbeit, weil sie für die Familienfürsorge gesellschaftlich vorgesehen ist und sich persönlich dafür verantwortlich sieht. Anders beim Mann und Familienvater: Er verstetigt seine Erwerbsarbeit, sieht zu, daß er den nächsten beruflichen Aufstieg nicht verpaßt – macht

Der zweite Berufsstart der Hausfrauen unseres Samples (nach der Familienphase) in die Erwerbsarbeit ist strukturell vorgezeichnet, zumal jede Zehnte (11%) von ihnen über keine abgeschlossene Berufsausbildung verfügt. Demgegenüber haben nur 3% aller Männer und 7% aller Frauen des Samples keinen beruflichen Qualifikationsabschluß. Das heißt, die „frühen" Mütter (Krombholz 1991, S. 193ff.) hatten bereits an der zweiten Schwelle des Übergangs von der Schule in den Beruf erhebliche Risikolagen.

4. Sind Bildungs- und Weiterbildungskarrieren „entscheidungsoffen"?

Die Befunde zur Qualifikationskarriere dieses Samples zeigen ein mehrschichtiges Bild: Die „Dilemma"-Kohorte repräsentiert einen Idealtypus der Bildungsmobilität in der Moderne, ihr Lebenslauf ist realiter zum Objekt der Krisen und Risikolagen des dramatischen strukturellen Wandels geworden, und sie ist eingebunden in Muster (Faktoren: Alter, soziale Herkunft und Geschlecht) gesellschaftlicher Segmentierungen. In der Mikro-Perspektive der Lebensverläufe der Angehörigen des Samples spiegelt sich gleichsam der allgemeine Effekt der Bildungsexpansion in der Bundesrepublik: Eine Anhebung des Gesamtniveaus bei fortdauernder sozialer Ungleichheit (Arbeitsgruppe Bildungsbericht 1994, S. 286; Geißler 1994, S. 148ff.):

- Die unvertretbaren individuellen Akteure werden in den Agenturen gesellschaftlicher Normierung plaziert. Als Repräsentanten geburtenstarker Jahrgänge wurden sie zwar die ersten Gewinner der Bildungsexpansion, mußten aber zugleich an der Schwelle zur Erwerbsarbeitswelt erfahren, daß ihre Möglichkeiten bildungsbiographischer Gestaltungsarbeit in Wirklichkeit eingeführt wurden (Arbeitsgruppe Bildungsbericht 1994, S. 628).
- Im Kontext der Bildungsexpansion erhöhten sich die Anteile weiterführender Schulabschlüsse, qualifizierender Berufsabschlüsse und die Studierquoten beträchtlich. Und: Gegenüber der Elterngeneration manifestierte sich eine erhebliche Niveausteigerung. Doch zu einer realen Umverteilung der Qualifikationschancen ist es dennoch nicht gekommen. Die Kinder aus privilegierten sozialen Schichten konnten ihre Privilegien bewahren – wenn nicht gar ausbauen (B. Schäfers 1995, S. 161).
- Das Geschlecht ist weiterhin ein zentrales Organisationsprinzip sozialer Ungleichheit. Die Lebensaltersphase von ca. 20 bis ca. 40 Jahre segmen-

---

Weiterbildung. Solche kulturellen Botschaften haben auch Arbeitsamtsberater, Personalchefs etc. (vgl. Gensior u.a. 1990) im Kopf. Die erhebliche Konsequenz dieser allseits geteilten Normalitätsvorstellungen ist: Väter werden in die Weiterbildung eingegrenzt, Mütter werden aus der Weiterbildung ausgegrenzt.

tiert in geschlechtstypische Abläufe der Biographien. Aus der männlichen Perspektive ist dies eine sich verstetigende Berufsfindungs- (20 bis 30) und Karrierephase (30 bis 40), aus der weiblichen Perspektive eine Phase der Doppelbelastung und/oder Phasenerwerbstätigkeit durch Familie und Kinder. Der – geschlechtstypische – Lebenszusammenhang (Bundesministerium für Bildung, Wissenschaft, Forschung und Technologie 1996, S. 41) „macht" Bildungs- und Weiterbildungskarrieren.

Wir beziehen uns noch einmal auf die Mikro-Perspektive der unvertretbaren individuellen Akteure. *Sylke* und *Beate* möchten wieder in die Erwerbsarbeitswelt zurückkehren, *Waltraud* ist – nach 10jähriger Mutterschaft – ambivalent. Auf jeden Fall erfahren alle drei eine „gateclosing" (vgl. Heinz 1992) durch ihren familiären Nahbereich, der ihre (Weiter-)Bildungsmobilität erheblich einschränkt: Die Geburt des ersten Kindes hat dazu geführt, daß *Sylke* ihre Weiterbildungsziele *„auf Eis"* gelegt hat, daß *Beate* ihre Weiterbildungsziele *„im Keim ersticken lassen"* hat. Und *Waltraud* sagt: *„Das geht zur Zeit nicht ... Weiterbildung nicht um jeden Preis ... kommt einfach nicht in Frage".* Was wäre der Preis, wenn *Waltraud* sich als *„Übungsleiterin für Sport mit Kindern"* schulen lassen würde? *„Da ist man mindestens drei Wochen von Zuhause fort. Kann ich nicht machen wegen der Kinder."* Ihren Mann will sie dafür nicht einspannen: *„Ich find das nicht fair, wenn sich mein Mann deshalb Urlaub nehmen muß – daß ich mich weiterbilde: kommt einfach nicht in Frage."*

Sylke, Beate und Waltraud warten auf bessere Zeiten. Waltraud hat schon eine Vorstellung von dem, was sie erwartet: „Irgendwann fangen die Kinder ja auch an, *Englisch zu lernen ... dann fang ich natürlich auch wieder an, dann komm ich auch wieder 'n bißchen mehr rein. Zwangsläufig kriegt man ja wieder 'ne Menge mit dann."*

Jens ist verheiratet – ohne Kinder, *Martin* und *Boris* sind (noch) Singles. Auf Fragen nach einer hypothetischen Mutterschaft seiner Frau reagiert *Jens* ausgesprochen irritiert: *„Das wär 'ne Katastrophe. Also meine Perspektive, beruflich Fuß zu fassen, 'n paar Jahre Durststrecke. Und darum muß sie (Frau) einfach Geld ranschaffen."* Jens sah damit seinen erwerbsexklusiven Zusammenhang hypothetisch gefährdet.

Sind die individuellen Akteure (dennoch) Subjekte ihrer Bildungs- und Weiterbildungskarrieren? Allemal, zumal sie sich zunehmend selbst über Bedeutung und Sinn ihrer (Bildungs-)Identität vergewissern müssen, den Bezug zwischen den Teilen und dem Ganzen selbst herstellen müssen (Marotzki 1991, S. 410). Schließlich erwerben sie Bewältigungskompetenzen, die in kollektive Botschaften über den „richtigen" Lebenszusammenhang und die „sinnvolle" Lebensgestaltung eingehen. Sie prägen damit auch gewohnheitsmäßige Deutungen über Lebenslauf und Biographie.

Die Biographieträger/-innen (Hoerning 1991, S. 82) thematisieren sich selbst und fragen sich, welchen Ort sie innerhalb der abgelaufenen Lernprozesse einnehmen. Selbstvergewisserung ist dabei eine herausragende Voraussetzung für Selbstbestimmung. Wir hatten es bereits oben (Kap. 2) erwähnt: Das Subjekt der Biographie hat ein Interesse zu begründen und gleichzeitig die Bildungsprozesse als etwas eigenes zu begreifen. Jeder will es zuallerst selbst gewesen sein, und es muß Sinn machen, es muß in den Lebenslauf passen (vgl. Friebel u.a. 1996). Diese konstruktive Leistung der Sinnerzeugung nennen wir „Biographisierung" (Marotzki 1991, S. 411). Daß die Subjekte zugleich in institutionellen Programmen kanalisiert werden, widerspricht der subjektiven Deutung nicht, ist nur vordergründig „structure blindness" (Levy 1992, S. 61ff.), muß vielmehr die Theoriediskussion zwischen den individuellen und den institutionellen Eigenlogiken, zwischen Handlungs- und Strukturperspektive (Heinz 1991, S. 15) herausfordern. Die „Individualisierung sozialer Risikolagen" (Olk 1990, S. 85) erscheint uns hier nicht nur als Bewußtseinsform, ist impliziter Ausdruck der institutionellen Freisetzung des Lebenslaufs (vgl. Beck 1986) aus traditionellen Optionen. Gleichzeitig – und vermeintlich im Gegensatz hierzu – wirken Vergesellschaftungsprogramme, die die soziale Differenzierung (vgl. Mayer 1991) verstetigen, die die Subjekte in hochaggregierten Segmentationsprozessen verwalten, kanalisieren. Wir müssen nur die sich verändernden Beziehungen zwischen Selbstorganisation und institutioneller Regelung (Heinz 1991, S. 15) methodisch und theoretisch erschließen. Unser Sample, als Repräsentanten der „Dilemma"-Kohorte, das mit „mehr Bildung, weniger Ausbildung und Arbeit" lebt, erscheint in einem besonderen Maße geeignet, diese Beziehungen zu „zeigen": Da sind die sensiblen Passagen im Lebenslauf, d.h. Lebenslaufpassagen mit unterschiedlichen Aspirationen, Optionen, Realisationen, da existiert eine Gelegenheitsstruktur, d.h. eine institutionelle Organisation des Bildungs- und Beschäftigungssystems. Wie hier objektive Konstellationen subjektiv gebrochen werden (Marotzki/Kokemohr 1990, S. 197), wie individuelle Leistungen, Orientierungen mit institutionellen Gelegenheiten, Bedingungen (Siari 1980, S. 10ff.) im Bildungsprozeß in Berührung kommen, kann aus beiden – scheinbar unversöhnlich nebeneinander existierenden – Theorieangeboten gleichermaßen abgeleitet werden. Gerade durch eine Verbindung von quantitativen und qualitativen Verfahren zeigt sich, wieweit „unerklärte Varianz" eine Folge divergierender Interpretationsleistungen und Deutungsmuster ist, die sich unerkannt als intervenierende Variablen zwischen Struktur und Handlung schieben und damit für unbeobachtende Heterogenität sorgen (Preim/Kelle/Kluge 1993, S. 7ff.).

Unsere Längsschnittstudie[21] zielt in den kommenden Jahren auf die weitere Verbindung der biographischen Perspektive, der Interpretationsleistun-

---

21 Das Forschungsprojekt wird an der Hochschule für Wirtschaft und Politik, Hamburg (HWP) durchgeführt. Von 1980-1986 wurde es mit Drittmitteln vom Bundesministerium für Bildung und Wissenschaft gefördert. In der Zeit von 1987-1989 förderte die HWP das Projekt aus Eigenmitteln – hinzu kamen Mittel des Amtes für Berufsbildung und Weiterbildung der Freien und Hansestadt Hamburg sowie aus der Kleinförderung der Deutschen Forschungsgemeinschaft, Bonn (DFG). Seit 1990 bis vor-

gen der individuellen Akteure mit der Analyse sozialer Strukturen in der Lebenslaufforschung, auf eine weitere Perspektivenverschränkung von „Akteur" und „Struktur". In diesem Zusammenhang richten wir unsere Aufmerksamkeit auf die autobiographische Gestaltungsarbeit unter Modernitätsbedingungen. Zum einen hinsichtlich der intragenerativen Bildungs- und Weiterbildungsprozesse: insbesondere zum „zweiten Berufsstart" der Mütter nach ihrer Familienphase, aber auch insgesamt – bezogen auf „Stabilisationspunkte" von Bildungskarrieren im Kontext von Berufs- und Familienbildungskarrieren. Zum anderen hinsichtlich intergenerativer Bildungs- und Weiterbildungsprozesse: Wir wollen erfahren, inwieweit die Sample-Angehörigen von den Bildungsprozessen ihrer Eltern (die mehrheitlich in den 30er Jahren geboren wurden) profitiert haben und inwieweit die Sample-Angehörigen die Bildungsplanung ihrer Kinder (die in den 80er und 90er Jahren geboren wurden/werden) beeinflussen. Die intergenerative Analyse von Bildungs- und Weiterbildungskarrieren aus der Perspektive des „gatekeeping" (Friebel 1995, S. 113 u. Friebel u.a. 1996, S. 66ff.) heißt, den interaktiven, intersubjektiven Zugang zum Verhältnis von Handeln und Struktur zu suchen.

Darstellung 1: Weiterbildungskarrieren in der Schulabschlußkohorte (79)

	1. Welle	2. Welle	3. Welle	4. Welle	5. Welle	6. Welle	7. Welle	8. Welle	9. Welle
betriebliche Maßnahmen	5	6	11	11	20	19	34	41	30
berufliche Inhalte	20	13	19	26	32	39	53	59	50
WB-Teilnahme insgesamt	27	25	36	48	51	56	68	63	59

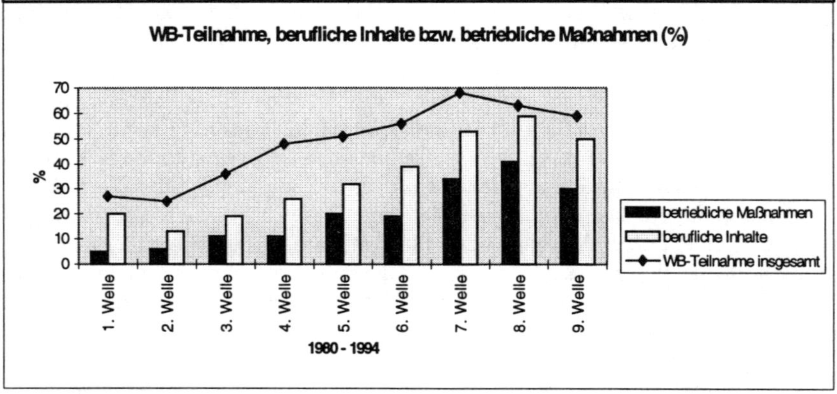

aussichtlich 1998 wurde/wird die Forschungsarbeit im Rahmen der Sachbeihilfe der DFG gefördert.

Darstellung 2: Geschlechtsspezifische Qualifikations- und Erwerbsverläufe der Schulabschlußkohorte (79)

	1. Welle	2. Welle	3. Welle	4. Welle	5. Welle	6. Welle	7. Welle	8. Welle	9. Welle
im Qualifikationsprozeß	89	88	51	47	41	35	15	7	1
im Erwerbsprozeß	60	64	43	39	57	64	84	93	99
Nichterwerbspersonen	8	7	15	16	5	4	1	0	0
sonstiges	0	0	1	3	1	1	0	0	0

Qualifikations- und Erwerbsquote (% Männer)

	1. Welle	2. Welle	3. Welle	4. Welle	5. Welle	6. Welle	7. Welle	8. Welle	9. Welle
im Qualifikationsprozeß	94	75	41	32	22	19	9	3	1
im Erwerbsprozeß	59	73	71	71	74	74	73	70	59
Nichterwerbspersonen	0	0	0	1	4	6	20	28	39
sonstiges	3	0	0	1	1	4	0	0	0

Qualifikations- und Erwerbsquote (% Frauen)

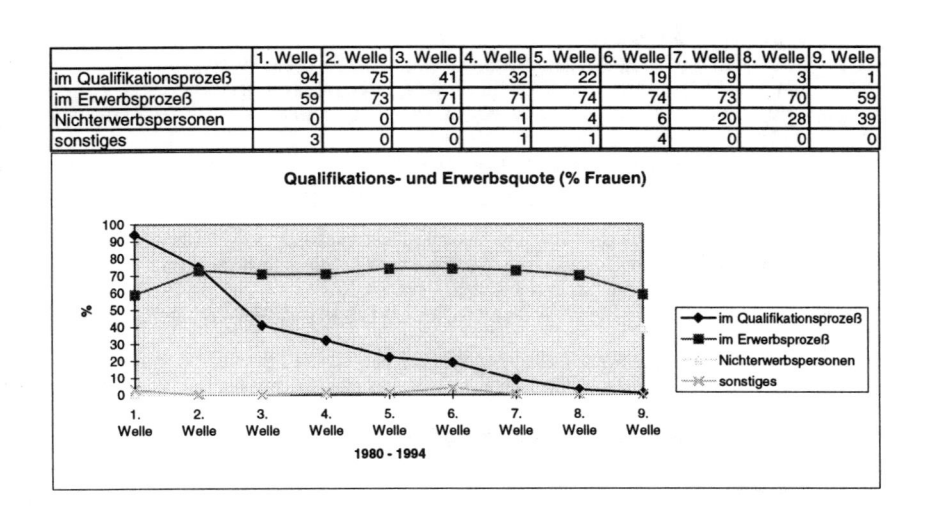

1980 - 1994

Literatur

Alheit, P./Glaß, Ch.: Beschädigtes Leben, Frankfurt/New York 1986
Arbeitsgruppe Bildungsbericht am Max-Planck-Institut für Bildungsforschung: Das Bildungswesen in der Bundesrepublik Deutschland, Reinbek 1994

Baethge, M. u.a.: Ausbildungs- und Berufsprobleme von Jugendlichen, Göttingen 1980
Balon, K.H. u.a. (Hg.): Arbeitslosigkeit, Frankfurt/M. 1986
Beck, U.: Risikogesellschaft, Frankfurt/M. 1986
Berger, P.A./Hradil, S. (Hg.): Lebenslagen, Lebensläufe, Lebensstile. Sonderband 7 der Sozialen Welt, Göttingen 1990
Blossfeld, H.P.: Bildungsexpansion und Berufschancen, Frankfurt/New York 1985
Blossfeld, H.P.: Kohortendifferenzierung und Karriereprozeß, Frankfurt/New York 1989
Bolder, A.: Ausbildung und Arbeitswelt, Frankfurt/New York 1985
Bolder, A. u.a.: Weiterbildungsabstinenz, Köln 1994
Bourdieu, P.: Homo academicus, Frankfurt/M. 1988
Bourdieu, P.: Die biographische Illusion, in: Zeitschrift für Biographieforschung und Oral History 1/1990
Bundesminister für Bildung und Wissenschaft: Berufsbildungsbericht 1980, Bonn 1980
Bundesminister für Bildung und Wissenschaft: Berichtssystem Weiterbildung '89, Bonn 1989
Bundesminister für Bildung, Wissenschaft, Forschung und Technologie: Berichtswesen Weiterbildung VI, Bonn 1996
Deutsche Forschungsgemeinschaft: Berufsbildungsforschung an den Hochschulen der Bundesrepublik Deutschland, Denkschrift, Weinheim 1990
Esser, H.: Können Befragte lügen? Zum Konzept des „wahren Wertes" im Rahmen der handlungstheoretischen Erklärung von Situationseinflüssen bei der Befragung. In: Kölner Zeitschrift für Soziologie und Sozialpsychologie, 38/1986
Esser, H.: Zum Verhältnis von qualitativen und quantitativen Methoden in der empirischen Sozialforschung, in: W. Voges (Hg.), Methoden der Biographie- und Lebenslaufforschung, Opladen 1987
Esser, H.: Verfällt die „soziologische Methode"?, in: Soziale Welt, 40/1989
Frackmann, M. u.a.: Null Bock oder Mut zur Zukunft?, Hamburg 1981
Friebel, H.: Lehrstellenmangel. Die Ausbildungskatastrophe, in: betrifft erziehung 6/1983
Friebel, H.: Gatekeeping von Weiterbildungskarrieren, in: K. Derichs-Kunstmann (Hg.), Theorien und forschungsleitende Konzepte der Erwachsenenbildung, Frankfurt/M. 1995
Friebel, H. u.a.: Weiterbildungsmarkt und Lebenszusammenhang, Bad Heilbrunn 1993.
Friebel, H./Epskamp, H./Friebel, R./Toth, St: Bildungsidentität, Opladen 1996
Friebel, H. (Hg.): Von der Schule in den Beruf, Opladen 1983
Friebel, H. (Hg.): Berufliche Qualifikation und Persönlichkeitsentwicklung, Opladen 1985
Friebel, H. (Hg.): Berufsstart und Familiengründung, Opladen 1990
Geißler, R.: Soziale Schichtung und Lebenschancen in der Bundesrepublik Deutschland, Stuttgart 1994
Gensior, S. u.a.: Frauen in der Lebensmitte, Pfaffenweiler 1990
Glaser, B.G./Strauss, A.L.: The Discovery of Grounded Theory, Mill Valley: The Sociology Press 1967
Habermas, J.: Erläuterungen zur Diskursethik, Frankfurt/M. 1991
Hammer, H.D.: Hochschulzugang in Deutschland, Bochum 1994
Heinz, W.R.: Einleitung, in: L. Leisering u.a. (Hg.), Moderne Lebensläufe im Wandel, Weinheim 1993
Heinz, W.R. u.a.: Berufsfindung und Arbeitsmarkt, Bremen 1983
Heinz, W.R. (Hg.): Theoretical Advances in Life Course Research, Weinheim 1991
Heinz, W.R. (Hg.): Institutions and Gatekeeping in the Life Course, Weinheim 1992
Hoerning, E.M. u.a.: Biographieforschung und Erwachsenenbildung, Bad Heilbrunn 1991

Hoff, E.H. (Hg.): Die doppelte Sozialisation Erwachsener, München 1990

Kelle, U./Lüdemann, Chr.: „Grau, teurer Freund, ist alle Theorie", in: Kölner Zeitschrift für Soziologie und Sozialpsychologie, 2/1995

Klemm, K. u.a.: Bildungsgesamtplan '90. Ein Rahmen für Reformen, Weinheim u. München 1990

Krombholz, H.: Arbeit und Familie: Geschlechtsspezifische Unterschiede in der Erwerbstätigkeit und die Aufteilung der Erwerbstätigkeit in der Partnerschaft, in: H. Bertrarn (Hg.), Die Familie in Westdeutschland, Opladen 1991

Krüger, H.: Doing Gender. Geschlecht und Statuszuweisung im Berufsbildungssystem, Bremen 1989

Levy, R.: Structure-blindness: A non-ideological component of false consciousness, in: F. Geyer/W.R. Heinz (Hg.), Alienation, Society and the Individual. Continuity and Change in Theory and Research, New Brunswick/London 1992

Marotzki, W.: Sinnkrise und biographische Entwicklung, in: D. Garz/K. Kraimer (Hg.), Qualitativ-empirische Sozialforschung, Opladen 1991

Mayer, K.U.: Soziale Ungleichheit und die Differenzierung von Lebensläufen, in: W. Zapf (Hg.), Die Modernisierung moderner Gesellschaften, Verhandlungen des 25. Deutschen Soziologentages, Frankfurt/M. 1991

Mertens, D.: Das Qualifikationsparadox, in: Zeitschrift für Pädagogik 4/1984

Meulemann, H.: Kinder der Bildungsexpansion, in: Zeitschrift für Sozialisationsforschung und Erziehungssoziologie, Heft 2, 3 (1983)

Meulemann, H.: Bildung und Lebensplanung, Frankfurt/M. 1985

Olk, T.: Individualisierung und Expertokratisierung, in: Grundlagen der Weiterbildung, 1/1990

Preim, G./Kelle, U./Kluge, S.: Strategien zur Integration qualitativer und quantitativer Auswertungsverfahren, Bremen 1993

Projektgruppe Weiterbildung/Erwachsenenbildung: Weiterbildung: Die „doppelte" Wirklichkeit, Hamburg 1994

Schäfers, B.: Gesellschaftlicher Wandel in Deutschland, Stuttgart 1995

Schulenberg, W. u.a.: Soziale Faktoren der Bildungsbereitschaft Erwachsener, Stuttgart 1978

Siara, Ch.: Untypische Statuspassagen, Frankfurt/New York 1980

Strauss, A.L./Corbin, J.: Basics of Qualitative Research. Grounded Theory Procedures and Techniques, Newbury Park: Sage 1990

Wiebe, H.H. (Hg.): Jugend in der Sackgasse? Bad Segeberg 1989

Wilson, Th. P.: Qualitative „oder" quantitative Methoden in der Sozialforschung, in: Kölner Zeitschrift für Soziologie und Sozialpsychologie, 34/1982

Wohlrab-Sahr, M.: Institutionalisierung und Individualisierung des Lebenslaufs? Anmerkungen zu einer festgefahrenen Debatte, in: Zeitschrift für Biographieforschung und Oral History, Heft 1/1995

Zapf, W. (Hg.): Die Modernisierung moderner Gesellschaften, Frankfurt/M. 1990

Rudolf Tippelt

Neue Sozialstrukturen: Differenzierung von Weiterbildungsinteressen und Pluralisierung des Weiterbildungsmarktes

Seit Ende der 80er Jahre wird in der Weiterbildungsliteratur hervorgehoben, daß sich die „Weiterbildungsszene" hochgradig gliedert, daß immer wieder neue Institutionen entstehen, die auf sich relativ schnell wandelnde Weiterbildungsinteressen und -einstellungen von Teilnehmerinnen und Teilnehmern mit neuen Angeboten reagieren. Die Weiterbildungsstruktur sei gegenüber zurückliegenden Jahren deutlich komplexer geworden (vgl. Bojanowski u.a. 1991; Emmerling 1988):

- Eine erste Weiterbildungsstruktur umfaßt die Volkshochschulen und die Erwachsenenbildungswerke der Kirchen, der Gewerkschaften, der Parteien sowie der Landeszentralen und der Kammern;
- eine zweite Weiterbildungsstruktur entsteht durch die neuen Angebote der Arbeitgeberverbände, der Handwerksorganisationen und der Betriebe;
- eine dritte Weiterbildungsstruktur ergibt sich durch immer neue Initiativ- und Selbsthilfegruppen, durch Vereine und Bürgerbewegungen, die insbesondere in die aktuellen Konzepte zum lebenslangen (bzw. lebensbegleitenden) Lernen integriert sind;
- eine vierte Weiterbildungsstruktur etabliert sich in kleinen ökonomischen Einheiten, zunehmend in Form kleiner privater Bildungsunternehmer und kommerzieller Anbieter.

Offen ist, ob dieser Strukturwandel der Weiterbildung eher in Kategorien einer anarchischen Marktentwicklung oder in Kategorien einer mittleren, öffentlich kontrollierten Systematisierung zu beschreiben ist oder – normativ gewendet – sich vollziehen soll (vgl. Faulstich/Teichler/Döring 1996).

Es wird über Ursachen und Folgen dieser Veränderungsprozesse nachgedacht. Als Ursachen für den manchmal als „Entstrukturierung der Weiterbildung" bezeichneten Wandel werden vorrangig die Pluralisierung der Lebensstile ehemals relativ homogener Schichten und die Individualisierung der Lebensläufe des einzelnen thematisiert (vgl. Friebel u.a. 1993; Friebel 1993; Siebert 1993; Tippelt 1996).

Bei der Diskussion der Folgen treten die Probleme einer bedarfsgerechten Programmplanung, einer mangelnden Kooperation der Weiterbildungseinrichtungen, Ressourcenprobleme und die Konkurrenz der Anbieter in den Vordergrund.

In Freiburg führen wir – an diese Problemstellung anknüpfend – zwei miteinander zusammenhängende empirische Projekte durch, die den Prozeß der Differenzierung und Integration in der Weiterbildung zum Thema haben. Einerseits fragen wir auf der Basis eines milieutheoretischen Ansatzes nach den sehr unterschiedlichen Einstellungen und Interessen zur Weiterbildung der individuellen Akteure, andererseits haben wir in einem zweiten Projekt die Differenzierungsprozesse der Weiterbildungsanbieter, also der institutionellen Akteure, exemplarisch im Raum Freiburg genauer untersucht – und dabei die Ökonomisierung der Weiterbildung, die Veränderung der Wettbewerbsorientierung auf dem regionalen Weiterbildungsmarkt und die Veränderung der dominierenden Weiterbildungsinhalte analysiert (vgl. Tippelt/ Eckert/Barz 1996). Dieses zweite Projekt steht im Kontext der Problemstellung ‚Weiterbildung zwischen Grundrecht und Markt' bei der folgenden Darstellung, insbesondere der Ergebnispräsentation, im Vordergrund.

1. Differenzierung oder Konkurrenz: Angebotsstrukturen und Lebenslagen

Grundlegend sind in unseren Projekten differenzierungstheoretische Überlegungen, die ich im folgenden thesenartig charakterisiere (vgl. Haferkamp 1990, S. 140f.; Tippelt/Eckert/Barz 1996; theoretisch umfassend: Schimank 1996):

- Die Differenzierungstheorie läßt sich für Veränderungen in der Weiterbildung heranziehen, weil heute offenbar Prozesse zunehmender Heterogenität wichtig werden, und zwar Heterogenität der Weiterbildungsinteressen, aber auch Heterogenität im Sinne zunehmender Spezialisierung und Arbeitsteilung der Anbieter.
- Differenzierung der Weiterbildung wird als eine kontingente Entwicklung verstanden, also keinesfalls als eine generalisierende Richtungsbeschreibung. Aufgrund gesellschaftlicher Randbedingungen können Differenzierungsprozesse zurückgenommen werden. Derzeit allerdings ist von einer deutlich steigenden funktionalen Differenzierung in der Weiterbildung auszugehen.
- Die Ausdifferenzierung ehemals zusammengehöriger Aufgaben und Tätigkeiten und deren Verteilung auf unterschiedliche Weiterbildungsanbie-

ter kann zur Auflösung an Integration und Ganzheitlichkeit führen. Differenzierungsprozesse bedürfen daher immer komplementärer Integrationsprozesse, wenn die Leistungsfähigkeit eines Bereiches nicht geschwächt, sondern erhöht werden soll.
- Der Prozeß des „adaptiv upgrading", d.h. daß ausdifferenzierte Systeme eine Leistung auf einem höheren Niveau erbringen als weniger differenzierte, ist in der Weiterbildung durch bestimmte Formen der Konkurrenz gefährdet. Ausdifferenzierte Institutionen können sich wechselseitig stören, können sich in eine ressourcenbindende Konkurrenz begeben.
- Im Umgang mit Konkurrenz lassen sich systematisch mehrere Möglichkeiten beschreiben:
  1. können Institutionen unverbunden nebeneinander koexistieren, weil sie sich aufgrund der Auswahl und der Deutung ihrer Aufgabe kaum tangieren;
  2. können zwischen den Akteuren starke Konflikte auftreten und alle Formen der Konfliktaustragung zum Tragen kommen (z.B. Abwertungstaktik, Ausgrenzung von öffentlichen Zuwendungen);
  3. ist es möglich, daß Weiterbildung durch den Zusammenschluß besonderer Akteure und Gruppen, die Macht entfalten, hierarchisch gesteuert wird und
  4. kann auch eine relativ reibungslose Integration stattfinden, weil Deutungen und Werte des Gesamtsystems verbreitet akzeptiert werden und Institutionen kooperieren.
- Sicher ist davon auszugehen, daß eine Minimalintegration in jedem ausdifferenzierten gesellschaftlichen Teilbereich erhalten bleiben muß. Die Zunahme des „Aushandelns" in Konfliktsituationen, der häufig geforderte praktische Diskurs von Kontrahenten, ist Hinweis darauf, daß sich die Vorstellung von friedlicher Kulturentstehung und die Einsicht in die Bedeutung eines Minimalkonsens, von Integration und Strukturerhaltung immer wieder durchsetzt. In der differenzierungstheoretischen Diktion heißt es, daß durch Inklusion von Rollen, Abstimmung von Kollektiven, Differenzierung von Normen oder Generalisierung von Werten Spannungen gemildert werden können (vgl. Haferkamp 1990).
- Ob die Zukunft der Weiterbildung eher anomische Prozesse, also ein Auseinanderdriften von Weiterbildungsinstitutionen und -anbietern, ihren Zielen und Werten, eine deutlich hierarchische Institutionenkultur oder aber eine kooperative, koordinierte – also vernetzte – Weiterbildungsstruktur mit „mittlerer Systematisierung" ergibt, ist im derzeitigen dynamischen Prozeß des Wandels in der Weiterbildung offen.
- Vermutlich ist für den Bereich der Weiterbildung nur eine „lose Integration" realistisch und sinnvoll. Es reicht aus, wenn sich die institutionellen Akteure aufeinander beziehen, miteinander in Verbindung treten und sich somit „locker" auf die jeweilige Kultur des anderen beziehen. Aber auch

"lose Integration" erfordert aktive, politisch und rechtlich gestützte Abstimmungsprozesse (vgl. Weick 1976).

- Die ambivalenten Prozesse der Differenzierung aber sind nicht nur auf die institutionellen Akteure zu beziehen, auch die Teilnehmenden und potentiell Teilnehmenden, also die manifeste und latente Nachfrage, sind nicht auf der Basis einheitlicher Weiterbildungsinteressen und -einstellungen zu analysieren. Die Lebenslagen und Lebensstile der Bevölkerung haben sich aufgrund des sozialen, ökonomischen und kulturellen Wandels weiter pluralisiert, was insbesondere von der sozialen Milieuforschung zum Ausdruck gebracht wird.

2. Interessensdifferenzierung der „individuellen Akteure": Möglichkeiten der Milieuanalyse

Ist es notwendig, im Interesse der Teilnehmer- und Adressatenorientierung, die Zielgruppendebatte neu zu führen und dabei auch Konzepte sozialer Milieuforschung stärker zu berücksichtigen?

Ohne Zweifel läßt sich mit dem Milieukonzept erneut an die Arbeiten von Strzelewicz/Raapke/Schulenberg (1966) anknüpfen, die Bildungs- und Weiterbildungsinteressen im Kontext der sozialen Herkunft und der sozialen Ungleichheit thematisierten. Soziale Milieus sind Einheiten innerhalb einer Gesellschaft, die Menschen ähnlicher Lebensauffassung und Lebensweise zusammenfassen (vgl. Flaig u.a. 1993, S. 55). Das SINUS-Konzept der Milieuforschung (vgl. Abb. 1), das wir für die Freiburger Studie – nach Auseinandersetzung mit den Ansätzen von Schulze oder Bourdieu und mit älteren Schichtmodellen – wählten, versucht, die soziale Lebenslage, die Werthaltungen und die sozioästhetischen Zeichensysteme bei der Definition von Milieus zu integrieren (vgl. Barz/Tippelt 1994; Barz 1995; Tippelt 1996).

Wir verwendeten also einen mehrdimensionalen Begriff der Sozialstruktur, der die Probleme der sozialen Ungleichheit nicht ausschließlich aus dem Erwerbsleben ableitete, und erfüllen damit Forderungen der aktuellen Sozialstrukturdebatte (vgl. Müller 1992; Hradil 1992). Die sozialen Milieus sind im SINUS-Ansatz, den auch Vester u.a. (1993) aufgriffen, zum einen hierarchisch vertikal, zum anderen aber auch nebeneinander horizontal angeordnet. Aus Berufspositionen, Bildungs- und Einkommensgraden ergibt sich die vertikale Ungleichheit der sozialen Lagen von Milieus, das Verhältnis zwischen anderen Milieus ist aber eher durch verschiedene Mentalitäten, Lebensstile und Werthaltungen zu beschreiben. Diese Milieus sind dann nebeneinander zu lokalisieren. Uns interessierten vor allem die milieubezogenen Unterschiede der Weiterbildungserfahrungen und -interessen, das Image und die Wertschätzung mehrerer Weiterbildungsanbieter (insbesondere der

Volkshochschule) und Interessen in der Weiterbildungsberatung, und wir führten, in der Tradition der Untersuchungen von Strzelewicz/Raapke/Schulenberg (1966), Assoziationsversuche zur „Volkshochschule" und zum Begriff „Bildung" durch. Wir gehen davon aus, daß die Einstellungen zu Weiterbildungsangeboten und die realen Erfahrungen in der Weiterbildung deutlich von der individuellen Bildungsbiographie abhängig sind. Daher thematisierten wir in unseren über zweistündigen, strukturierten Tiefenexplorationen auch Erinnerungen an schulisches und außerschulisches Lernen, Beurteilungen der Lehrerrolle, Defizite der Schule („*Was ist in der Schule zu kurz gekommen?*"), Bildungskritik und Reformvorstellungen. In einem ersten, lebensweltlichen, Teil fragten wir nach Freizeitinteressen, -motiven, sozialen Netzwerken, Grundorientierungen und Lebensplänen und nutzten diese Informationen zusammen mit den Ergebnissen eines soziodemographischen Fragebogens zur mehrstufigen Milieuzuordnung (vgl. Tippelt/Eckert/Barz 1996). Die erste Zuordnung trafen die in Gesprächsführung und Milieuforschung geschulten studentischen Interviewer, eine Kontrolle der Milieudiagnose erfolgte durch die unabhängige Interviewanalyse und -verdichtung von Auswertern, Einordnung von Zweifelsfällen, und ggf. neue Milieuzuordnungen erfolgten nach intensiver Diskussion in „Qualitätszirkeln" (Kleingruppen und Projektleitung).

Begrenzte zeitliche, finanzielle und personelle Ressourcen, aber auch die Tatsache, daß Frauen in der allgemeinen Weiterbildung und bei der Partizipation in den Volkshochschulen überwiegen (vgl. Dohmen 1994, S. 410), führten zu einer Konzentration auf ausschließlich weibliche Gesprächspartner. Zu den Ausgangshypothesen unserer Milieustudie gehört auch, daß sich die bisherige Weiterbildungserfahrung und vor allem die Lebens- und Familienphase auf die Einstellungen und die Teilnahme in der Weiterbildung auswirken. Daher haben wir diese Differenzierungskriterien im Stichprobenplan ebenfalls berücksichtigt. Es ergibt sich somit folgende systematische Auswahl von Interviewpartnerinnen:

Abbildung 1: Stichprobenplan „Soziale Milieus und Erwachsenenbildung"

		KON	KLB	TRA	TLO	NEA	AUF	TEC	HED	ALT	
Mit	Berufstätige ohne Kinder; 20-40 J.	2	2	2	2	2	2	2	2	2	18
VHS-	Mütter mit Kindern (0-15 Jahre)	2	2	2	2	2	2	2	2	2	18
Erfahrung*	Ältere ohne Kinder im Haushalt (>45 J.)	2	2	2	2	–	2	2	–	2	14
Ohne	Berufstätige ohne Kinder; 20-40 J.	2	2	2	2	2	2	2	2	2	18
VHS-	Mütter mit Kindern (0-15 Jahre)	2	2	2	2	2	2	2	2	2	18
Erfahrung*	Ältere ohne Kinder im Haushalt (>45 J.)	2	2	2	2	–	2	2	–	2	14
		12	12	12	12	8	12	12	8	12	**100**

* VHS-Erfahrung: In den letzten 2 Jahren mind. 2 Kurse

Aus diesem Forschungsdesign ergeben sich verschiedene Auswertungsmöglichkeiten. Erstens lassen sich milieutypische Einzelfallanalysen durchführen, zweitens lassen sich milieuorientierte Bildungs- und Weiterbildungsinteressen sowie -erfahrungen herausarbeiten (normalerweise über 12 Fälle und unter Berücksichtigung verschiedener Lebens- und Familienphasen), drittens können milieuübergreifende Analysen vorgenommen werden. Die Auswertungen sind derzeit in vollem Gang und noch nicht abgeschlossen. Allerdings wird schon zum jetzigen Zeitpunkt klar, daß die Rede von „der" Teilnehmerin in der Weiterbildung eine bloße Fiktion ist, zu stark gehen die entsprechenden Interessen und Erfahrungen auseinander. Auf stark verallgemeinernde Grundzüge und Details noch nicht berücksichtigende Charakterisierungen von Weiterbildungsinteressen nach sozialen Milieus einerseits und auf eine milieuübergreifende Imageanalyse der Volkshochschule andererseits soll im folgenden durch zwei Textgraphiken hingewiesen werden (bisherige Projektergebnisse siehe Tippelt/Eckert 1996; Tippelt/Eckert/Barz 1996).

Abbildung 2: Charakterisierung von Weiterbildungsinteressen

Die Arbeitermilieus (22 %)

Bildung als Notwendigkeit und Ablenkung vom Alltag

Traditionelles Arbeitermilieu (5 % – fallende Tendenz)
- sucht Anschluß und Sicherheit, gewerkschaftliche Träger,
- Arbeitsplatzsicherung und berufliche Verantwortung,
- Lernbarrieren aus der Schule.

Neues Arbeitnehmermilieu (5 % – steigende Tendenz)
- „Mit dem Lernen ist es wie mit dem Rudern, hört man auf, dann treibt man zurück",
- lebenslanges Lernen (Computerkurse, Rhetorik, Ausgleich von Mängeln/Defiziten),
- berufsbildende Kurse bei VHS (z.B. Sprachen im beruflichen Kontext), aber auch private Anbieter.

Traditionsloses Arbeitermilieu (12 % – steigende Tendenz)
- Geringe Integration in der Weiterbildung, Schwellenängste, Uninformiertheit,
- geringes finanzielles Budget, Kuren und Gesundheitsbildung,
- ‚VHS ist für andere', aber: Bildung ist ‚neugierig sein'.

Die mittleren Milieus (59 %)

Bildung als Statussicherung und Horizonterweiterung

Kleinbürgerliches Milieu (22 %)
- Vertrauen in die etablierten Träger, kulturbeflissen,
- persönlicher Halt bei kirchlichen Trägern,
- tiefverwurzeltes Harmoniebedürfnis, Persönlichkeit finden,
- Weiterbildung zur sozialen und beruflichen Integration, fachliche Fortbildung, Etablierung.

Hedonistisches Milieu (13 % – steigende Tendenz)
- Distanz zur politischen Bildung und Ablehnung gegenüber etablierten Trägern,
- (langweilig, dogmatisch), ‚Null-Bock' auf lebenslanges Lernen,
- Weiterbildung als soziale oder jugendkulturelle Veranstaltung.

Aufstiegsorientiertes Milieu (24 %)
- keine bildungsbürgerlichen Ansprüche, Ambivalenz zur höheren Bildung,
- Weiterbildung zum beruflichen und sozialen Aufstieg, vorzeigbare Erfolge,
- („manche Angebote sind unter meinem Niveau'),
- VHS-interessiert (Qualifizierung, Gesundheit, Kreativität).

Die oberen Milieus der Eliten (19%)

Bildung als Kontemplation und individuelle Persönlichkeitsentfaltung

Technokratisch-liberales Milieu (9 %)
- breitgefächerte Interessen: Kreativität, Kunst, Sprachen, Politik (nicht passiv absacken, Fernsehschelte),
- Planung der Weiterbildung (Glück ist machbar), Karriereplanung, VHS,
- aber auch private Anbieter, eigene Gestaltung und Durchführung von Weiterbildung (nicht nur Adressaten, sondern auch Anbieter).

Konservativ-gehobenes Milieu (8 %)
- Interessen im hochkulturellen Bereich (Kulturgeschichte, Literatur), Erfüllung im Privaten,
- gegen Anonymität, gegen Verschulung, ‚VHS im beruflichen Qualifikationsbereich gut für andere',
- aber viele Ältere besuchen intensiv VHS-Kurse (Kreativität, Sprachen, Kunst, Umwelt/Politik),
- hohe Qualitätsansprüche, ‚Weiterbildungsberatung gut für andere', Distinktion.

Alternatives Milieu (2 %)
- Handlungsorientierung, politische und kreative Interessen,
- Gesundheitsbildung häufig bei privaten Anbietern,
- offen für methodische und gruppendynamische Innovationen,
- Pluralität der Weiterbildung, VHS-interessiert.

Aus unserer Sicht werden die spezifischen Interessen von sozialen Gruppen und Milieus, aber auch die Perzeption und das Image von Weiterbildungsanbietern bei den künftigen Überlegungen zum Marketing, zur Beratung und Werbung sowie zur Programmplanung von einzelnen Institutionen und Anbietern eine größere Rolle spielen. Eine Ursache hierfür liegt in den Entwicklungen der Weiterbildungsstrukturen und insbesondere in der Pluralisierung der „institutionellen Akteure" selbst. Probleme des Marketing und der Werbung werden überwiegend von den neuen kleinen privaten Bildungsunternehmen und den gewachsenen Anbietern mit Vereinsstatus betont, während öffentlich-rechtliche Anbieter (Schulen, Krankenkassen, Hochschulen, Kammern etc.) diese Aspekte noch gering einschätzen.

3. Markt: Pluralisierung „institutioneller Akteure"

Entsteht im Prozeß der Pluralisierung der institutionellen Akteure ein Weiterbildungsmarkt, der alte und neue Weiterbildungsanbieter in eine kooperative oder in eine konkurrenzbezogene Beziehung zueinander bringt? Was ist für die Veränderungen der Weiterbildungsanbieter charakteristisch?

Zur Analyse der Wettbewerbssituation und allgemein der Veränderungen der Weiterbildungsanbieter führten wir im Juni 1995 eine auf die Region Freiburg konzentrierte Befragung zur Rechtsform der Einrichtungen, den beschäftigten Personen, der Finanzierung der Veranstaltungen, den Räumlichkeiten, dem Umfang der Veranstaltungen und deren Organisationsform, den Abschlußzertifikaten und den besonderen Zielgruppen und inhaltlichen Schwerpunkten durch. Wir legten der Untersuchung einen weiten Begriff der Weiterbildung zugrunde, schlossen jedoch die innerbetriebliche und die informelle Weiterbildung aus. Wir sammelten über 600 Adressen von potentiellen Weiterbildungsanbietern: darunter Einzelpersonen und Praxen, die entsprechende Inserate veröffentlichten, Arbeitskreise und -gruppen, Vereine, Verbände, Kammern, Schulen mit Angeboten zur beruflichen Weiterbildung sowie ausgesprochene Weiterbildungseinrichtungen. Insgesamt wurden 189 Fragebögen ausgewertet, was einer Rücklaufquote von 30% entspricht. Dies ist zufriedenstellend, da wir bei der Anlage der Adressenkartei relativ offen vorgegangen waren.

Abbildung 3: Das Image der VHS

	Milieuübergreifende Grundzüge	
Positive Ausprägung	Dimension	Negative Ausprägung
Horizonterweiterung, Teilnehmerorientierung	Breites Angebot	Fehlen fachlicher Vertiefung
Demokratisch, keine Zugangshürden	Bildung und Kultur für alle	Für Anspruchsvolle ungeeignet
Erschwingliche, angemessene Preise	Preiswerte Kursgebühr	„Was nichts kostet, ist auch nichts wert"
Vergnügen	Freizeitcharakter	Fehlende Ernsthaftigkeit
Erweiterung des Bekanntenkreises	Geselligkeit	Bildungsabsicht als reiner Vorwand
Interesse wecken	Schnuppercharakter	Fehlender Tiefgang, Oberflächlichkeit
Sinnvoller Ausgleich zur Hausarbeit	Angebot für nichtberufstätige Frauen	„Hausfrauenschule", Kaffeeklatsch
Große Nähe zwischen Dozent und Teilnehmer	Unklarer Status der Dozenten	Warteschleife für gestrandete Pädagogen
Zwanglosigkeit, Unverbindlichkeit	Hohe Fluktuation	Fehlende Kontinuität
Gegenseitige Hilfe, soziale Integration	Heterogenität der Teilnehmer	Über- bzw. Unterforderung

Einige ausgewählte Ergebnisse lassen sich wiederum thesenartig zusammenfassen:

Erstens ist ein extremer Anstieg der Weiterbildungsanbieter in der Region festzustellen. Geht man vom Gründungsjahr aus und unterstellt, daß die Anzahl der Schließungen von Institutionen nicht zu einer gravierenden Verzerrung führt, waren Anfang der 60er Jahre 31 Einrichtungen im Bereich der Weiterbildung tätig, Mitte der 90er Jahre aber knapp 200 Einrichtungen. Dabei stiegen die Wachstumsraten von Jahrzehnt zu Jahrzehnt stetig an. Teilweise handelt es sich bei den neuen Weiterbildungsanbietern um Hochschulabgänger verschiedener Fachrichtungen, die sich im Wege des ‚self employment' eine berufliche Existenz aufbauen.

Abbildung 4

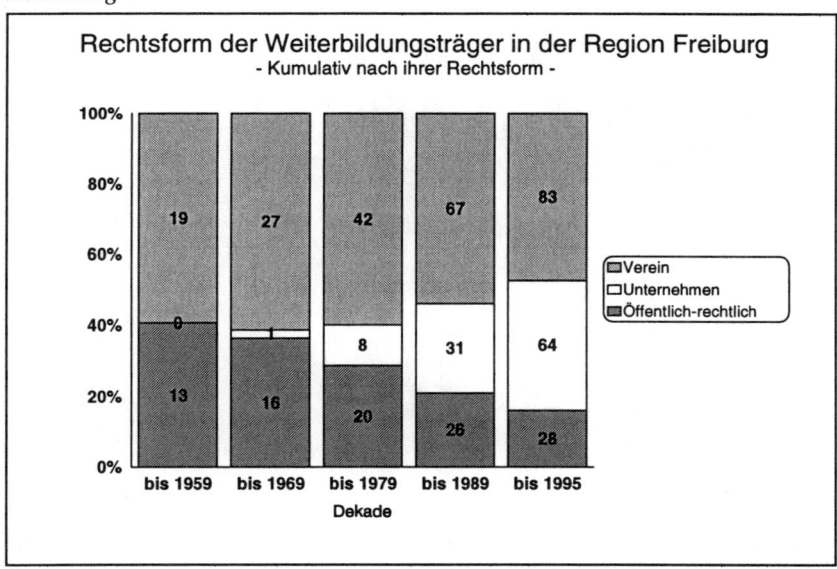

Rechtsform der Weiterbildungsträger in der Region Freiburg
- Kumulativ nach ihrer Rechtsform -

Dekade	Verein	Unternehmen	Öffentlich-rechtlich
bis 1959	19	0	13
bis 1969	27	1	16
bis 1979	42	8	20
bis 1989	67	31	26
bis 1995	83	64	28

Zweitens hat sich der Anteil der rein nach ökonomischen Prinzipien arbeitenden Institutionen absolut und relativ stark erhöht (siehe Abbildung 4). Insbesondere gewinnorientierte Bildungsunternehmen (GmbH), Kleinunternehmen (z.B. Sprachinstitute, externe betriebliche Anbieter, Unternehmensberatungen) und Praxen mit Fortbildungsprogrammen haben ihren Anteil seit den 70er Jahren stetig gegenüber öffentlich-rechtlichen (z.B. Schulen, Krankenkassen, Kammern, Hochschulen) und vereinsmäßig organisierten Anbietern (VHS, Frauenbildung, Dritte-Welt-Initiativen etc.), die in absoluten Zahlen ebenfalls expandierten, erhöht.

Drittens sind durch diesen Wandel immer mehr Weiterbildungsanbieter bei der Finanzierung ausschließlich auf Teilnehmergebühren angewiesen. Der überwiegende und im letzten Jahrzehnt größer werdende Anteil der Weiterbildungsanbieter (über 60%) bekommt nach eigenen Angaben weder Zuschüsse von der Kommune oder dem Land noch von einer anderen Stelle. Wie bekannt, wird die Bildungsarbeit mit verschiedenen Zielgruppen bezuschußt, allerdings meist ohne langfristige Garantie (z.B. bei Frauen, beruflichen Wiedereinsteigerinnen, Aussiedlern). Insbesondere neu auf den Markt kommende Anbieter können nicht mit Zuschüssen rechnen.

Abbildung 5

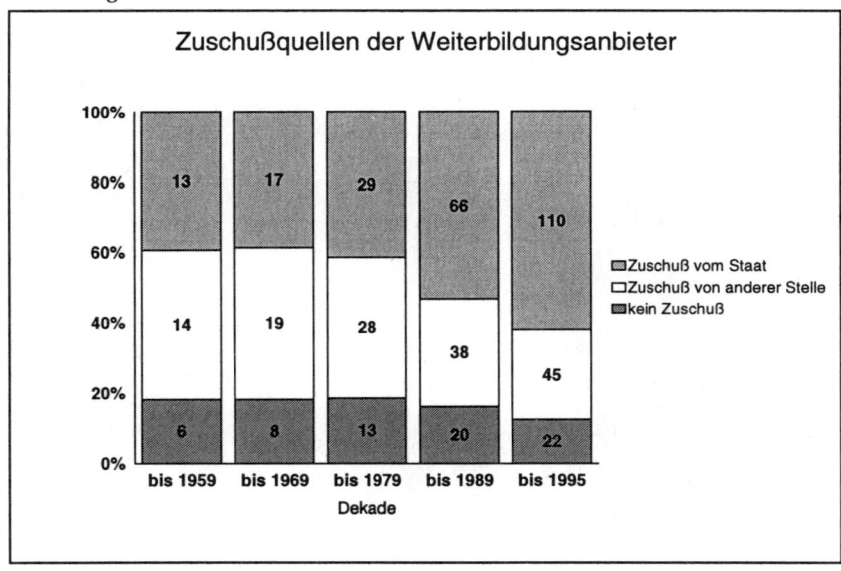

Zuschußquellen der Weiterbildungsanbieter

Dekade	Zuschuß vom Staat	Zuschuß von anderer Stelle	kein Zuschuß
bis 1959	6	14	13
bis 1969	8	19	17
bis 1979	13	28	29
bis 1989	20	38	66
bis 1995	22	45	110

Viertens orientieren sich neu auf den Markt kommende Anbieter verstärkt auf bestimmte inhaltliche Interessensgruppen, z.B. im kreativen oder gesundheitlichen Bereich, suchen also Angebotsnischen. Um Aktualität und Praxisnähe zu garantieren, arbeiten zwei Drittel der Anbieter mit freien Mitarbeitern, die durch ihre hauptberufliche Tätigkeit Anschluß an neueste Entwicklungen haben. Der Anteil der Teilzeitkräfte und der Ehrenamtlichen liegt bei einem Viertel, und nur ein Drittel der Anbieter hat Vollzeitangestellte. Der erfragte Angebotsturnus und die Dauer der Weiterbildungsveranstaltungen verweisen auf überwiegend regelmäßige (wöchentliche) und zeitlich intensive Angebote, die in den verschiedenen Formen (Seminare, Übungen, Kurse, Wochenend-Kompaktkurse, Vorträge etc.) durchgeführt werden.

Neue Sozialstrukturen 147

Fünftens hat sich unter dem Aspekt der inhaltlichen Angebotsschwerpunkte der relative Anteil der Gesundheitsbildung im Spektrum der Anbieter am deutlichsten erhöht. Waren in den 60er Jahren und bei den vorher gegründeten Anbietern medizinisch-pflegerische Tätigkeiten im Vordergrund, so tauchten in den 70er Jahren vermehrt Anbieter im Bereich der Psychotherapie auf, in den 80er und 90er Jahren nahmen und nehmen dann vor allem Anbieter in der fließenden Grauzone der Esoterik zu. Dies korrespondiert mit Nachfrageentwicklungen auch bei den etablierten und öffentlichen geförderten Einrichtungen. Absolut betrachtet, behauptet die berufliche Weiterbildung – häufig zertifiziert – ihre dominante Stellung bei den Anbietern (vgl. Abb. 6).

Abbildung 6

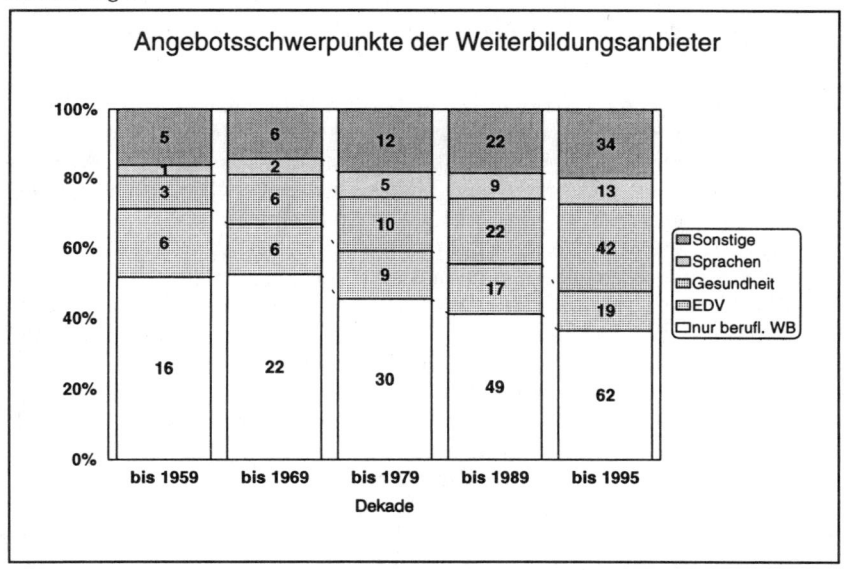

Angebotsschwerpunkte der Weiterbildungsanbieter

Dekade	nur berufl. WB	EDV	Gesundheit	Sprachen	Sonstige
bis 1959	16	6	3	1	5
bis 1969	22	6	6	2	6
bis 1979	30	9	10	5	12
bis 1989	49	17	22	9	22
bis 1995	62	19	42	13	34

Sechstens hat sich das Selbstverständnis der Anbieter über die Jahre verändert. Zwar verstehen sich auch heute die meisten Weiterbildungsanbieter (über 50%) als auf Erwachsenenbildung und Weiterbildung spezialisierte Einrichtungen, aber immer mehr Anbieter vermischen ihr Angebotsprofil mit Aspekten der Therapie, der allgemeinen Lebenshilfe und der Freizeitgestaltung. Sie erhoffen sich dadurch offensichtlich Vorteile gegenüber anderen Anbietern.

Diese Ergebnisse müssen so interpretiert werden, daß sich nicht nur die Weiterbildungsszene einer Region ausdifferenziert, sondern daß sich die Konkurrenz zwischen Anbietern in den letzten Jahren erheblich gesteigert und verschärft hat – und dies trotz des Faktums, daß viele neue Anbieter ihre

Angebote in Nischen plazieren und daß insgesamt die Weiterbildungsnachfrage in den letzten Jahrzehnten zunahm.

4. Integration: Soziale Beziehungen, Professionalisierung und lose Kooperation

Es stellt sich nun bei der Diskussion der Ergebnisse dieser Befunde die Frage, ob die ambivalent zu beurteilende, aber reale Konkurrenz von Weiterbildungsanbietern bei einer differenzierter werdenden Nachfrage durch kooperative Strukturen abgefedert werden kann. Können pädagogische Ziele und Forderungen im Prozeß der Ökonomisierung des Marktes behauptet werden?

Es wurde eingangs darauf hingewiesen, daß von Differenzierung ehemals zusammengehöriger Aufgaben und Tätigkeiten und deren Verteilung auf unterschiedliche Weiterbildungsanbieter nur gesprochen werden kann, wenn es zu keinem Verlust an Integration und Ganzheitlichkeit in der Weiterbildung kommt. Differenzierungsprozesse bedürfen immer komplementärer Integrationsprozesse, wenn die Leistungsfähigkeit eines Bereiches nicht geschwächt, sondern erhöht werden soll. Was heißt dies in der Weiterbildung?

Die freien und privaten Weiterbildungsanbieter leisten sicher beachtenswerte Arbeit und verdichten das regionale Weiterbildungsangebot, insbesondere in ökonomisch rentablen Bereichen. Aber es wäre falsch, zu glauben, daß sich ohne öffentliche Intervention ein quantitativ und qualitativ hinreichendes Angebot entwickeln könnte, das alle interessierten Menschen ohne unzumutbare finanzielle, räumliche oder soziale Hindernisse wahrnehmen können. Wer die Lebenschancen aller Menschen aus den verschiedenen sozialen Milieus im Blick hat und die Gleichwertigkeit der Lebensverhältnisse in den Regionen sicherstellen will, wird die öffentliche Verantwortung für das Angebot und die qualitativ gute Durchführung der Weiterbildung anmahnen müssen. Öffentliche Verantwortung meint dabei keinesfalls Verstaatlichung, vielmehr geht es um die Förderung von Solidarität oder Gemeinsinn in der Weiterbildung durch verfahrensbezogene, durch professionsbezogene und durch normative Integration.

Integration ist heute sicher nicht durch ein „kollektives Wertebewußtsein" der Anbieter herzustellen, wenn darunter verstanden wird, daß in allen Einrichtungen die gleichen Vorstellungen und Bewußtseinsinhalte zu den Themen „Bildung und Persönlichkeitsentwicklung" oder „Effektivität und Qualität" wirksam sein sollen. Im pluralen und offenen Weiterbildungsbereich sind die Chancen einer inhaltlichen Werteintegration (vereinfacht gesagt, alle verfolgen dieselben Leit- oder Grobziele) angesichts der sehr heterogenen Weiterbildungsstruktur und -anbieter sowie der milieubezogen jeweils besonderen Nachfrage sehr gering. Unsere Ergebnisse lassen Strategien der „losen Vernetzung" von Weiterbildungsanbietern auf regionaler und überregionaler Ebene und eine inhaltliche und zielgruppenorientierte Profilierung der einzelnen Anbieter realistischer erscheinen.

Unter verfahrensbezogener Integration ist dabei zu verstehen, was als mittlere Systematisierung oder auch Vernetzung des Weiterbildungsbereichs bezeichnet wurde (vgl. Bojanowski u.a. 1991, S. 291ff.; Faulstich 1993; Faulstich/Teichler/Döring 1996): Eine erhebliche Verbesserung der institutionellen Kontinuität, der finanziellen Planungssicherheit, der Kooperation, Koordination, Information und Beratung ist anzustreben. Es geht darum, die soziale Beziehung der Anbieter durch die Etablierung und Verdichtung von Support-Strukturen zu fördern. Soziale Beziehung soll – unter Bezug auf Max Weber (1956, S. 19) – „ein seinem Sinngehalt nach aufeinander gegenseitig eingestelltes und dadurch orientiertes Sichverhalten mehrerer heißen. Die soziale Beziehung besteht also durchaus und ganz ausschließlich: in der Chance, daß in einer (sinnhaft) angebbaren Art sozial gehandelt wird (...). Eine völlig und restlos auf gegenseitiger sinnentsprechender Einstellung ruhende soziale Beziehung ist in der Realität nur ein Grenzfall".

Soziale Beziehungen zwischen Anbietern setzen immer eine entwickelte Identität und ein eigenes Profil der zusammenarbeitenden Institutionen voraus.

Soziale Beziehungen können sich in der Weiterbildung aber in verschiedenen Formen der Kooperation realisieren: eine *komplementäre* Kooperation, in der ein Partner Angebote, technische Ausstattungen oder einen Zielgruppenbezug einbringt, die den anderen Anbietern fehlen, *subsidiäre* Kooperation, bei der Partner in den Bereichen der trägerübergreifenden Beratung, Fortbildung und Werbung oder bei der Raumnutzung zusammenarbeiten, um effizienter zu sein (beispielsweise sind in Freiburg ein Drittel der Anbieter auf gemeinsame Raumnutzung angewiesen), *supportive* Kooperation, bei der man sich auf der Basis ausdifferenzierter Aufgaben in den Bereichen der Finanzierung und des Sponsoring entgegenkommt, sowie eine tatsächlich *integrative* Kooperation, die eine inhaltliche Zusammenarbeit bei Projekten, bei der Programm- und Angebotsplanung voraussetzt (vgl. Nuissl 1996, S. 43). Die Freiburger Anbieter signalisieren überwiegend eine neutrale oder komplementäre Beziehung, wenngleich die anderen Formen der Kooperation zumindest auch genannt werden.

Professionsbezogene Integration kann durch hohe Standards bei der Rekrutierung des Weiterbildungspersonals gefördert werden. Professionalisierung (Grund- und Hauptstudium, wissenschaftliche Weiterbildung, erwachsenenpädagogische Zusatzqualifikationen) ist in erster Linie ein Auftrag an die Hochschulen, wird aber derzeit im Kontext der Fragen zur Integration des Weiterbildungsbereichs noch zu wenig betont. Eine entwickelte Berufs- und Handlungskompetenz der Mitarbeiterinnen und Mitarbeiter ist gleichzeitig ein herausragendes (aber nicht immer beachtetes) Kriterium der aktuell in den Vordergrund gerückten Diskussion um Qualitätssicherung und -förderung in der Weiterbildung. Konsensfähig sind dabei folgende Aspekte (vgl. Knoll 1995, S. 39):

1. fachliche Kompetenz und Berufserfahrung, die von vielen Trägern – auch unserer Freiburger Erhebung – als selbstverständlich betrachtet wird;
2. pädagogische Handlungskompetenz, beispielsweise Planung und Evaluation, Gestaltung von Lernprozessen und Beratung;
3. Reflexivität, verstanden als systemisches Denken und Empathie, verbunden mit der Fähigkeit, sich in die Weiterbildungsinteressen verschiedener Zielgruppen und sozialer Milieus einzudenken und dies in Angebote umzusetzen;
4. ein Rollenverständnis als „Lernbegleiter/-in", das nicht mehr nur auf Vermitteln gerichtet ist, sondern das die Moderation von Lernprozessen und die Anleitung selbstgesteuerten Lernens in den Vordergrund rückt und
5. Ganzheitlichkeit, wobei hierunter die in der integrativen Weiterbildung (vgl. Dohmen 1991, 133ff.) hervorgehobene Perspektive ganzheitlicher Persönlichkeitsentfaltung, aber auch „ganzheitlicher" Organisationsentwicklung zu verstehen ist.

Freilich bedürfen die charakterisierten Kompetenzen einer Zusatzqualifikation, auf die in unserer Freiburger Erhebung über zwei Drittel der Anbieter Wert legen, und in den Weiterbildungseinrichtungen neuer Arbeits- und Organisationsformen, die häufig (noch) nicht gegeben sind (vgl. Gieseke 1994; Tietgens 1984).

Normative Integration schließlich wird kontrovers gesehen. Viele Experten halten es für unwahrscheinlich, daß die Idee der Bildung noch die Integration des zerfaserten Weiterbildungsbereichs leisten kann. Die Gesamtheit der Weiterbildungsanbieter gilt in ihren grundsätzlichen Zielen bereits als zu diffus. Zu augenscheinlich werden Bildungsangebote von vielen Anbietern als Ware gedacht, aber auch zu deutlich reagieren Zielgruppen positiv auf begrenzte, begleitende und jederzeit kündbare Lerngelegenheiten, die dem anspruchsvollen Bildungskonzept als Maßstab der Wissensaneignung und Lebensführung oder als „Richtmaß der Charakterformung" keinesfalls entsprechen. Strzelewicz/Raapke/Schulenberg (1966, S. 9) hatten Bildung noch als eine Ressource beschrieben, die zur „*autonomen Verantwortlichkeit und Freiheit, als Antwort auf die Auflösung ständisch gebundener Traditionslenkungen*" beiträgt und dadurch hilft, den mobil und individuell gewordenen Menschen in seiner Handlungssicherheit und Identität zu stabilisieren.

Selbst wenn man die Pädagogisierung der privaten Weiterbildung in den Betrieben und in privatwirtschaftlich agierenden Bildungsunternehmen anerkennt, wird man sagen müssen, daß diese Pädagogisierung weniger durch den so definierten Bildungsbegriff, sondern eher durch den „Lernbegriff" vermittelt ist. Allerdings hat sich der Lernbegriff, der von vielen Institutionen akzeptiert wird, selbst stark gewandelt. Die modernen lerntheoretischen Prinzipien orientieren sich an Partizipation, Problemlösen, Metakognition und sozialem Lernen, sind also keineswegs nur auf das instrumentelle Erlernen bloßer Sachkenntnisse und sensomotorischer Fertigkeiten gerichtet (vgl. Siebert 1994). In der neuen lerntheoretischen Didaktik, in der Hinwendung von der Belehrungs- zur Motivierungsdidaktik sind Erkenntnisse des Konstruktivismus und des symbolischen Interaktionismus verarbeitet (vgl. Arnold/Siebert 1995). Die Rolle des Dozenten verändert sich, denn es werden pädagogische Schlüsselqualifikationen erwartet, um die neuen offenen Lernsituationen zu bewältigen. Ein normativer Konsens über Bildungsideale wird damit nicht erreicht, aber teilweise setzen sich hinter dem Rücken der Bildungsanbieter lerntheoretische Prinzipien und Lernkulturen durch, die zur Integration des Weiterbildungsbereichs beitragen können. Allerdings darf nicht unterschlagen oder naiv übersehen werden, daß unter Konkurrenzbedingungen entsprechende Lernprinzipien und Schlüsselqualifikationen nur solange Akzeptanz finden, als damit ein Lehrangebot für nachfragende Lerner attraktiv gemacht werden kann. Ähnliches gilt für den Bezug auf die Ergebnisse der sozialen Milieuforschung, denn auch die Milieuforschung läßt sich selbstverständlich utilitaristisch interpretieren: Der Bezug auf Teilnehmerinteressen ist immer nur dann interessant, „wenn er sich rechnet". Freilich ist dies kein ursächliches Merkmal der Milieuforschung, die Differenz und Ungleichheit sichtbar macht, sondern dieser Bezug ergibt sich aus den realen Konkurrenzbedingungen des Weiterbildungsbereichs.

Literatur

Arnold, R./Siebert, H.: Konstruktivistische Erwachsenenbildung: Von der Deutung zur Konstruktion von Wirklichkeit. Baltmannsweiler 1995
Barz, H.: Soziale Milieus – Orientierungen und Bildungsinteressen. In: Derichs-Kunstmann, K./Faulstich, P./Tippelt, R. (Hrsg.): a.a.O. 1995, S. 79-88
Barz, H./Tippelt, R.: Lebenswelt, Lebenslage, Lebensstil und Erwachsenenbildung. In: Tippelt, R. (Hrsg.): a.a.O. 1994, S. 123-146
Bojanowski, A./Döring, O./Faulstich, P./Teichler, U.: Strukturentwicklung in Hessen: Tendenzen zu einer „mittleren" Systematisierung der Weiterbildung. In: Mitteilungen aus Arbeitsmarkt- und Berufsforschung 2 (1991), S. 291-303
Bourdieu, P.: Die feinen Unterschiede. Kritik der gesellschaftlichen Urteilskraft. Frankfurt/M. 1982
Dohmen, G.: Integrative Weiterbildung: Lernen für Beruf und Leben. In: Dohmen, G.: a.a.O. 1991, S. 133-142
Dohmen, G.: Volkshochschulen. In: Tippelt, R. (Hrsg.): a.a.O. 1994. S. 407-413
Eckert, T./Hess, S./Tippelt, R.: Weiterbildungsstrukturen im Raum Freiburg. Freiburg 1996
Emmerling, D.: Dynamische Strukturen für die Weiterbildung. In: Bundeszentrale für politische Bildung: Zukunft der Weiterbildung. Eine Standortbestimmung. Bonn 1988, S. 103-117
Faulstich, P.: „Mittlere Systematisierung" der Weiterbildung. In: Meier, A./Rabe-Kleberg, U. (Hrsg.): Weiterbildung, Lebenslauf, sozialer Wandel. Neuwied u.a. 1993, S. 29-46
Faulstich, P./Teichler, U./Döring, O.: Bestand und Entwicklungsrichtungen der Weiterbildung in Schleswig-Holstein. Weinheim 1996

Flaig, B./Meyer, T./Ueltzhöffer, J.: Alltagsästhetik und politische Kultur. Zur ästhetischen Dimension politischer Bildung und politischer Kommunikation. Bonn 1993
Friebel, H. u.a.: Weiterbildungsmarkt und Lebenszusammenhang. Bad Heilbrunn 1993
Friebel, H.: Der gespaltene Weiterbildungsmarkt und die Lebenszusammenhänge der Teilnehmer/-innen. In: Friebel, H. u.a.: a.a.O. 1993, S. 1-53
Gieseke, W.: Zentrifugale Kräfte in der Weiterbildung und die Standortfindung einer Wissenschaft von der Erwachsenenbildung. In: Friebel, H. u.a.: a.a.O. 1993, S. 89-100
Haferkamp, H. (Hrsg.): Sozialstruktur und Kultur. Frankfurt/M. 1990
Haferkamp, H.: Differenzierung und Kultur. Soziologischer Optimismus auf dem Prüfstand. In: Haferkamp, H. (Hrsg.) a.a.O. 1990, S. 140-176
Hradil, S. (Hrsg.): Zwischen „Bewußtsein" und „Sein". Die Vermittlung „objektiver" Lebensbedingungen und „subjektiver" Lebensweisen. Opladen 1992
Knoll, J.: Zusammenfassung der Podiumsdiskussion „Gibt es ein gemeinsames Verständnis der Weiterbildner in den verschiedenen Bereichen?" In: Bundesministerium für Bildung, Wissenschaft, Forschung und Technologie (Hrsg.): Professionalisierung der Weiterbildung – Weiterbildung der Weiterbildnerinnen und Weiterbildner. (Dokumentation des Werkstattgesprächs vom 19.-20. Juni 1995 in Magdeburg.) Bonn 1995, S. 37-39
Kuwan, H.: Berichtssystem Weiterbildung: Integrierter Gesamtbericht. Hrsg. vom Bundesminister für Bildung und Wissenschaft. Bad Honnef 1994
Müller, H.-P./ Schmid, M. (Hrsg.): Sozialer Wandel. Modellbildung und theoretische Ansätze. Frankfurt/M. 1995
Müller, H.-P.: Sozialstruktur und Lebensstile. Der neuere theoretische Diskurs über soziale Ungleichheit. Frankfurt/M. 1992
Nuissl, E.: Kooperation und Konkurrenz. In: Zeitschrift für Erwachsenenbildung 1 (1996), S. 43
Schimank, U.: Theorien gesellschaftlicher Differenzierung. Opladen 1996
Schulze, G.: Alltagsästhetik und Lebenssituation. Eine Analyse kultureller Segmentierungen in der Bundesrepublik Deutschland. In: Soeffner, H.-G. (Hrsg.): Kultur und Alltag. Soziale Welt. (Sonderband 6.) Göttingen 1988. S. 71-92
Schulze, G.: Die Erlebnisgesellschaft. Kultursoziologie der Gegenwart. Frankfurt/M. 1992
Schulze, G.: Die Transformation sozialer Milieus in der Bundesrepublik Deutschland. In: Berger, P./Hradil, St. (Hrsg.): a.a.O. 1990, S. 409 – 432
Siebert, H.: Seminarplanung und -organisation. In: Tippelt, R. (Hrsg.): a.a.O. 1994, S. 640-653
Siebert, H.: Theorien für die Bildungspraxis. Bad Heilbrunn 1993
Strzelewicz, W./Raapke, H.-D./Schulenberg, W.: Bildung und gesellschaftliches Bewußtsein. Eine mehrstufige soziologische Untersuchung in Westdeutschland. Stuttgart 1966
Tietgens, H.: Deklaration und Wirklichkeit. In: Zeitschrift für Erwachsenenbildung 1 (1996), S. 42
Tietgens, H.: Institutionelle Strukturen der Erwachsenenbildung. In: Schlutz, E./Tietgens, H. (Hrsg.): Erwachsenenbildung. (Enzyklopädie Erziehungswissenschaft. Bd. 11.) Stuttgart 1984, S. 287-302
Tippelt, R.: Sozialstruktur und Erwachsenenbildung: Lebenslagen, Lebensstile und soziale Milieus. In: Brödel, R. (Hrsg.): Modernisierung und Erwachsenenbildung. Opladen 1997 (i. Dr.)
Tippelt, R./Eckert, T.: Differenzierung in der Weiterbildung: Probleme institutioneller und soziokultureller Integration. Erscheint in: Zeitschrift für Pädagogik 1996 (i. Dr.)
Tippelt, R./Eckert, T./Barz, H.: Markt und integrative Weiterbildung. Zur Differenzierung der Weiterbildungsanbieter und der Weiterbildungsinteressen. Bad Heilbrunn 1996
Weber, M.: Wirtschaft und Gesellschaft. Tübingen 1956
Weick, K.: Educational Organisation as „Loosely Coupled Systems". In: Administrative Science Quaterly 21 (1976), S. 1- 19

Betriebliche Weiterbildung

Rolf Dobischat

Weiterbildung im Kontext von Arbeitsmarktpolitik am Beispiel der Reorganisation von beruflicher Weiterbildung im Transformationsprozeß in den neuen Ländern

1. Vorbemerkungen

Nach fünf Jahren des Transformationsprozesses in den neuen Ländern zieht der Beitrag eine Bilanz der Reorganisation beruflicher Weiterbildung in den neuen Ländern. Die Analyse wird dabei auf die Förderung der beruflichen Weiterbildung nach dem Arbeitsförderungsgesetz gerichtet. Ausgehend von den Zielvorstellungen beruflicher Weiterbildung im AFG wird der Rahmen der beruflichen Weiterbildung im AFG abgesteckt, die Förderungspolitik seit Verabschiedung des AFG im Jahre 1969 an Beispielen kritisch kommentiert und vor dem Hintergrund des erheblichen Funktionswandels von beruflicher Weiterbildung seit Inkrafttreten des AFG die Reformperspektiven skizziert.

Der Schwerpunkt der Betrachtungen wird dabei auf der Beziehung von Regelungsmöglichkeiten nach dem AFG zu den berufsbildungspolitischen Problemen des Transformationsprozesses liegen. Ins Blickfeld genommen werden ausgewählte sozialpolitische, institutionell-organisatorische und regionale Aspekte. Die hier vorgetragenen Befunde und Ergebnisse basieren auf einem abgeschlossenen dreijährigen Forschungsprojekt zur Beobachtung des Wandels in der beruflichen Weiterbildung in den neuen Ländern.[1]

2. Berufliche Weiterbildung als Instrument der Arbeitsmarktpolitik

Arbeitsmarktpolitik in einer übergreifenden Zielbestimmung umfaßt alle Maßnahmen, welche das Angebot an und/oder die Nachfrage nach Arbeitskräften quantitativ und qualitativ beeinflussen (vgl. Keller 1993, S. 263). Die Basis arbeitsmarktpolitischer Aktivitäten bildet das Arbeitsförderungsgesetz

---

1 Forschungsprojekt: Probleme der Reorganisation der beruflichen/betrieblichen Weiterbildung für untere und mittlere Qualifikationsebenen in den neuen Bundesländern. Teilprojekt im Forschungsverbund der Arbeitsgemeinschaft Betriebliche Weiterbildungsforschung (ABWF/ QUEM) „Qualifikationsprozeßbeobachtung in den neuen Ländern" im Auftrag des Bundesinstituts für Berufsbildung, Berlin/Bonn (Projektleitung: Prof. Dr. Lipsmeier, Karlsruhe/Prof. Dr. Dobischat, Dusiburg).

aus dem Jahre 1969, das eine Vielzahl von Einzelinstrumenten im Bereich der Information und Beratung, der Förderung der beruflichen Bildung und der Erhaltung und Schaffung von Arbeitsplätzen vorsieht.

Vor dem Hintergrund der ökonomischen Entwicklungsprozesse in den 60er Jahren – und hier vor allem aufgrund der Erfahrung bei der Bewältigung der Strukturkrise von 1966/67 – stellt die Grundphilosophie des AFG aus dem Jahre 1969 darauf ab, Arbeitsmarktpolitik aktiv gestaltend und vorausschauend zu betreiben, statt, wie bis dato praktiziert, reaktiv und kompensatorisch nachzusorgen. Die mit dem Inkrafttreten des AFG vollzogene Schwerpunktverlagerung von einer neoliberalen zu einer keynesianistischen Politikkonzeption wies dem Staat die Aufgabe zu, Arbeitsmarktpolitik verstärkt in den Rahmen der Sozial- und Wirtschaftspolitik zu integrieren (vgl. Kühl 1982, S. 251ff.; Lampert 1989, S. 173ff.). Damit war ein gesellschaftspolitisches Konzept verbunden, verschiedene Politikfelder in eine Architektur von konzertierter Globalsteuerung einzubinden, wobei – neben anderen Gesetzen – das Stabilitäts- und Wachstumsgesetz als Grundlage der Wirtschafts- und Finanzpolitik, das Sachverständigengesetz zur Politikberatung, das Bundesbankgesetz zur Steuerung der Geldpolitik und das Berufsbildungsgesetz als Ordnungsgrundlage der Berufsbildung den Rahmen geben (vgl. Bach 1994, S. 134).

Übersetzt in den Zielkatalog des AFG (§ 2) sollten im Bereich der Arbeitsmarktpolitik Maßnahmen ergriffen werden, die Arbeitslosigkeit, unterwertige Beschäftigung und Arbeitskräftemangel verhindern, berufliche Beweglichkeit sicherstellen und nachteilige Folgen technischer Entwicklung und struktureller Wandlungen für die Erwerbstätigen abwenden.

Kernstück der aktiven Arbeitsmarktpolitik war und ist die Förderung der beruflichen Weiterbildung, organisiert als berufliche Fortbildung oder Umschulung. Mit den Instrumenten der Qualifizierungspolitik, so der Leitgedanke des AFG, sollen strukturelle Probleme des Arbeitsmarktes aufgefangen, Mobilitätsprozesse im Sinne von Qualifikationsanpassung an technische Entwicklungen wie auch die Eröffnung von Aufstiegsperspektiven ermöglicht sowie Chancen beruflicher Neuorientierung hergestellt werden. Während der Teilnahme an Maßnahmen der beruflichen Weiterbildung wird den Teilnehmern Unterhaltsgeld gezahlt, und die Lehrgangskosten werden übernommen.

Im Jahre 1994 feierte das AFG 25jähriges Jubiläum. In der arbeitsmarktpolitischen Diskussion war dies Anlaß, eine Bilanz über seine Wirkungen zu ziehen, und dies vor allem vor dem Erfahrungshintergrund der Leistungen, die im Rahmen der Qualifizierungspolitik im Transformationsprozeß in den neuen Ländern erbracht wurden (vgl. Webber 1982; Bach 1994; Arbeitskreis AFG-Reform 1994; Seifert 1995). Trotz einer grundsätzlich positiven Gesamteinschätzung des AFG wird angesichts gewachsener und neu dimensionierter Probleme am Arbeitsmarkt ein erheblicher Reformbedarf in der Konzeption, den Instrumenten, den organisatorischen Handlungsbedingungen und dem Finanzierungsmodus eingeklagt (vgl. Seifert 1995, S. 8). Die Kritik konzentriert sich dabei auf die Probleme:

- *Verknüpfungsmängel zwischen aktiven und passiven Mitteln.*
Die Konstruktion des AFG stellt im wesentlichen darauf ab, qualifikations- und mobilitätsspezifische Engpässe auf dem Arbeitsmarkt vorausschauend zu beseitigen und die Lage benachteiligter Personengruppen zu verbessern. Dieses Ziel blieb aber nur solange erreichbar, wie weitgehende Vollbeschäftigung vorhanden war. Spätestens mit dem Entstehen der Massenarbeitslosigkeit stand deren Bekämpfung immer stärker im Zentrum der arbeitsmarktpolitischen Aktivitäten. In der Folge rückte die Finanzierung der passiven Leistungen, wie z.B. die Zahlung von Arbeitslosengeld und Arbeitslosenhilfe zu Lasten aktiver Ausgaben, wie z.B. die Förderung beruflicher Weiterbildung in den Vordergrund. Für die Bewältigung massiver Strukturumbrüche in der Wirtschaft und die daraus resultierende tiefgreifende Arbeitsmarktkrise bietet das AFG keine ausreichende Verknüpfung zwischen beschäftigungspolitischen Maßnahmen und Instrumenten beruflicher Qualifizierung und Weiterbildung, so daß hier ein zentraler konstruktionsbedingter Mangel der Arbeitsmarktpolitik für eine problemadäquate Beseitigung globaler Beschäftigungsdefizite festzustellen ist.
- *Die Trennung von betrieblicher Weiterbildung und AFG-geförderter Weiterbildung.*
Die Massenarbeitslosigkeit, verstärkt und beschleunigt durch die Wiedervereinigung, hat im Zusammenspiel mit der betrieblich finanzierten Weiterbildung arbeitsmarktliche Strukturalisierungs- und betriebliche Segmentationsprozesse erkennbar werden lassen. Die berufliche Weiterbildungsförderung nach dem AFG kann diese Segmentationsmuster nicht auflösen, da sie lediglich flankierende Wirkung hat und sich vorrangig auf die betriebsexternen Qualifikationsstrukturen ausrichtet und damit nur angebotsseitig und beschäftigungsstützend greifen kann. Problematisch wirkt dies dann, wenn die AFG-geförderte berufliche Weiterbildung primär berufsfachliche Teilarbeitsmärkte bedient und relevante betriebsinterne bzw. betriebliche Teilarbeitsmärkte vernachlässigt bleiben. Die zwischen der betrieblich und öffentlich finanzierten beruflichen Weiterbildung vollzogene Arbeitsteilung, derzufolge die Betriebe in erster Linie ihr qualifiziertes Stammpersonal weiterqualifizieren und die AFG-Weiterbildung primär Arbeitslose mit dem Ziel der Reintegration fördert, führt zu einem Prozeß verschärfter Segmentation. Ein entscheidender Brückenschlag zwischen öffentlicher Förderung betrieblicher Weiterbildung ist bisher nur in Ansätzen erkennbar (vgl. Sauter 1989, S. 154ff.) oder aufgrund arbeitsmarktpolitischer Sonderprogramme, wie z.B. im Sonderprogramm aus dem Jahre 1979, zur Realisierung gelangt (vgl. Ohndorf 1992).
Festzustellen ist, daß die AFG-geförderte berufliche Weiterbildung – trotz erkennbarer Erfolge – bisher kaum in der Lage war, einen quantitativ nennenswerten Beitrag zur Verhinderung und zum Abbau von Langzeit-

arbeitslosigkeit zu leisten, so daß weiterhin Sonderprogramme für diese Personengruppe gefordert werden (vgl. Schmid u.a. 1992 und 1993). Ferner ist es ihr nicht gelungen, arbeitsmarktliche Diskriminierungen sogenannter Problemgruppen (Frauen, ältere und jüngere Arbeitslose, Ausländer, gesundheitlich Eingeschränkte) zu beseitigen und diese Gruppen, gemessen an ihrer statistisch ausgewiesenen Betroffenheit von Arbeitslosigkeit, überproportional durch Einbeziehung in die berufliche Qualifizierung zu reintegrieren.
- *Das Prinzip der individuellen Einzelfallförderung.*
  stellt einen weiteren konstruktionsbedingten Mangel des AFG dar. So werden z.B. Ansprüche bezüglich der Teilnahme an beruflichen Weiterbildungsmaßnahmen nach den individuellen Voraussetzungen und den damit korrespondierenden arbeitsmarktpolitischen Risiken reguliert. Demzufolge sind die Teilnahmechancen dann am höchsten, wenn bereits Arbeitslosigkeit eingetreten ist. Zwar entspricht dies dem Prinzip einer kurativen Zielgruppenorientierung bei anhaltender Massenarbeitslosigkeit; verhindert wird jedoch weitgehend, daß durch den Einsatz von Instrumenten der Qualifizierung und Weiterbildung im Rahmen arbeitsmarktpolitischer Intervention betriebliche, branchenspezifische oder regionale Anpassungsprozesse bereits präventiv im Vorfeld von Entlassungen und Personalabbau bearbeitet werden können (vgl. Bosch 1995).
- *Prozyklische statt kontinuierliche Finanzierung.*
  Die Finanzierung arbeitsmarktpolitischer Aufgaben im AFG wird durch das Beitragsaufkommen über die Sozialversicherungsbeiträge sichergestellt. Finanzlücken zwischen Einnahmen und Ausgaben werden durch Zuschüsse des Bundes zum Haushalt der Bundesanstalt für Arbeit gedeckt. Dieser Finanzierungsmodus führt zu einem Handlungsmuster des „Stop-and-Go". Damit ist die Logik verbunden, das Ausgabenvolumen für berufsqualifizierende Maßnahmen zu reduzieren und auf „Stop" zu schalten, wenn das Beitragsaufkommen durch wachsende Arbeitslosigkeit sinkt, die Ausgaben für passive Leistungen wie Arbeitslosengeld steigen und fiskalische Spielräume im Haushalt des Bundes aufgrund negativer konjunktureller Entwicklungen durch steuerliche Einnahmeausfälle enger werden. Umgekehrt wird bei entspannterer Haushaltslage des Bundes und der Bundesanstalt für Arbeit auf „Go" gewechselt, und die Ausgaben werden erhöht, wie beispielsweise im Rahmen der „Qualifizierungsoffensive" im Jahr 1986 geschehen (vgl. Dobischat/Neumann 1987a; Dobischat/ Neumann 1987b).
- *Geringe Planungssicherheit.*
  Für die berufliche Weiterbildung produziert diese Förderungspolitik erhebliche Instabilitäten, da die mit dem Stop-and-Go verbundene diskontinuierliche Förderung kaum zu mittelfristigen Planungssicherheiten bei potentiellen Teilnehmern und berufsbildungspolitischen Akteuren, wie z.B. den Weiterbildungsträgern, führt. Die Verbindung von Individual-

förderung und haushaltspolitischen Restriktionen seit Inkrafttreten des AFG haben das Leistungsvolumen der beruflichen Weiterbildungsinstrumente erheblich reduziert. Durch bisher 10 Gesetzesnovellierungen und über 100 weitere Änderungen sind im Verlauf der Jahre die Rechtsansprüche deutlich eingeschränkt worden (vgl. Karasch 1994). Im Trend erkennbar ist:

- die Rücknahme des ursprünglichen Rechtsanspruchs auf berufliche Bildung;
- die Herausnahme der beruflichen Aufstiegsfortbildung aus dem Förderungsspektrum; sie soll jetzt über das Meister-Bafög finanziert werden;
- die Reduzierung der materiellen Absicherung während der Teilnahme (Kürzung von Unterhaltsgeld und Lehrgangskosten) und die Einschränkung des Rechtsanspruchs auf Förderung;
- die Einschränkung des förderungsfähigen Personenkreises (Arbeitslose und unmittelbar von Arbeitslosigkeit Bedrohte);
- die Konzentration der Förderung auf Beitragszahler (vgl. Sauter 1994; S. 347; Arbeitskreis AFG-Reform 1994, S. 114ff.).

Die schrittweise Auflösung von Ansprüchen und das Herunterfahren finanzieller Anreize in der beruflichen Weiterbildungsförderung markieren damit den konsequenten Weg, die kurativen zu Lasten der präventiven Elemente in den Vordergrund zu rücken. Angesichts dieser Strukturmängel war es fraglich, ob das AFG das geeignete Instrument zur Regelung der berufsbildungspolitischen Probleme im Transformationsprozeß war.

3. Berufliche Weiterbildung als Transformationsbegleitung

Die Weiterbildung, so das bildungspolitische Ordnungskonzept der 70er Jahre, sollte als vierte Säule des Bildungssystems ausgebaut und stärker einer öffentlich kontrollierten Verantwortung zugeführt werden. Mit dem in den 80er Jahren eingeleiteten ordnungspolitischen Perspektivwechsel hat sich ein Konzept etabliert, das die Zielvorstellung eines offenen Weiterbildungsmarktes mit pluralistischer Trägerstruktur propagiert. Die darin dominierenden marktwirtschaftlichen Mechanismen beschränken die Handlungsebene des Staates nur auf das Prinzip der Subsidiarität. Gleichfalls sind die 80er Jahre von einem expansiven Trend der beruflichen Weiterbildungsteilnahme wie auch der betrieblichen Weiterbildung (vgl. Bundesministerium für Bildung und Wissenschaft 1990 und 1993) gekennzeichnet. Trotz der stattgefundenen Bildungsexpansion sind die systembedingten Strukturdefizite, wie z.B. individuelle, institutionelle, bildungsgangbezogene und curriculare Zugangsbarrieren, existent geblieben; in Teilbereichen haben sie sich sogar verschärft.

Gleichfalls hat sich der Zielkorridor beruflicher Weiterbildung über die originäre Funktion der Vermittlung berufsrelevanten Wissens hinaus erweitert. Auf betrieblicher Ebene soll sie den technisch-organisatorischen Wandel begleiten, das Verhältnis von Arbeiten und Lernen neu akzentuieren und einen Beitrag zur Neuformierung von Personalpolitik und Organisationsentwicklung leisten (vgl. Dobischat/Lipsmeier 1991). Auf gesellschaftlicher Ebene werden von ihr Lösungen in den Feldern der Beschäftigungs-, Arbeitsmarkt- und Sozialpolitik erwartet (vgl. Dobischat/Husemann 1995). Hierfür beispielhaft ist der Einsatz der AFG-geförderten beruflichen Weiterbildung in den neuen Ländern.

Spätestens mit der Währungs-, Wirtschafts- und Sozialunion war in Ostdeutschland ein schockhafter Prozeß im Übergang vom „Plan zum Markt" in Gang gesetzt worden, der die Arbeitslosigkeit sprunghaft ansteigen ließ. Die beschleunigte Abwärtsspirale am Arbeitsmarkt machte offenkundig, daß es sich bei den Beschäftigungseinbrüchen nicht nur um ein vorübergehendes Phänomen handelte, sondern daß sich dahinter massive Strukturprobleme verbargen. So wurde in ökonomischen Szenarien der DDR im Vergleich zu Westdeutschland ein erheblicher Modernisierungsrückstand attestiert, den es „nachholend" im Transformationsprozeß mittels einer breit angelegten Qualifizierungsoffensive auszugleichen galt (vgl. Blaschke u.a. 1990), obwohl schnell klar wurde, daß Qualifizierung nur ein Moment von vielen Strukturdisparitäten war, die zu überbrücken waren.

Zudem zeigte sich, daß sich mit den Beschäftigungsrückgängen im Rahmen industrieller Entflechtung und fortschreitender Deindustrialisierung regionale Disparitäten und Polarisierungstendenzen herausbildeten, die das Problem der Massenarbeitslosigkeit sehr unterschiedlich verteilten (vgl. Blien/Hirschenauer 1995; Dobischat/Husemann 1993). Erkennbar wurde ferner, daß sich die aus den alten Ländern bekannten Segmentationserscheinungen am Arbeitsmarkt quasi im Zeitraffer etablierten (vgl. Brinkmann 1995; Brinkmann/Wiedemann 1995).

Die Auflösung von „Modernisierungsblockaden" mittels einer breit angelegten Um- und Requalifizierung der Erwerbstätigen entsprach der politischen Erwartung, den erforderlichen ökonomischen Strukturwandel mit Hilfe einer komplementär-flankierenden Arbeitsmarktpolitik zu gestalten. So formulierte der Sachverständigenrat in seinem Gutachten im Jahr 1990 (S. 255):

„Der aktiven Arbeitsmarktpolitik ... kommt im Prozeß der strukturellen Erneuerung eine Schlüsselrolle zu. Sie wird ihr Instrumentarium den Anforderungen entsprechend verbessern und erweitern müssen. Dies wird mit erheblichen Kosten verbunden sein. Aber man muß die Alternative sehen ... Beschränkt man sich ... auf finanzielle Leistungen zur Linderung der Folgen der Arbeitslosigkeit, so muß man damit rechnen, daß viele Arbeitslose den Anschluß verlieren und auf längere Sicht auf Sozialleistungen angewiesen sind ... Eine an Qualifikation orientierte Ar-

beitsmarktpolitik ist auf Dauer nicht nur die aussichtsreichste, sondern auch die am wenigsten kostspieligste Alternative."
Mit dieser wirtschaftspolitischen Strategieentscheidung, die ohne größere Recherchen getroffen wurde, rief die Bundesregierung noch vor der politischen Vereinigung die „arbeitsmarktpolitische Offensive Ost" ins Leben. Mit dem Ziel der beruflichen Weiterbildungsförderung nach dem AFG wurde nicht nur die schnelle Implementation arbeitsmarktpolitischer Instrumente des AFG vorangetrieben, sondern auch Voraussetzungen für die Schaffung „sozialer Stauzonen", mit denen kurzfristig quantitativ sichtbare Entlastungs- und Entzugseffekte am Arbeitsmarkt politisch dokumentiert werden konnten, geschaffen. Als „Brückenglied" übernahmen sie die Funktion sozialer Sicherung durch Zahlung von Lohnersatzleistungen und dienten der Verbesserung der Beschäftigungschancen durch Qualifizierung für künftig erwartete Beschäftigungsfelder.

Tabelle 1: Eintritte in Maßnahmen der beruflichen Weiterbildung und Ausgaben der Bundesanstalt für Arbeit für Weiterbildung in den Jahren 1990 bis 1995

Jahr	Eintritte (Tsd.)		Ausgaben (Mrd. DM)	
	Gesamt	davon Ost	Gesamt	davon Ost
1990	672.592	98.561	6,5	0,2
1991	1.486.049	892.145	11,9	4,7
1992	1.462.222	887.555	19,0	11,3
1993	672.592	294.153	17,2	10,4
1994	594.455	286.928	13,4	6,2
1995	659.059	257.463	14,8	7,3

Mit jeweils ca. 1,5 Mio. Teilnehmern an AFG-geförderten beruflichen Weiterbildungsmaßnahmen, davon ca. jeweils 60 Prozent in den neuen Ländern, erreichte die Qualifizierungsoffensive in den Jahren 1991 und 1992 ihren Höhepunkt. Bezogen auf die Erwerbsbevölkerung in den neuen Ländern im Jahr 1991 bedeutete dieses Volumen einen arbeitsmarktlichen Entzugseffekt von ca. 10 Prozent im Vergleich zu den alten Ländern, die nur ein Niveau von ca. 2 Prozent erreichten. Die Aufwendungen der Bundesanstalt für Arbeit für die Weiterbildung betrugen für beide Jahre ca. 31 Mrd. DM.

Parallel zur Umsetzung des Arbeitsförderungsgesetzes übernahm das Berufsbildungsgesetz für das ehemalige Gebiet der DDR regulierende Aufgaben. Damit wurde die flankierende Rolle der Berufsbildungspolitik „als Schlüsselbereich für die Bewältigung der wirtschafts-, beschäftigungs-, arbeitsmarkt- und sozialpolitischen Herausforderungen" herausgestellt, so der damalige Bundesbildungsminister Ortleb (vgl. Ortleb 1991, S. 6ff.). Mit der Übertragung des Arbeitsförderungsgesetzes als Finanzierungsgrundlage und des Berufsbildungsgesetzes als Ordnungsbasis für die berufliche Weiterbildung im Einigungsvertrag waren die zentralen regulierenden Eckpunkte einer umfassenden Reorganisation des institutionellen Gefüges der beruflichen

Weiterbildung gesetzt. Daß damit aber nicht gemeint war, an bestehende Strukturen bzw. Strukturelemente der beruflichen Weiterbildungsorganisation der ehemaligen DDR anzuknüpfen und gegebenenfalls Erhaltenswertes und Anschlußfähiges fortzuführen (vgl. Siebert 1994), machte der Vorgänger von Herrn Ortleb, Bundesbildungsminister Möllemann, deutlich, indem er frühzeitig die Devise ausgab:" Die berufliche Weiterbildung ist kein Experimentierfeld für Bildungspolitiker" (Möllemann 1990, S. 9), was nichts anderes hieß, als die Umwandlung des beruflichen Weiterbildungsbereichs unter den Primat der Aktivitäten zur Förderung der beruflichen Bildung im AFG zu stellen und auf die „normative Kraft des Faktischen" bei der Durchsetzung marktkonformer Strukturen zu setzen.

Die historisch gewachsenen beruflichen Weiterbildungsstrukturen der vergangenen DDR wurden demnach als eine Hypothek eingestuft, die für eine Assimilierung als nicht geeignet angesehen wurde. Damit war ein politisch initiierter Weg vorgezeichnet, die Reorganisation der Weiterbildung und der Bedingung geringer Kontinuität in den Vorbildkoordinaten nach den Prinzipien und Systemstrukturen in der westdeutschen Weiterbildungslandschaft vorzunehmen (Achtel 1992). Zeitgleich zur Reorganisation mußte folglich ein Prozeß der Destruktion von traditionellen Strukturen beruflicher Weiterbildungsorganisation in der ehemaligen DDR in Gang gesetzt werden, der bestehende Ressourcen und Kapazitäten, insbesondere auf betrieblicher Ebene als dem Nukleus beruflicher Weiterbildung und Qualifizierung, ausschaltete (vgl. Dietrich 1991; Meier 1993; Autsch/Brandes/Walden 1991; Dobischat/Neumann 1991).

Mit der Ausdünnung betrieblicher Weiterbildung zugunsten der überbetrieblichen Qualifizierung gingen nicht nur die zentralen Anknüpfungspunkte für die Schaffung qualifikatorischer Voraussetzungen im Zuge betrieblicher Reorganisation und Umstrukturierung verloren, sondern die fehlenden Übungsfelder zum Erwerb überfachlicher Kompetenzen erwiesen sich als die zentrale Engpaßvariable. Bekannterweise stehen sie in der Verbindung mit der Vermittlung fachlicher Qualifikationen im Zielsystem betrieblich-organisierter Lernprozesse mit zunehmendem Bezug zum arbeitsplatznahen Lernen an oberster Stelle (vgl. Dehnbostel u.a. 1992). Bedenkt man, daß das Lernen im Prozeß der Arbeit das didaktisch-methodische Kernkonstrukt beruflicher Weiterbildung in der ehemaligen DDR darstellte (vgl. Lipsmeier/Dobischat u.a. 1995) und in dieser Form zur Identitätsbildung beitrug, so kann es nicht verwundern, daß die subjektiv erfahrenen Brüche in den Erwerbs- und Lernbiographien in Korrespondenz mit nunmehr außerbetrieblichen Formen der Inhalts- und Kompetenzvermittlung auch Motive für „Weiterbildungsabstinenz" freisetzen, zumal dann, wenn künftige Arbeitsmarktperspektiven nicht eingeschätzt werden können (vgl. Bolder 1994, S. 208).

Mit der Etablierung marktförmiger und pluraler Strukturen nach westdeutschem Muster und unter massiver finanzieller Hilfestellung durch die AFG-Förderung kam es rasch zu einer explosionsartigen Gründerwelle von

Bildungseinrichtungen außerhalb der Betriebe, die sich mit ihren Angeboten an den Bedingungen des Arbeitsförderungsgesetzes und des Berufsbildungsgesetzes orientierten. Mit einer Trägerstruktur von freien, kommerziellen Anbietern, die aus dem Westen bekannte Bildungskonzepte ohne erforderliche Adaptionen importierten und damit zum Teil Schulungsziele ansteuerten, für die es vom Arbeitsmarkt keine gesicherten Bedarfssignale gab, baute sich eine Weiterbildungsinfrastruktur analog dem westdeutschem Vorbild auf. Mit diesem Import war auch die Übernahme der aus der westdeutschen Diskussion bekannten Probleme bezüglich des Zugangs zur Weiterbildung, der Transparenz von Weiterbildung, der Qualität in der Weiterbildung, des Teilnehmerschutzes und die Berücksichtigung von Teilnehmerinteressen in der Weiterbildung, um nur einige Punkte zu nennen, verknüpft, so daß sich diese Problemlagen vor dem Hintergrund der sich schnell vollziehenden und unkontrollierten Reorganisation verschärften (vgl. Friebel 1993).

Der Expansion außerbetrieblicher Angebote in der ersten Phase bis 1993/94 stand ein Bedeutungsverlust des Lernortes Betrieb gegenüber (vgl. Kurz-Scherf/Mahnkopf 1993; Weiß u.a. 1993; Dobischat/Husemann 1992 und 1994). Dabei muß jedoch zwischen unterschiedlichen betrieblichen bzw. branchenspezifischen Aktivitätsmustern differenziert werden. Während neugegründete bzw. von der Treuhand bereits privatisierte Betriebe, zumeist mit Unterstützung der westdeutschen Konzernzentralen, relativ schnell ein knowhow in Sachen betrieblicher Weiterbildung entwickelten und sie für erforderliche betriebliche Umstrukturierungsprozesse nutzten, blieben Treuhandbetriebe, die noch vor der Privatisierung oder Liquidierung standen, deutlich hinter dieser Entwicklung zurück. Im Vergleich der betrieblichen Aufwendungen für die berufliche Weiterbildung liegen die neuen hinter den alten Bundesländern nach wie vor deutlich zurück (vgl. Wahse/Bernien 1994, S. 42).

Hatte die AFG-Förderung insbesondere in den Jahren 1991 und 1992 eine Offensive in der Bildungsbeteiligung ausgelöst, wurde mit der 10. Novellierung des AFG im Jahre 1993 und dem „1. Gesetz zur Umsetzung des Spar-, Konsolidierungs- und Wachstumsprogrammes" zum 1.1.1994 der Rückzug eingeleitet. Beide Gesetze reduzierten die Weiterbildungsförderung auf ein arbeitsmarktpolitisches Mindestmaß. Sie markieren damit den vorläufigen Abschluß einer Entwicklung der sukzessiven Rücknahme ursprünglicher Ziele der Weiterbildungsförderung im AFG (vgl. Sauter 1994, S. 346). Das Umschalten in der Förderungspolitik auf „Stop" hatte nicht nur die Durchsetzung eines erneuten Sparkurses zur Folge, sondern diente auch der Eindämmung der ungezügelten institutionellen Expansion in der Bildungslandschaft, wobei sich insbesondere an den fehlenden Qualitätsstandards in den Bildungsangeboten die zentrale Kritik entzündet hatte (vgl. Faulstich 1992, S. 264).

Zwischenfazit

Der Reorganisationsprozeß der beruflichen Weiterbildung wurde durch die Qualifizierungsoffensive OST aufgrund expansiver AFG-Förderung in Gang gesetzt (vgl. Bröker/Dobischat/Lipsmeier u.a. 1995, S. 291ff.). Mit dem Instrument der beruflichen Weiterbildung gelang es, den Arbeitsmarkt in den Jahren 1991 und 1992 um jeweils ca. 900 Tsd. Personen in berufliche Qualifizierungsmaßnahmen zu entlasten. Parallel zur arbeitsmarktpolitischen Offensive erfolgte eine bildungspolitisch initiierte institutionell-strukturelle Reorganisation im beruflichen Weiterbildungssystem. Im Ergebnis wurden historisch gewachsene Strukturen und Kooperationsformen im Weiterbildungssystem der ehemaligen DDR mit dem Lernzentrum „Betrieb" weitgehend demontiert und durch eine marktförmige, außerbetriebliche und plurale Systemstruktur substituiert. Mit dem Ende der Weiterbildungsoffensive infolge restriktiverer Förderungsmodalitäten reduzierten sich die Teilnehmerzahlen in den Jahren 1993 und 1994 im Vergleich zu den Jahren 1991 und 1992 um zwei Drittel. Erhöhte Qualitätsstandards an die Maßnahmen sowie verstärkte Wirtschaftlichkeitsanforderungen führten zu einer deutlichen Marktbereinigung in der entstandenen Weiterbildungslandschaft, so daß unter den neuen Bedingungen entstandene Trägerstrukturen und Kooperationsnetze in der Konsequenz erodierten und regionale Ausdünnungen im Infrastrukturgefüge der Weiterbildung die Folge waren. Mit der „zweiten" Auskämmung innerhalb der entstandenen Weiterbildungsstrukturen blieben insbesondere solche Bildungsträger auf der Strecke, die als typische „Ostanbieter" aus ehemals betrieblichen Bildungseinrichtungen und Kombinaten hervorgegangen waren. Ebenfalls zurückgedrängt wurde das berufliche Bildungsangebot der Volkshochschulen. Mit der Neugründung von Unternehmen bzw. durch die Privatisierungspolitik der Treuhand erlebte der Lernort „Betrieb" eine Renaissance, da zunehmend konkurrenzfähige Betriebe das Instrument der beruflichen Qualifizierung bei betrieblichen Umstrukturierungsprozessen nutzten. In der Folge zeichneten sich die Markierungslinien zwischen betrieblich und öffentlich finanzierter Weiterbildung deutlicher ab, so daß die Strukturmerkmale der West-Weiterbildung mit marktorientierter Regulation vollzogen waren. Mit der verstärkten Konturierung beider Bereiche war zugleich die Basis für eine Ingangsetzung der Verschärfung arbeitsmarktlicher Segmentation gelegt (vgl. dazu Baethge 1992, S. 313ff.).

Faulstich (1993, S. 25) hat den zuvor skizzierten Transformationsprozeß der beruflichen Weiterbildung als das Auseinanderfallen von Intendiertem und Realisiertem charakterisiert. Er konstatiert ein „Struktur- und Regulations-Paradox", indem er feststellt, daß die Destruktion des ehemals hochgradig bürokratisierten Weiterbildungssystems in der DDR ungeachtet der Tatsache eingeleitet wurde, daß sich die Weiterbildung im Westen im Trend höherer Systematisierung befindet und dies durch ein Politikkonzept induziert wurde, das zwar mehr Markt durchsetzen will, sich dabei aber massiver staatlich-finanzieller Ressourcen bedient, um Strukturen einzuziehen, die im Westen so politisch nicht hätten durchgesetzt werden können.

4. Bilanz und Perspektiven

Eine vorläufige Bilanz des Einsatzes der beruflichen Weiterbildungsförderung im Rahmen der Arbeitsmarktpolitik nach fünf Jahren Transformation muß die erzielte Wirkungsbreite des eingesetzten Instrumentariums analysieren und die Ergebnisse nach dem jetzigen Reformbedarf bewerten. Aus beschäftigungs- und sozialpolitischer Sicht kann dem Einsatz der Arbeitsmarktpolitik und besonders der beruflichen Weiterbildungsförderung, angesichts des drastischen Beschäftigungsrückgangs von über drei Mio. Arbeitsplätzen in den neuen Ländern, ein hoher Wirkungsgrad attestiert werden. Nicht nur, daß der massive Einsatz arbeitsmarktpolitischer Instrumente durch ihre Entlastungs- und Feuerwehrfunktion ein weiteres Ansteigen der Massenarbeitslosigkeit verhinderte, sondern es konnte z.B. auf individueller Ebene über die Teilnahme an beruflichen Bildungsmaßnahmen, dies zumindest übergangsweise, die soziale Absicherung erreicht und über den Qualifikationserwerb Perspektiven für künftige Beschäftigung gewonnen werden. Andererseits haben die Erfahrungen mit dem AFG-Einsatz die Grenzen und Reichweiten des AFG nachhaltig dokumentiert.

Die Probleme hierfür liegen auf verschiedenen Ebenen:

a) Der Transformationsprozeß ist eingebettet in tiefgreifende strukturell-wirtschaftliche Veränderungen. Betriebe und Unternehmen wie auch die Erwerbstätigen sind von diesen Veränderungen gleichermaßen betroffen. Der enorme Anpassungsbedarf der Betriebe an Marktbedingungen war in den neuen Ländern nur durch umfassende Reorganisationsmaßnahmen sicherzustellen. Problematisch hierbei wirkte sich aus, daß die öffentlich-berufliche Weiterbildungsförderung quantitativ in zu geringem Umfang die betrieblichen Reorganisationsmaßnahmen durch eine flankierende Qualifizierung unterstützten. Der fehlende Brückenschlag zwischen öffentlicher Finanzierung und betrieblicher Trägerschaft beruflicher Qualifizierung führte auf individueller Ebene nicht nur zur Abkoppelung von betrieblichen Beschäftigungsperspektiven, sondern durchbrach auch die bestehenden Kontinuitäten zu den betrieblichen Lernorten, Arbeitsprozessen und sozialen Bezügen mit ihren Kooperations- und Kommunikationsstrukturen.

b) Mit der bildungspolitisch induzierten Reorganisation des beruflichen Weiterbildungssystems nach marktorientierten Organisationsprinzipien wurde der betriebliche Ablösungsprozeß beruflicher Qualifizierung durch Verlagerung in die außerbetriebliche Sphäre unterstützt. Die damit vollzogene

Rückdrängung betrieblicher Bedarfe wie auch subjektiver Lerninteressen wurde durch Rückgriff auf Bildungskonzepte betriebsexterner Anbieter beschleunigt, die mit den angestrebten Qualifikationszielen den externen Arbeitsmarkt ins Blickfeld nahmen. Angesichts der vielfältigen Unschärfen bezüglich der künftigen arbeitsmarktlichen Verwertung der erworbenen Qualifikationen übernahm die AFG-Weiterbildung verstärkt Aufgaben einer Qualifizierung auf Vorrat. Damit waren die Grundlagen für die Teilung des beruflichen Weiterbildungsmarktes in zwei Segmente gelegt. Auf der einen Seite kristallisierte sich sukzessiv die abgeschlossene und selektiv wirkende innerbetriebliche Weiterbildung für die Kernbelegschaften im Prozeß betrieblicher Modernisierung und Reorganisation heraus; auf der anderen Seite existiert die AFG-geförderte berufliche Weiterbildung, mit der Arbeitslosen der Wiedereinstieg ins Erwerbsleben ermöglicht werden sollte. Während im Falle der Teilnahme an betrieblicher Weiterbildung durchaus eine karrierefördernde bzw. arbeitsplatzstabilisierende Wirkung unterstellt werden kann, gilt dies für die Absolventen der AFG-Weiterbildung nicht uneingeschränkt. So waren z.B. nur 43 Prozent der Absolventen einer Bildungsmaßnahme in den neuen Bundesländern sieben Monate nach Abschluß des Lehrgangs beschäftigt (vgl. Blaschke/Nagel 1995, S. 195), so daß das Erfolgskriterium „Wiedereingliederung" skeptisch zu beurteilen ist. Darüber hinaus kann eine Wirksamkeit der AFG-Politik im Hinblick auf die überproportionale „Einbeziehung benachteiligter Erwerbsgruppen" ebenfalls nicht bescheinigt werden (vgl. Mätzke 1995, S. 28).

c) Mit der Differenzierung des Weiterbildungsmarktes in ein betriebliches und ein außerbetrieblich-finanziertes Segment mit geringen Schnittstellen wird verhindert, daß die betriebsbezogene Personalpolitik und öffentliche Arbeitsmarktpolitik stärker zusammenwirken. Dabei ist eine Vernetzung beider Bereiche sinnvoll. Erforderlich hierzu ist aber die Verkoppelung der Ressourcen beider Bereiche. Gestützt auf die Erfahrungen mit betrieblichen Beschäftigungsplänen in den 80er Jahren (vgl. Bosch 1990 und 1995), die betriebliche Sozialplanmittel mit Mitteln der AFG-Förderung kombinierten und Qualifizierungsmodelle für die von Arbeitslosigkeit bedrohten Beschäftigten bereitstellten, wurden in den neuen Ländern „Beschäftigungs- und Qualifizierungsgesellschaften", ergänzt durch „Gesellschaften zur Arbeitsförderung, Beschäftigung und Strukturentwicklung" (ABSen), gegründet. Aus heutiger Sicht sind die ursprünglichen ambitionierten Erwartungen, mit der Gründung von Auffanggesellschaften die Beschäftigungseinbrüche abzufangen, die betriebliche Orientierung zu erhalten, der Zersplitterung zwischen betrieblicher und außerbetrieblicher Weiterbildungsorganisation entgegenzuwirken und eine weiterreichende strukturpolitische Perspektive in den Blick zu nehmen, zurückhaltend zu beurteilen. Die Erfahrungen zeigen, daß diese Konzepte, die eine Vielzahl arbeitsmarktpolitischer Maßnahmen, wie z.B. Arbeitsbeschaffungsmaßnahmen, Kurzarbeit und Qualifizierung, zielgruppenbezogen kombinierten, in ihrer Brückenfunktion bestenfalls geeignet sind, den betriebsexternen Wandel mitzuorganisieren (vgl. Knuth 1995; Neumann/Spies 1995; Buttler 1992; Brinkmann/Hiller/Völkel 1995; Baur/Kühnert/Schwegler-Rohmeis 1995; Hild 1995).

d) Die beschäftigungspolitische Transformationskrise stellt sich insbesondere in den neuen Ländern in Form regionaler Strukturkrisen dar, deren Bewältigung kaum durch den alleinigen Einsatz des AFG-Instrumentariums geleistet werden kann. Zwar kann mit einer breitflächig angelegten Weiterbildungspolitik Einfluß auf das qualifikatorische Niveau der Erwerbspersonen genommen und damit Engpässe am Arbeitsmarkt beseitigt und ein Beitrag zu einer verbesserten regionalen Infrastruktur und Standortqualität geleistet werden. In Anbetracht fehlender Signale aus anderen Politikfeldern, wie z.B. der Wirtschafts-, Struktur- und Beschäftigungspolitik, kann sie innerhalb des begrenzten AFG-Instrumentariums allerdings nur eine komplementäre Funktion zur regionalen Vitalisierung übernehmen. Die Ergebnisse des fünfjährigen Transformationsprozesses machen deutlich, daß der notwendige Brückenschlag zur regionalen Strukturpolitik bisher nicht erfolgt ist, so daß sich regionale Disparitäten durch Ausdünnung von Qualifikationspotentialen weiter verstärken. Die in der Politik vertretene Perspektive, bei der Krisenbewältigung zunehmend auf regionale Lösungspotentiale zu setzen, macht für den Aktionsradius der beruflichen Weiterbildung nicht nur Grenzen deutlich, sondern läßt auch Handlungsmöglichkeiten erkennen, die aber offenkundig nur gering genutzt werden und deren systematische Entwicklung noch aussteht (vgl. Dobischat 1993).

e) Berufliche Weiterbildung konstituiert sich in einem Geflecht vielfältiger Akteure, partikularer Interessen, rechtlich-finanzieller Zuständigkeiten und curricular differenzierter Strukturen. Die daraus resultierende Zerklüftung im Weiterbildungssystem hat eine Reihe von Problemstellungen produziert, die ungelöst sind und mit der Umwälzung der Weiterbildungsstrukturen in den neuen Ländern zur Defiziterhöhung führten. Gerade unter regionalen Aspekten wären Strategien anzusteuern, die darauf abzielen, verschiedene Handlungsebenen und Handlungsfelder (vgl. Sauter 1993; Kloas 1996) in Qualifizierungsnetzwerken (vgl. Wegge 1996; Schmid 1994) zusammenzuführen, wie es beispielsweise mit der Gründung „Regionaler Qualifizierungsentwicklungszentren" in den neuen Ländern intendiert wurde (vgl. Hübner/Bentrup 1995). Kerngedanke derartiger Konzepte ist es, Dienstleistungen den beteiligten Akteuren anzubieten, um die Informations- und Beratungsabläufe besser zu koordinieren, Programme abzustimmen, Bedarfslagen zu ermitteln und Qualitätsstandards zu erarbeiten. Dazu muß aber sichergestellt sein, daß die hierzu notwendigen mehr oder weniger institutionalisierten Konstrukte zur Kooperation über einen Konsens der daran beteiligten Akteure zu definieren sind, was nach den bisherigen Erfahrungen durchaus problematisch sein dürfte. Wenngleich hiermit erste Ansatzpunkte für eine effektivere und optimierte regionale Steuerung beruflicher Weiterbildungsprozesse gegeben sein könnten, darf dies doch nicht darüber hinwegtäuschen, daß jenseits institutioneller Formen der Kooperation auf regionaler Ebene für die berufliche Weiterbildung grundsätzlich eine höhere öffentliche Verantwortung für die Gestaltung von Markttransparenz, Rahmensetzung, Qualitätskontrolle, Teilnehmerschutz sowie regionaler und lokaler Koordination übernommen werden muß (vgl. Buttler 1994, S. 41).

f) Dem Verständnis des AFG liegt eine enge Verbindung mit den Regelungen des Berufsbildungsgesetzes zugrunde. Ziel des AFG ist die Ermöglichung eines Berufswechsels oder eines beruflichen Aufstiegs. Sichergestellt war die Qualität der Bildungsmaßnahmevermittlung durch die Orientierung an überregional geltenden Standards und Abschlüssen nach dem Berufsbildungsgesetz oder staatlichen Instanzen, die die Arbeitsmarktgängigkeit der Zertifikate in berufsfachlichen Arbeitsmärkten garantierten. Die Herausnahme der beruflichen Aufstiegsfortbildung aus dem Förderungskatalog AFG hat in Verbindung mit der Dominanz der weitgehend ungeregelten und wenig zertifizierten, kurzfristigen Anpassungsfortbildung eine „Ordnungslücke" entstehen lassen. Zwar hat die „Ordnungslücke" zu einer Verbesserung des Instrumentariums zur Messung der Maßnahmequalität durch entsprechende Aktivitäten der Bundesanstalt für Arbeit geführt, eine Einbeziehung der Anpassungsweiterbildung in Konzepte zum Erwerb anerkannter Abschlüsse ist damit jedoch nicht verbunden. Das arbeitsmarktpolitisch Notwendige im Sinne kurzfristiger Anpassungsqualifizierung zur schnellen Reintegration ist damit nicht deckungsgleich mit dem weiterbildungspolitisch Notwendigen im Sinne des perspektivischen Erwerbs arbeitsmarktgängiger Zertifikate; insbesondere dann, wenn es sich bei den Adressaten um Problemgruppen des Arbeitsmarktes handelt, die besondere zielgruppenorientierte Curricula benötigen. Hierzu bleibt eine Verbindung von arbeitsmarkt- und bildungspolitischen Zielsetzungen erforderlich, die es ermöglichen, die bestehenden förderrechtlichen, wie z.B. die Trennung von allgemeiner und beruflicher Bildung, und ordnungspolitische Barrieren, wie z.B. die öffentliche Förderung betrieblicher Weiterbildung, zu überschreiten (vgl. Sauter 1994, S. 353). Damit gerät auch die Frage der Regulierung beruflicher Weiterbildung im Zusammenspiel mit der Qualitätsdebatte verstärkt ins Blickfeld (Dobischat/Husemann 1995).

g) Der hier skizzierte Zusammenhang von beruflicher Weiterbildung und Arbeitsmarktpolitik legt angesichts vielschichtiger Implikationen nahe, über die Zukunftsperspektiven des AFG nachzudenken. Wenngleich die Diskussion um das AFG und seine Reformnotwendigkeit Tradition hat und immer dann intensiv geführt wurde, wenn finanzpolitische Kalküle zur Amputation aktiver Elemente der Arbeitsmarktpolitik, wie z.B. der beruflichen Bildung, führten (vgl. Seifert 1995, S. 8), belegen die Erfahrungen mit dem Transformationsprozeß eindringlich den erforderlichen Revisionsbedarf. Dabei kann es nicht wie bisher um partielle Novellierungen in einzelnen Instrumenten oder Veränderungen im Leistungsgefüge gehen, vielmehr muß der Fokus auf eine zukunftsorientierte Ausrichtung der Arbeitsmarktpolitik gelegt werden, der auch die bislang überfrachteten Ansprüche an die Leistungsfähigkeit des AFG relativiert. Hierzu hat die SPD-Bundestagsfraktion den Entwurf eines neuen „Arbeits- und Strukturförderungsgesetzes" vorgelegt, in das auch Vorschläge des „Arbeitskreises AFG-Reform" eingegangen sind (vgl. Arbeitsgemeinschaft für Arbeitnehmerfragen in der SPD 1995; Arbeitskreis AFG-Reform 1994). Die Eckpunkte dieses Gesetzentwurfes bezüglich der Qualifizierungselemente, die eine Richtungsänderung von der kurativ-passiven zur aktiv-vorausschauenden Förderung einleiten und die restriktive Förderungspraxis in den letzten Jahren umkehren soll, sind folgende:

- Wiederherstellung eines Rechtsanspruchs auf berufliche Weiterbildung;
- Wiedereinbeziehung der beruflichen Aufstiegsfortbildung in das AFG;
- Anhebung des Unterhaltsgeldes bei Teilnahme an beruflicher Weiterbildung über das Niveau des Arbeitslosengeldes;
- Einbeziehung von besonderen Maßnahmen für ausgewählte Zielgruppen;
- Herstellung eines Brückenschlages zur Strukturpolitik durch wirtschaftsnahe Qualifizierung in Betrieben;
- Stärkung der regionalen Ausrichtung wirtschaftsnaher Qualifizierung und Wirtschaftsförderung;
- Erweiterung der Handlungskompetenzen der regionalen Arbeitsverwaltungen (Einrichtung sogenannter Experimentiertöpfe);
- Verbreiterung der Finanzierungsbasis durch eine erweiterte Steuerfinanzierung;
- Verstetigung der Finanzierung zur Gewinnung von Planungssicherheit durch Ablösung der bisherigen Stop-and-Go-Politik.

Die AFG-geförderte berufliche Weiterbildung stellt aber nur eine Seite der Medaille dar. Mit dem Transformationsprozeß, der unter dem puristischen Etikett vom „Plan zum Markt" seine Umsetzung fand, sind neben Reformbestrebungen im AFG aber zugleich auch drängende Strukturprobleme im System der beruflichen Weiterbildung erneut auf die Tagesordnung gesetzt worden. Dies betrifft insbesondere die Vielzahl von unübersichtlichen Regelungswerken und gesetzlichen Zuständigkeiten. Zwar ist der Regulierungs- und Steuerungsbedarf der beruflichen Weiterbildung aufgrund der Komplexität des Gegenstandsbereichs und der differenzierten Aufgabenstellungen sicherlich nicht mehr ausschließlich über verstärkte staatliche Kontrolle und

Intervention zu lösen. Komplementär zur Revision des Arbeitsförderungsgesetzes und der darin enthaltenen beruflichen Weiterbildung ist es daher überfällig, die Diskussion über ein Rahmengesetz für das Gesamtsystem der Weiterbildung zu intensivieren, das z.B. öffentliche Verantwortung und die Finanzierung sicherstellt, Ansprüche auf Teilnahme umfassend regelt und Benachteiligungen abbaut, Qualitätsstandards gewährleistet, Bildungsgänge flexibel gestaltet und Durchlässigkeiten über Zertifikate garantiert. Vielleicht könnte ein solches Rahmengesetz eine ganze Reihe von Einzelverordnungen überflüssig machen oder zumindest für eine Vereinheitlichung sorgen. Aus Sicht der Forschung, ganz besonders im Rahmen des Transformationsprozesses, ist es kaum noch rational nachvollziehbar, einer politisch-ideologischen Diskussion zu folgen, die weder den Arbeitslosen, den Beschäftigten noch den Betrieben irgendwelche Perspektiven eröffnet.

Literatur

Achtel, K.: Zur beruflichen Bildung Erwachsener in der ehemaligen DDR. In: Pütz, Helmut, a.a.O. 1992, S. 245-251

Akademie für Raumforschung und Landesplanung (Hg.): Berufliche Weiterbildung als Faktor der Regionalentwicklung. Hannover 1993

Arbeitsgemeinschaft für Arbeitnehmerfragen in der SPD (Hg.): Das 500.000 – Job – Gesetz. SPD-Bundestagsfraktion legt neues Arbeits- und Strukturförderungsgesetz vor. Bonn 1995

Arbeitskreis AFG-Reform (Hg.): Memorandum für ein neues Arbeitsförderungsgesetz. Düsseldorf 1994

Autsch, B./Brandes, H./Walden, G.: Bedingungen und Aufgaben bei der Umgestaltung des Berufsbildungssystems in den neuen Bundesländern. Berlin und Bonn 1991

Bach, W.: 25 Jahre Arbeitsförderungsgesetz – ein Grund zum Feiern? In: Sozialer Fortschritt, Heft 6/1994, S. 133-140

Baethge, M.: Die vielfältigen Widersprüche beruflicher Weiterbildung. In: WSI-Mitteilungen, Heft 6/1992, S. 313-321

Baur, M./Kühnert, U./Schwegler-Rohmeis: Zum Funktionswandel von Arbeitsförderungsgesellschaften anhand ihrer bisherigen Entwicklung im Land Brandenburg. In: Mitteilungen aus der Arbeitsmarkt- und Berufsforschung, Heft 4/1995, S. 492-502

Blanke, B./Wollmann, H. (Hg.): Die alte Bundesrepublik. Kontinuität und Wandel. Opladen 1992

Blaschke, D./Koller, M./Kühlewind, G./Möller, U./Stooß, F.: Qualifizierung in den neuen Bundesländern. Nürnberg (MatAB, Heft 7/1990)

Blaschke, D./Nagel, E.: Beschäftigungssituation von Teilnehmern an AFG-finanzierter beruflicher Weiterbildung. In: Mitteilungen aus der Arbeitsmarkt- und Berufsforschung, Heft 2/1995, S. 195-213

Blien, U./Hirschauer, F.: Weder Konvergenz noch Mezzogiorno – Zur Entwicklung regionaler Disparitäten in Ostdeutschland. In: Beschäftigungsobservatorium Ostdeutschland, Heft 16/17/1995, S. 14-17

Bolder, A.: Widerstand gegen Weiterbildung – ein Lehrstück über blinde Flecken sozialwissenschaftlicher Forschung. In: Sozialwissenschaften und Berufspraxis, Heft 3/1994, S. 199-213

Bosch, G.: Qualifizieren statt Entlassen. Beschäftigungspläne in der Praxis. Opladen 1990

Bosch, G.: Wenn Personalabbau droht. In: WSI-Mitteilungen, Heft 7/195, S. 422-430

Brinkmann, Chr.: Arbeitsmarktpolitik in Ostdeutschland: eine Zwischenbilanz nach fünf Jahren Transformation. In: Beschäftigungsobservatorium Ostdeutschland, Heft 16/17/1995, S. 4-9

Brinkmann, Chr./Hiller, K./Völker, B.: Zur Entwicklung von Beschäftigungsgesellschaften in Ostdeutschland. In: Mitteilungen aus der Arbeitsmarkt- und Berufsforschung, Heft 4/1995, S. 479-491

Brinkmann, Chr./Wiedemann, E.: Arbeitsmarktrisiken im ostdeutschen Transformationsprozeß: Ergebnisse des Arbeitsmarkt-Monitors 1989 bis 1994. In: Mitteilungen aus der Arbeitsmarkt- und Berufsforschung, Heft 3/1995, S. 323-338

Bröker, A./Dobischat, R./Lipsmeier, A./Düsseldorff, K./Huebner, Chr./Klasen, F.: Institutionell-strukturelle Reorganisation beruflicher Weiterbildung unter den Rahmenbedingungen des Arbeitsförderungsgesetzes im Kontext regionaler Transformationsprozesse in den neuen Bundesländern. Karlsruhe/Duisburg 1995

Bundesministerium für Bildung und Wissenschaft (Hg.): Betriebliche Weiterbildung. Forschungsstand und Forschungsperspektiven. Bad Honnef 1990

Bundesministerium für Bildung und Wissenschaft (Hg.): Berichtssystem Weiterbildung 1991. Integrierter Gesamtbericht zur Weiterbildungssituation in den alten und neuen Bundesländern. Bad Honnef 1993

Buttler, F.: Wie weit reicht die Brückenfunktion der Arbeitsmarktpolitik in Ostdeutschland? In: WSI-Mitteilungen, Heft 11/ 1992, S. 721-728

Buttler, F.: Berufliche Weiterbildung als öffentliche Aufgabe. In: Mitteilungen aus der Arbeitsmarkt- und Berufsforschung, Heft 1/1994, S. 33-42

Dietrich, R.: Das System beruflicher Erwachsenenbildung in der ehemaligen DDR mit Ausblick auf künftige Strukturprobleme in den neuen Bundesländern. In: Mitteilungen aus der Arbeitsmarkt- und Berufsforschung, Heft 2/1991, S. 432-439

Dobischat, R./Lipsmeier, A./Drexel, I.: Der Umbruch des Weiterbildungssystems in den neuen Bundesländern. Münster 1996

Dobischat, R.: Analysen und Perspektiven regionalisierter Berufsbildungsforschung. In: Akademie für Raumforschung und Landeskunde (Hg.), a.a.O., S. 8-31

Dobischat, R./Husemann, R.: Berufliche Weiterbildung im Spannungsfeld betrieblicher und außerbetrieblicher Strukturen in den neuen Ländern. Beschleunigte Segmentationstendenzen in den Beschäftigungschancen. In: WSI-Mitteilungen, Heft 6/1992, S. 348-355

Dobischat, R./Husemann, R.: Berufliche Weiterbildung als regionalpolitischer Innovationspfad in den neuen Ländern. In: Akademie für Raumforschung und Landeskunde (Hg.), a.a.O. 1993, S. 111-128

Dobischat, R./Husemann, R.: Betriebliche Weiterbildung als Element regionaler Arbeitsmarktpolitik in den neuen Bundesländern. In: Heinelt, Hubert/Bosch, Gerhard/ Reissert, Bernd (Hg.), a.a.O. 1994, S. 197-213

Dobischat, R./Husemann, R. (Hg.): Berufliche Weiterbildung als freier Markt? Regulationsanforderungen der beruflichen Weiterbildung in der Diskussion. Berlin 1995

Dobischat, R./Lipsmeier, A.: Betriebliche Weiterbildung im Spannungsfeld von Technikanwendung, Qualifikationsentwicklung und Personaleinsatz. In: Mitteilungen aus der Arbeitsmarkt- und Berufsforschung, Heft 2/1991, S. 344-350

Dobischat, R./Lipsmeier, A./Hübner, Chr./Bröker, A./Düsseldorff, K./Klasen, F.: Probleme der Reorganisation der beruflichen (betrieblichen) Weiterbildung in den fünf neuen Bundesländern. Karlsruhe/Duisburg 1995

Dobischat, Rolf/Neumann, Godehard (1987a): Betriebliche Weiterbildung und staatliche Qualifizierungsoffensive. In: WSI-Mitteilungen, Heft 10, S. 599-607

Dobischat, Rolf/Neumann, Godehard (1987b): Qualifizierungsoffensive in wessen Interesse? In: Berufsbildung in Wissenschaft und Praxis, Heft 1, S. 6-13
Dobischat, R./Neumann, G.: Qualifizierungs- und beschäftigungspolitische Perspektiven in den fünf neuen Bundesländern. In: Gewerkschaftliche Bildungspolitik, Heft 4/1991, S. 1-84
Döring, P. A./Weishaupt, H./Weiß, M. (Hg.): Bildung in sozioökonomischer Sicht. Köln/Wien 1989
Gössel, G.: Licht und Schatten der marktwirtschaftlichen Grundsanierung ostdeutscher Betriebe. In: Schmidt, Rudi/Lutz, Burkart (Hg.), a.a.O. 1995, S. 107-135
Faulstich, P.: Situation und Perspektiven der Weiterbildung in den „alten" und „neuen" Bundesländern. In: Gewerkschaftliche Bildungspolitik, Heft 11/1992, S. 262-267
Faulstich, P.: Weiterbildung in den „fünf neuen Ländern" und Berlin. Düsseldorf 1993
Friebel, H. u.a.: Der gespaltene Weiterbildungsmarkt und die Lebenszusammenhänge der Teilnehmer/-innen. In: Friebel, H., a.a.O. 1993
Friebel, H. u.a. (Hg.): Weiterbildungsmarkt und Lebenszusammenhang. Bad Heilbrunn/Obb. 1993, S. 1-53
Heinelt, H./Bosch, G./Reissert, B. (Hg.): Arbeitsmarktpolitik nach der Vereinigung. Berlin 1994
Heidenreich, M. (Hg.): Krisen, Kader, Kombinate. Kontinuität und Wandel in ostdeutschen Betrieben. Berlin 1992
Hild, P.: ABS-Gesellschaften – eine problemorientierte Analyse bisheriger Befunde. In: Mitteilungen aus der Arbeitsmarkt- und Berufsforschung, Heft 4/1995, S. 503-515
Hübner, W./Bentrup, U.: Regionalisierung von Weiterbildungsprozessen. Berlin 1995
Husemann, R./Dobischat, R.: Investitionen in der beruflichen Weiterbildung in den neuen Bundesländern durch die Bundesanstalt für Arbeit. In: Recht der Jugend und des Bildungswesens, Heft 1/1993, S. 43-56
Karasch, J.: 25 Jahre Arbeitsförderungsgesetz – Das lange Sterben eines guten Gesetzes. In: arbeit und beruf, Heft 5/1994, S. 133-138
Keller, B.: Einführung in die Arbeitspolitik. München/Wien 1993
Kloas, P.-W.: Modulare Weiterbildung im Verbund mit Beschäftigung – Arbeitsmarkt- und bildungspolitische Aspekte eines strittigen Ansatzes. In: Berufsbildung in Wissenschaft und Praxis, Heft 1/1996, S. 39-46
Knuth, M.: ABS-Gesellschaften zwischen Abbau und Aufbau. In: WSI-Mitteilungen, Heft 7/1995, S. 438-443
Kühl, J.: Das Arbeitsförderungsgesetz (AFG) von 1969. Grundzüge seiner arbeitsmarkt- und beschäftigungspolitischen Konzeption. In: Mitteilungen aus der Arbeitsmarkt- und Berufsforschung, Heft 3/1982, S. 251-260
Kühl, J.: Arbeitsmarktpolitik unter Druck: Arbeitsplatzdefizite und Kräftemangel im Westen, Beschäftigungskatastrophe im Osten: In: Blanke/Wollmann, a.a.O. 1991, S. 482-501
Kurz-Scherf, I./Mahnkopf, B.: Innerbetriebliche Notwendigkeiten und Möglichkeiten zur Qualifizierung aus der Sicht der Beschäftigten. Berlin 1993
Lampert, H.: 20 Jahre Arbeitsförderungsgesetz. In: Mitteilungen aus der Arbeitsmarkt- und Berufsforschung, Heft 2/1989, S. 173-186
Lipsmeier, A./Dobischat, R./Düsseldorff, K./Hübner, Chr.: Curriculare und didaktisch-methodische Aspekte von beruflicher Weiterbildung im Transformationsprozeß in den neuen Bundesländern. Karlsruhe. Duisburg 1995
Lutz, B.: Betriebe im realen Sozialismus als Lebensraum und Basisinstitution. In: Schmidt, R./Lutz, B. (Hg.), 1995 a.a.O., S. 135-158
Mätzke, M.: Wirkungen arbeitsmarktpolitischer Instrumente. Berlin 1995
Meier, A.: Die Probe aufs Exempel: Weiterbildung im sozialen Strukturwandel Ostdeutschlands. In: Meier, A./Rabe-Kleberg, U., a.a.O. 1993, S. 183-198

Meier, A./Rabe-Kleberg, U. (Hg.): Weiterbildung, Lebenslauf, sozialer Wandel. Neuwied/Kriftel/Berlin 1993

Möllemann, Jürgen: „Bildungspolitik ohne Kleinstaaterei". Interview. In: Lernfeld Betrieb, Heft 1/1990, S. 9

Neumann, G./Spies, B.-G.: Ansätze betriebsbezogener Arbeitsmarktpolitik. In: WSI-Mitteilungen, Heft 7/1995, S. 431-438

Ohndorf, W.: Das arbeitsmarktpolitische Programm der Bundesregierung für Regionen mit besonderen Beschäftigungsproblemen vom Mai 1979 (Sonderprogramm 79) – Anregungen für die neuen Bundesländer. In: Mitteilungen aus der Arbeitsmarkt- und Berufsforschung, Heft 3/1992, S. 303-313

Ortleb, R.: Zwischenbilanz und Perspektiven der beruflichen Bildung in den neuen Ländern. In: Berufsbildung in Wissenschaft und Praxis, Sonderheft 1991, S. 3-11

Pütz, H. (Hg.): Innovationen in der beruflichen Bildung. Berlin und Bonn 1992

Sachverständigenrat zur Begutachtung der gesamtwirtschaftlichen Entwicklung (SVR): Jahresgutachten 1990/1991. Stuttgart/Mainz 1990

Sauter, E.: Handlungsebenen der Weiterbildung. Überregionale Ordnungselemente für eine regionale Gestaltung beruflicher Weiterbildung. In: Akademie für Raumforschung und Landesplanung (Hg.) 1993, a.a.O., S. 44-62

Sauter, E.: Herausforderungen an die berufliche Weiterbildung – Recycling oder Prävention. In: Döring, Peter, a.a.O. 1989, S. 141-159

Sauter, E.: Berufliche Weiterbildung im Transformationsprozeß. Fortbildung und Umschulung nach dem 10. Novelle zum Arbeitsförderungsgesetz. In: Recht der Jugend und des Bildungswesens, Heft 3/1994, S. 345-358

Schmid, A./Krömmelbein, S./Klems, W./Gaß, G./Angerhausen, S.: Neue Wege der Arbeitsmarktpolitik für Langzeitarbeitslose – Sonderprogramm und Modellvorhaben. In: Mitteilungen aus der Arbeitsmarkt- und Berufsforschung, Heft 3/1992, S. 323-332

Schmid, A./Krömmelbein, S./Klems, W./Gaß, G.: Neue Wege der Arbeitsmarktpolitik: Implementation und Wirksamkeit des Sonderprogramms. Ausgewählte Ergebnisse der Begleitforschung. In: Mitteilungen aus der Arbeitsmarkt- und Berufsforschung, Heft 2/1993, S. 236-266

Schmid, G.: Reorganisation der Arbeitsmarktpolitik. Märkte, Politische Steuerung und Netzwerke der Weiterbildung für Arbeitslose in der Europäischen Union. Berlin 1994 (Wissenschaftszentrum, discussion paper FS I 94-213)

Schmidt, R./Lutz, B. (Hg.): Chancen und Risiken der industriellen Restrukturierung in Ostdeutschland. Berlin 1995

Schmidt, R. (Hg.): Zwischenbilanz. Analysen zum Transformationsprozeß der ostdeutschen Industrie. Berlin 1993

Seifert, H. (Hg.): Reform der Arbeitsmarktpolitik. Köln 1995

Siebert, Horst (1994): Ostdeutsche Erwachsenenbildung – aus westdeutscher Sicht oder: Von der Bildungspflicht zur Qualifizierungsnotwendigkeit. In: Derichs-Kunstmann, K./Schiersmann, Chr./Tippelt, R. (Hg.): Perspektiven und Probleme der Erwachsenenbildung in den Neuen Bundesländern. Frankfurt/Main 1994

Sitte, R./Tofaute, H.: Vier Jahre Beschäftigungspolitik der Treuhandanstalt. In: WSI-Mitteilungen, Heft 1/1996, S. 55-63

Wahse, J./Bernien, M.: Betriebliche Weiterbildung in ostdeutschen Unternehmen. Berlin 1994

Webber, D.: Zwischen programmatischem Anspruch und politischer Praxis: Die Entwicklung der Arbeitsmarktpolitik in der Bundesrepublik Deutschland von 1974 bis 1982. In: Mitteilungen aus der Arbeitsmarkt- und Berufsforschung, Heft 3/1982, S. 261-275

Weiß, R. u.a.: Innerbetriebliche Notwendigkeiten und Möglichkeiten zur Qualifizierung aus Unternehmenssicht. Berlin 1993

Weiß, R.: Transformation durch betriebliche Weiterbildung. In: Schlaffke, W./Weiß, R. (Hg.), 1993, a.a.O., S. 59-78
Wegge, M.: Qualifizierungsnetzwerke. Opladen 1996

Harald Geißler

Gemeinsamkeiten und Differenzen der institutionellen Kontexte öffentlicher, privatwirtschaftlicher und innerbetrieblicher Weiterbildung

1. Methodologische Vorüberlegungen

Der Systemvergleich der institutionellen Kontexte öffentlicher, privatwirtschaftlicher und innerbetrieblicher Weiterbildung setzt voraus, daß ein *Konsens* im Kreise der Vergleichenden vor allem bezüglich zweier Punkte besteht, nämlich erstens bei der Beantwortung der Frage, auf welche wesentlichen Merkmale dessen, was als institutioneller Kontext bezeichnet wird, man sich einheitlich beziehen und welchen normativen Bewertungsmaßstab man dem Vergleich zugrunde legen solle. Im Kreise derjenigen, die selbst in der öffentlichen, privatwirtschaftlichen und innerbetrieblichen Weiterbildung arbeiten, besteht ein solcher Konsens nicht; und auch im Kreise der sich mit diesen Praxisfeldern befassenden Wissenschaften, also der Erwachsenen- sowie Betriebspädagogik, der Organisationspsychologie und der Personal- und Betriebswirtschaftslehre ist keine einheitliche Antwort zu erwarten. Ja, man wird sogar davon ausgehen müssen, daß es im Kreise jener Wissenschaften zu einem heftigen Streit über die Fassung der Aufgabenstellung kommen würde, weil von betriebswirtschaftlicher Seite gegen die Pädagogik und Psychologie argumentierend darauf hingewiesen würde, daß die Fokussierung der Fragestellung auf den Begriff des „institutionellen Kontextes" eine Antwort präjudiziere, die Weiterbildung als ein im wesentlichen interpersonelles Geschehen betrachte. Das habe zur Konsequenz, das Umfeld dieser Interaktion als Kontext zu dequalifizieren, was vom Standpunkt der Betriebswirtschaftslehre und Managementtheorie, die von der Leitkategorie der Organisation ausgeht und von dort aus interpersonelle Prozesse betrachtet und thematisiert, paradigmatisch nicht hinnehmbar sei.

Dieser Streit läßt sich nicht mit einem Machtwort lösen, und auch die Strategie des Vertagens und Aussitzens ist wenig empfehlenswert, denn sie geht von der resignativen Vorannahme aus, daß es keine tragfähige Lösung geben könne und deshalb jeder Dialog zwischen den drei genannten Praxisfeldern und Bezugswissenschaften der Weiterbildung fruchtlos und folglich unnütz wäre. Von einer solchen Position möchte ich mich distanzieren, weil sie Traditionen, persönliches Gutdünken und/oder wissenschaftspolitische Glaubensbekenntnisse über das Gebot setzt, alle Möglichkeiten wissenschaftlichen Argumentierens zu nutzen. In diesem Sinne sollte der Dissens der genannten drei Praxisfelder und Wissenschaftsbereiche nicht als etwas Bedauerliches oder gar als ein Unglück angesehen werden, sondern als etwas, was in einer postmodernen Gesellschaft (vgl. Beck 1986; 1993) als Normalfall und, bezogen auf den Diskurs der Wissenschaften, als eine Aufgabe und sogar Chance anzusehen ist, die die Einzelwissenschaften dazu zwingt, sich sozusagen den Schlaf der Bequemlichkeit, sich vor den fremden und befremdlich wirkenden Fragen thematischer Nachbarwissenschaften und ihren auf den ersten Blick manchmal wenig überzeugend wirkenden Antworten zu schützen, aus den Augen zu reiben und im Dialog mit ihnen die eigenen *Grundlagen* zu überprüfen.

Um einen solchen Dialog zu führen, müssen die Beteiligten seine Voraussetzungen prüfen, um sicherzustellen, daß sie für alle Seiten gleichermaßen akzeptabel und gewinnbringend sind. Bezogen auf die Frage, wie die Gemeinsamkeiten und Differenzen der institutionellen Kontexte öffentlicher, privatwirtschaftlicher und innerbetrieblicher Weiterbildung zu identifizieren und zu bewerten seien, bedeutet das, daß ein *Thematisierungsleitfaden* gefunden werden muß, der von allen Beteiligten, also von den WeiterbildnerInnen jener drei Praxisfelder sowie auch von den drei diese Praxisfelder untersuchenden und bearbeitenden Bezugswissenschaften konsentiert werden kann. In diesem Sinne schlage ich vor, die hier gestellte Thematik in einem interdisziplinären Diskurs zu behandeln, der jene Thematik zum Anlaß nimmt und zum Medium macht, die eigenen wissenschaftlichen Grundlagen zu überprüfen, indem von *zwei Leitkategorien* ausgegangen wird, nämlich derjenigen der *Bildung* und derjenigen der *Organisation*, und indem versucht wird, die gestellte inhaltliche Thematik und die damit verbundene *grundlagentheoretische Selbstreflexion* mit Blick auf *beide* Leitkategorien zu entfalten. Auf diese Weise wird einer Thematisierungsmethode der Vorzug gegeben, die zum einen der Tradition der Erwachsenenbildung und Organisationspsychologie Rechnung trägt und interpersonelle Lern- und Lernermöglichungsprozesse als Ausgangspunkt für die Betrachtung ihrer institutionellen Kontexte wählt, und die zum anderen gegenläufig hierzu den Deutungsmustern der Betriebswirtschaftslehre und Managementtheorie folgend vom organisationalen Ganzen ausgeht und in diesem Rahmen Weiterbildung thematisiert. In Referenz an diese beiden Leitkategorien ist eine Position gefunden, von der aus im folgenden gezeigt werden soll, daß ein Bildungsbegriff, der den Bedingungen der Postmoderne Rechnung tragen will, nicht ohne den Aspekt des Organisationalen formulierbar ist und daß eine Vorstellung von Organisation, die gleichermaßen den Selbstanspruch stellt, auf der Höhe ihrer Zeit sein zu wollen, nicht ohne Argumente auskommen kann, die inhaltlich mit dem Kriterium eines modernitätstheoretisch begründeten Bildungsbegriffs zusammenfallen.

2. Lern- und kommunikationstheoretische Begründung der Leitkategorien „Bildung" und „Organisation"

Die konzeptionelle Klammer zwischen Bildung und Organisation ist der Mensch bzw. genauer: die *Frage nach dem Wesen des Menschen*. Anhand dieser Frage, auf deren tragfähige Beantwortung nicht nur die Erwachsenenbildung, sondern auch die Organisationspsychologie (z.B. Schein 1980; Weinert 1984, 1987) und Personal- und Betriebswirtschaftslehre (z.B. Matthiesen 1995) angewiesen ist, läßt sich exemplarisch ein Problem aufzeigen, das für alle Sozialwissenschaften von größter grundlagentheoretischer Bedeutung ist. Es geht aus von der Erkenntnis, daß die Antworten der Wissenschaften zunehmend fraglicher werden, weil sie dazu tendieren, uneinheitliche, d.h. schwer vergleichbare und sich oft widersprechende Diagnosen und Empfehlungen zu geben. Unter diesem Trend leidet nicht nur die Erziehungswissenschaft, sondern auch die Organisationspsychologie und Betriebswirtschaftslehre bzw. Managementtheorie. Dieser Streit läßt sich in der Regel auf unterschiedliche *Menschenbilder*, die unversöhnlich nebeneinander bzw. gegeneinander stehen, zurückführen. In dieser Situation, in der sich die allgemeinen Bedingungen der Postmoderne spiegeln, wäre es töricht, einseitig für eine der strittigen Positionen Partei zu ergreifen oder zu versuchen, ihnen eine weitere neu zu entwickelnde entgegenzuhalten.

In dieser aussichtslos erscheinenden Lage, die zu Resignation und Rückzug aus dem öffentlichen Diskurs verleitet, hat Karl Otto Apel (1988a) mit dem Paradigmenwechsel, den er der Philosophie empfiehlt, einen Weg gewiesen, der auch für die hier gestellte Thematik gangbar erscheint. Denn zumindest die Ausgangsproblematik, die er u.a. mit Bezug auf das Problem, ob bzw. wie gesellschaftliche Normen ethisch zu begründen sind (Apel 1988b), entfaltet und dabei zu der Erkenntnis kommt, daß heute keine Aussicht auf einen wissenschaftlichen Konsens besteht, welche inhaltlichen Normen als ethisch gerechtfertigt gelten können, diese Ausgangssituation ist mit der oben beschriebenen identisch. Es ist ein Ergebnis, das wenig verwunderlich ist, weil die Frage, was der Mensch sei, nicht ohne die Frage zu diskutieren ist, was er sein wolle bzw. solle. In diesem Sinne ist die anthropologische Frage nach dem Wesen des Menschen a priori immer auch eine ethische Frage. Dieser Zusammenhang läßt es gerechtfertigt erscheinen, Apels methodologischen Lösungsweg probeweise auf anthropologische und im weiteren auf bildungs- und organisationstheoretische Überlegungen anzuwenden.

Der Grundgedanke, an den Apel anschließt, ist seit Kant bekannt und läßt sich als eine *selbstreflexive Vergewisserung* der Aktivitäten beschreiben, die derjenige, der sich einem bestimmten (philosophischen) Problem zuwendet, notwendigerweise vollziehen muß, um überhaupt eine Chance zu haben, es bearbeiten zu können. Während Kant diese Methode *bewußtseinsphiloso-*

phisch entfaltet und die Bedingungen des Erkennens freilegt, vertritt Apel eine transzendentalpragmatische Position, indem er der in der Tradition Kants stehenden Philosophie vorhält, den Prozeß des Erkennens auf die Dyade „Erkenntnissubjekt-Erkenntnisobjekt" verkürzt, d.h. nicht erkannt zu haben, daß dieser Prozeß in Wirklichkeit immer eine Triade bzw. ein Kommunikationsprozeß zwischen dem erkennenden Subjekt, dem Erkenntnisobjekt und dem erkennenden Mitsubjekt ist. Der ubiquitäre Streit über die richtige Erkenntnis eines zur Diskussion gestellten Gegenstandes hat deshalb eine Chance, geschlichtet und überwunden zu werden, wenn vorgängig die kommunikativen Bedingungen der Möglichkeit von Erkenntnis thematisiert werden (vgl. Welsch 1995, S. 452ff.).

Bevor ich diesen Gedanken weiter verfolge, um ihn konzeptionell für Bildung und Organisation fruchtbar zu machen, möchte ich zuvor versuchen, die oben gestellte Frage nach dem Wesen des Menschen mit Hilfe der Methode der selbstreflexiven Vergewisserung zu beantworten. Ich kann dabei an die sogenannte „negative" Anthropologie Pranges (1978) anschließen, der diese Methode anwendet, ohne sie allerdings als solche zu bezeichnen. Auch er geht von der Tatsache aus, daß der wissenschaftliche Streit über das Wesen des Menschen eine Vielzahl konkurrierender Menschenbilder hervorgebracht hat, die zum Teil unversöhnlich nebeneinander und gegeneinander stehen. In dieser Situation schlägt er den Paradigmenwechsel vor, Erkenntnisse über das Wesen des Menschen dadurch zu gewinnen, daß man diejenigen Bedingungen aufdeckt, die derjenige, der jene Frage stellt, notwendigerweise erfüllen muß. Es sind Bedingungen, die sich auf den so Fragenden beziehen und zu Antworten führen, denen jeder, der sich jene Frage stellt, zustimmen muß. Auf diese Weise entsteht ein Konsens, der für die Frage nach dem Wesen des Menschen grundlegend ist; denn jene Antworten beziehen sich notwendigerweise auf fragende Menschen, so daß sie in dieser Eigenschaft Aussagen über den Menschen schlechthin sind. Die Methode der selbstreflexiven Vergewisserung führt in diesem Sinne zu der Erkenntnis, daß derjenige, der nach dem Wesen des Menschen fragt, diese Frage notwendigerweise als eine *offene Frage* formulieren muß, was die Anerkennung impliziert, daß er die richtige Antwort noch nicht gefunden hat, sowie die Vorannahme offenbart, daß er davon ausgeht, daß es eine richtige Antwort geben kann, so daß die Suche nach ihr sinnvoll ist. In diesem Sinne bildet sich jede offene Frage im Spannungsverhältnis zwischen der Faktizität dessen, was der Fragende bereits weiß und was ihn befähigt, überhaupt seine Frage zu formulieren, und der Kontrafaktizität dessen, was er noch nicht weiß und was ihn motiviert, sich auf den Weg zu machen, nach Antworten zu suchen. Dieses Spannungsverhältnis von Faktischem und Kontrafaktischem ist die Ursache und Bedingungsmöglichkeit jeglichen *Lernens*, so daß Prange in Beantwortung der Frage nach dem Wesen des Menschen zu der Erkenntnis kommt, daß Lernen seine Grundverfaßtheit ist, die dazu berechtigt, ihn als *„homo discens"* (ebd., S. 39) zu bezeichnen.

Diese Erkenntnis und die Methode, die sie ermöglicht, ist für den Begriff und das Konzept „Bildung" von Bedeutung (vgl. z.B. Forneck 1992). Denn Kants Transzendentalphilosophie hat der Pädagogik die Möglichkeit verstellt, ihren konzeptionellen Ausgang von vorpädagogischen Gewißheiten über das Wesen und den zielsetzenden Sinn des Menschen, der Gesellschaft und der Schöpfung zu nehmen und auf sie Lernen und Lehren zu verpflichten, sondern sie gezwungen, sich *autonom*, d.h. ohne Rekurs auf vorpädagogische Autoritäten zu begründen. Dieser Paradigmenwechsel der Pädagogik setzte zu Beginn des 19. Jahrhunderts ein und ist mit dem programmatischen Anspruch verbunden, die Bedingungen der autonomen Selbsterschaffung des Menschen als Subjekt seiner selbst aufzudecken und diesen Prozeß als *Bildungsprozeß* praxisanleitend zu ermöglichen. Da dieser Paradigmenwechsel wesentlich durch die Transzendentalphilosophie Kants angeregt war, wurde Bildung zunächst *bewußtseinsphilosophisch* begründet, d.h. sie wurde als ein Lern- und Entwicklungsprozeß des *je einzelnen* Subjekts konzipiert, das sich und seine Welt als eine offene Frage betrachtet, deren Faktizität im Hinblick auf ihre kontrafaktischen besseren Möglichkeiten durch *Lernen* zu überwinden ist.

Diese bewußtseinsphilosophisch begründete Bildungskonzeption, die im Laufe des 19. und in der ersten Hälfte des 20. Jahrhunderts unterschiedlichste Ausprägungen erfahren hat, wurde seit Ende der 60er Jahre unseres Jahrhunderts zunehmend kritisiert, weil sie die gesellschaftlichen Rahmenbedingungen von Bildung vernachlässigt und damit für Ideologien verschiedenster Art anfällig ist (z.B. Blankertz 1969). Diese Kritik läßt sich mit der Kritik der in der Tradition Kants stehenden bewußtseinsphilosophisch begründeten Subjekt- und Vernunftvorstellungen verbinden und führt mit Apel zu dem Vorschlag, das bewußtseinsphilosophische durch ein *transzendentalpragmatisches Paradigma* zu ersetzen. Für die pädagogische Leitkategorie der Bildung bedeutet das, weiterhin an dem Anspruch einer autonomen Selbstbegründung festzuhalten, ihn aber methodisch variieren zu müssen. Denn wenn Bildung den Weg weisen will, wie der Mensch auch und gerade unter den Bedingungen der Postmoderne autonom die Bedingungen seines Mensch-Seins erkennen und die humanen Möglichkeiten jener Bedingungen durch *Lernen* entfalten kann, dann muß in Abgrenzung zum bewußtseinsphilosophischen Bildungsbegriff mit Apel erkannt werden, daß die Bedingungsmöglichkeiten jenes Lernens a priori durch *Kommunikation* bestimmt sind. Subjekttheoretisch gewendet bedeutet das, daß das Subjekt von Bildungsprozessen nicht der sich selbst und seine Welt reflektierende homo discens (vgl. Bender 1991; Meueler 1993), sondern die „communicatio discens" (Geißler 1996a, S. 75ff), d.h. die *Kommunikations- und Lerngemeinschaft*, derjenigen ist, die sich und ihre Welt als eine offene Frage thematisieren. Die transzendentalpragmatische Wende bzw. die kommunikations- und lerntheoretische Erweiterung des bewußtseinsphilosophischen Bildungsbegriffs macht auf diese Weise *Kommunikation und Lernen* zu ihren Schlüsselbegriffen, indem davon ausgegangen wird, daß Lernen nicht ohne Kommunikation möglich ist und Kommunikation nicht ohne Folgen für Lernen bleibt. Aus diesem Grunde ist, wie im folgenden noch zu zeigen sein wird, der paradigmatisch monologische Lernbegriff der Lernpsychologie (siehe den Überblick bei Holzkamp 1993) zu verabschieden, genauso wie die kommunikationstheoretischen Begründungszusammenhänge Apels, der meint, ohne das Konzept des Lernens auskommen zu können, lerntheoretisch zu erweitern sind.

Schließt man Kommunikation und Lernen konzeptionell zusammen und erkennt man in ihrer Verbindung die Bedingungsmöglichkeiten menschlichen Erkennens, ist ein den Bedingungen der Postmoderne Rechnung tragender Ausgangspunkt nicht nur für die Begründung einer zeitgemäßen Bildungskonzeption, sondern auch einer tragfähigen und wegweisenden Vorstellung der *Organisation als Kommunikations- und Lerngemeinschaft* gefunden. Denn das zweifellos konstitutive Moment einer jeden Organisation ist der Mensch, dessen Wesen nach dem oben Gesagten mit Bezug auf die Kategorien Kommunikation und Lernen zu beschreiben und im Hinblick auf die pädagogische Leitkategorie Bildung auszurichten ist. Eine den Bedingungen der Postmodernen Rechnung tragende Organisationstheorie läßt sich deshalb – so meine These – nur mit Hilfe einer jene Bedingungen berücksichtigenden Bildungstheorie formulieren. In diesem Sinne sind *Organisationen Kommunikations- und Lerngemeinschaften, deren grundlegendes Merkmal in ihrer Fähigkeit besteht, die Faktizität ihres Seins in Spannung zu setzen zur Kontrafaktizität der Selbstansprüche ihrer Ziele und Qualitätskriterien und aus dieser Spannung die entwicklungstreibende Kraft ihrer Verbesserung durch Kommunikation und Lernen zu ziehen.*

Das Konstituens einer jeden Gemeinschaft sind *soziale Regeln*. Sie schließen die verschiedenen Ich-Subjekte zu einem Wir-Subjekt zusammen (vgl. Geißler 1995c). Organisationen lassen sich deshalb mit Bezug auf ihre für sie typischen sozialen Regeln beschreiben und von anderen Gemeinschaften abgrenzen. Ihr besonderes Merkmal sind *institutionelle Ordnungsregelungen* der Mitgliedschaft, der Verteilung von sozialer Macht, der Verteilung und prozessualen Gestaltung der Arbeit und last not least der Belohnung und Bestrafung. Diese institutionellen Ordnungsregeln werden auf der einen Seite von *gruppendynamischen Regeln* und auf der anderen Seite von Regeln flankiert, die die *Beziehung der Organisation zu ihrem Umfeld* bestimmen (vgl. Geißler 1995b, 1996c). Während es sich bei Wirtschaftsunternehmen wie z.B. auch privatwirtschaftlichen Bildungsanbietern hierbei um eine Mischung aus Gesetzesvorschriften, Regeln des Marktumgangs mit Kunden und Lieferanten und Loyalitätsregeln im Umgang mit gesellschaftlich meinungsbildenden Gruppen und politischen Entscheidern handelt, werden jene Regeln bei Organisationen der Öffentlichkeit vor allem durch Gesetzes- und Verwaltungsvorschriften bestimmt, die in einigen Fällen, wie z.B. bei Institutionen der öffentlichen Weiterbildung (vgl. Rohlmann 1994) zusätzlich noch durch

Markt- und Loyalitätsregeln angereichert werden. Diese drei Quellen organisationaler Regeln, also gruppendynamische Regeln, institutionelle Ordnungsregelungen und Regeln des Umgangs der Organisation mit ihrem Umfeld, lassen sich nur analytisch trennen, in Wirklichkeit stehen sie in einem engen wechselseitigen Wirkungs- und Verflechtungszusammenhang. Von besonderer Bedeutung ist dabei, wie stark die Organisation in ihrer Existenz von ihrem Umfeld abhängt und wie weitgehend sie es gestalten kann. Ist diese Abhängigkeit gering, wie bei Wirtschaftsorganisationen ohne gefährliche Konkurrenz oder bei Organisationen der Öffentlichkeit bzw. wird die Gestaltungsfähigkeit der Regeln des Umgangs mit dem Umfeld – zu Recht oder zu Unrecht – als niedrig eingeschätzt, wie z.B. bei vielen Organisationen der öffentlichen Verwaltung, werden die organisationalen Regeln je nach Organisationskultur im wesentlichen durch gruppendynamische Regeln und/oder institutionelle Ordnungsregelungen bestimmt. Diese Zusammenhänge zwischen gruppendynamischen Regeln, institutionellen Ordnungsregeln und Regeln des Umgangs mit dem Umfeld sind an dieser Stelle insofern hervorzuheben, um dem Mißverständnis entgegenzutreten, „institutionelle Kontexte der Weiterbildung" ließen sich angemessen nur mit Bezug auf institutionelle Ordnungsregelungen beschreiben. Aus diesem Grunde wäre es vielleicht auch besser, auf diese Formulierung zu verzichten und statt dessen von der *organisationalen Dimension der Weiterbildung* zu sprechen.

3. Kriterien für Bildung und Organisation

Diese Stichworte zu den Merkmalen organisationaler Regeln mögen an dieser Stelle genügen, um eine erste Vororientierung bezüglich der mit Bezug auf den Einzelfall zu bestimmenden Gemeinsamkeiten und Differenzen der organisationalen Dimension öffentlicher, privatwirtschaftlicher und innerbetrieblicher Weiterbildung zu vermitteln. Denn sehr viel wichtiger als die Differenzierung und die ins Detail gehende Beschreibung der sozialen Regeln einer Organisation ist für die Erfassung dessen, was eine Organisation ihrem Wesen nach ist, die Erkenntnis, daß Gemeinschaften und damit auch Organisationen sich im Spannungsfeld zwischen Faktischem und Kontrafaktischem konstituieren, so daß auch die sozialen Regeln, von denen gesagt wurde, daß sie die konstitutive Grundlage einer jeden Gemeinschaft bzw. Organisation bilden, einen entsprechenden Doppelcharakter haben, weil sie als faktisch praktizierte Regeln den Selbstanspruch implizieren, soweit wie möglich *gerechtfertigte* Regeln zu sein. Es ist ein Selbstanspruch, der seinerseits in doppelter Form erscheint, nämlich einerseits als *faktischer Selbstanspruch*, mit dem eine Gemeinschaft bzw. Organisation faktisch festlegt, wie sie sein will und welche methodischen Wege und Verfahren sie bevorzugt, um ihre Ziele und Qualitätskriterien zu erreichen, und andererseits als *kontrafaktischer*

Selbstanspruch, der jedem faktischen Selbstanspruch notwendigerweise implizit ist, weil jeder faktische Selbstanspruch für sich beanspruchen muß, *vernünftig* zu sein.

An dieser Stelle nun haben wir den Punkt wieder erreicht, von dem Apels Transzendentalpragmatik ihren Ausgang nimmt. Denn jene kontrafaktischen Selbstansprüche lassen sich nur mittels der Methode der selbstreflexiven Vergewisserung erkennen, die uns zu der Einsicht führt, daß *Gerechtigkeit und Freiheit von Herrschaft* (vgl. Apel 1988b; Habermas 1983, 1991) sowie *mitmenschliche Fürsorglichkeit* (vgl. Bauman 1995) und *kritische Bescheidenheit* (vgl. Geißler 1996c, S. 261) diejenigen Leitkriterien sind, denen jeder zustimmen muß, wenn er der Entfaltung menschlicher Vernunft eine Chance gibt (vgl. Geißler 1996b, S. 183). Kommunikative Vernunft zur Entfaltung bringen zu wollen, heißt dabei zweierlei, nämlich erstens bei der Entwicklung faktischer Selbstansprüche den kontrafaktischen Selbstanspruch zu stellen, allen Beteiligten und Betroffenen gerechte Bedingungen ihrer Beteiligung durch argumentative Rede und Gegenrede einzuräumen, d.h. die Bedingungen eines herrschaftsfreien praktischen Diskurses herstellen zu wollen (Apel 1988b; Habermas 1983, 1991), und zweitens die normativen Bedingungsmöglichkeiten vernünftigen Lernens freizulegen und ihnen zu faktischer Geltung zu verhelfen. Sie scheinen auf in der Selbsterkenntnis desjenigen, der sich über die normativen Bedingungen seines Fragens Rechenschaft gibt und dabei auf die Tatsache seiner eigenen Unvollkommenheit und das normative Gebot stößt, sich ihr weder in „rückgratloser Bequemlichkeit" zu fügen, noch sie in „hochmütiger Anmaßung" sozial- bzw. psychotechnisch überwinden zu wollen, sondern sie und ihre prinzipielle Unüberwindlichkeit in „*kritischer Bescheidenheit*" immer aufs neue zum Anlaß zu nehmen, Fragen zu stellen und nach Antworten zu suchen, die signalisieren, daß man sich auch selbst in Frage stellt und sich in „*mitmenschlicher Fürsorglichkeit*" ganz dem anderen und der Entfaltung seiner humanen Bedingungsmöglichkeiten zuwendet (vgl. Bauman 1995).

Das Verhältnis dieser beiden kontrafaktischen Doppelansprüche, also Herrschaftsfreiheit und Gerechtigkeit sowie kritische Bescheidenheit und mitmenschliche Fürsorglichkeit, spiegeln die Beziehung zwischen *Moral* und *Ethik* und reflektiert die grundsätzliche Problematik der Beziehung zwischen *Theorie* und *Praxis*, deren Spannungen auszuhalten und nicht einseitig durch Dominanzansprüche der Theorie gegenüber der Praxis oder umgekehrt kurzzuschließen sind. In diesem Sinne steht das Gebot der Gerechtigkeit und Herrschaftsfreiheit, von dem jeder praktisch ausgehen muß, der sich fragt, wie strittige Normen – theoretisch – vernünftig zu begründen sind, in fruchtbarer Spannung zu dem Selbstanspruch der mitmenschlichen Fürsorglichkeit und kritischen Bescheidenheit, auf den jeder stößt, der konsequent der Frage nachgeht, wie er – praktisch – moralisch handeln solle.

Für die Pädagogik und ihren Leitbegriff „Bildung" impliziert dieser Gedanke die Erkenntnis, daß die vorliegenden Bedingungen und Ansprüche des

Menschen unvollkommen sind und ein Lernen notwendig machen, dessen *Methode* sich an dem kontrafaktischen Selbstanspruch kritischer Bescheidenheit und mitmenschlicher Fürsorglichkeit orientieren muß und dessen *Ziele* sich mit Bezug auf den kontrafaktischen Selbstanspruch der Herrschaftsfreiheit und Gerechtigkeit zu begründen haben. Mit dieser Differenzierung in Ziel- und Methodenkriterien der Bildung beziehe ich Stellung zu dem Vorschlag Apels (1988b), das „Idealprinzip" des Diskurses mit seinen Kriterien der Herrschaftsfreiheit und Gerechtigkeit um ein strategisches Denken und Handeln anleitendes „Ergänzungsprinzip" zu erweitern, um die gesinnungsethische Schieflage einer sich nur auf das „Idealprinzip" begründenden Diskursethik zu überwinden. Meine hier vertretene Position weist diesen Vorschlag Apels zurück, weil er die Beziehung zwischen Ideal- und Ergänzungsprinzip als zweckrationale Ziel-Mittel-Beziehung konzipiert und damit den Kriterien des „Ergänzungsprinzips" jede ethische Eigenständigkeit nimmt. Aus diesem Grunde ist zu betonen, daß die Beziehung zwischen den oben genannten Ziel- und Methodenkriterien der Bildung nicht als zweckrationale Ziel-Mittel-Beziehung, sondern als ein wechselseitiger Konstitutions- und Implikationszusammenhang (Blankertz 1970, S. 98) konzeptionell gleichbedeutender Kriterien zu denken ist.

Für die Beantwortung der Frage nach dem Wesen der Organisation bedeutet das, daß Organisationen Gemeinschaften sind, die aus drei Schichten bestehen, nämlich derjenigen der faktisch praktizierten sozialen Regeln, derjenigen der faktischen Selbstansprüche, die den faktischen Regeln den Weg ihrer wünschenswerten Reproduktion bzw. Weiterentwicklung weisen, und schließlich derjenigen der kontrafaktischen Selbstansprüche der Gerechtigkeit und Herrschaftsfreiheit sowie mitmenschlichen Fürsorglichkeit und kritischen Bescheidenheit, die die Entwicklung faktischer Selbstansprüche anleiten können, wenn die Bedingungen humaner Vernunft zur Entfaltung kommen sollen. Diese in selbstreflexiver Vergewisserung gefundene Erkenntnis, die aufgrund ihres besonderen Begründungs- und Entwicklungsverfahrens die Chance hat, sich über den Meinungsstreit postmoderner Pluralitäten zu erheben, ohne inhaltlich in ihn parteilich einzugreifen, ist der Ausgangspunkt für jede weitergehend konkretisierende und spezifizierende Beschreibung und Deutung von Organisationen bzw. der organisationalen Dimension von Weiterbildung. Sie kann nicht von Experten vorgenommen werden, sondern ist von den Beteiligten und Betroffenen zu erarbeiten, und zwar in einem *Bildungsprozeß,* der sich an den oben genannten Ziel- und Methodenkriterien orientiert, denn jede mehr ins Detail gehende Erkenntnis, z.B. über Gemeinsamkeiten und Differenzen der organisationalen Dimension öffentlicher, privatwirtschaftlicher und innerbetrieblicher Weiterbildung, läßt sich nur durch Kommunikation und Lernen, d.h. im Rahmen von Kommunikations- und Lerngemeinschaften gewinnen, in denen diejenigen zu Wort kommen müssen, die in jenen Praxisfeldern und in den entsprechenden Wissenschaftsgebieten arbeiten. Ein plausibles Ergebnis, das dabei zu erwarten ist, dürfte in der am Ende des letzten Abschnitts vorgetragenen Erkenntnis bestehen, daß Organisationen sich durch soziale Regeln konstituieren, die sich aus drei Quellen speisen, nämlich aus gruppendynamischen Regeln, institutionellen Ordnungsregelungen und Regeln des Umgangs der Organisation mit ihrem Umfeld.

4. *Die Kooperations- und Lernfähigkeit der öffentlichen, privatwirtschaftlichen und innerbetrieblichen Weiterbildung*

Unser bisheriger Gedankengang hat klar gemacht, daß wir nicht davon ausgehen können, daß im Kreise derjenigen, die in der Praxis der öffentlichen, privatwirtschaftlichen oder innerbetrieblichen Weiterbildung bzw. im Bereich der Erziehungswissenschaft, Organisationspsychologie oder Personal- und Betriebswirtschaftslehre jene Praxen wissenschaftlich thematisieren, ein inhaltlicher Ausgangskonsens besteht. Aus diesem Grunde kann die Frage, welche Gemeinsamkeiten und Differenzen der organisationalen Dimension öffentlicher, privatwirtschaftlicher und innerbetrieblicher Weiterbildung bestehen, nur im Zuge eines Prozesses beantwortet werden, der sich als Lernprozeß versteht und als solcher erwachsenenpädagogisch zu gestalten ist. Um das zu erreichen, müssen diejenigen, die in der Praxis der öffentlichen, privatwirtschaftlichen und innerbetrieblichen Weiterbildung tätig sind, sich einerseits als *Kooperationsgemeinschaft*, deren Aufgabe es ist, ihren Adressaten Zugänge zum Lernen zu ermöglichen und es im Interesse letzterer anzuleiten, und andererseits als *Lerngemeinschaft* verstehen, die ihre Ansprüche und Leistungen als Kooperationsgemeinschaft kritisch thematisieren, problematisieren und ggf. verbessern muß. Erwachsenenbildung ist hier also auf zwei Ebenen gefragt, nämlich auf der Ebene der Kooperationsgemeinschaft als adressatenbezogene Erwachsenenbildung und auf der Ebene der Lerngemeinschaft als eine selbstreferentiell sich auf die eigene Bildungsarbeit und -organisation beziehende Erwachsenenbildung. Damit wird deutlich, daß die Frage nach Gemeinsamkeiten und Differenzen der organisationalen Dimension öffentlicher, privatwirtschaftlicher und innerbetrieblicher Weiterbildung nur im Rahmen eines *selbstreferentiellen Ansatzes* befriedigend zu beantworten ist. In diesem Rahmen soll in diesem Abschnitt versucht werden, einige weitergehend konkretisierenden Merkmale jener bisher nur pauschal angesprochenen organisationalen Dimension von Weiterbildung zu identifizieren. Dieser Konkretisierungsversuch schließt an meine an anderen Stellen (Geißler 1994, 1995b, 1995c, 1996a, 1996c) entfalteten Überlegungen zum *Organisationslernen* an.

Nachdem deutlich wurde, daß in Erweiterung bzw. Weiterführung des von Apel und Habermas vorgelegten kommunikationstheoretischen Ansatzes jede methologische Selbstreflexion als ein Kommunikations- und Lernprozeß verstanden und entfaltet werden muß, soll nun genauer bestimmt werden, was mit „Kommunikation" und „Lernen" im einzelnen gemeint ist, welche besonderen Merkmale jene Prozesse kennzeichnen, und wie sich die oben behaupteten konzeptionellen Beziehungen zwischen ihnen ausweisen. Um diese Aufgabe einlösen zu können, ist es notwendig, die Grenzen der *psychologischen Lerntheorie*, die Lernen als einen ausschließlich psychologischen Prozeß eines einzelnen faßt, zu überschreiten und zu versuchen, eine *soziologische Lerntheorie* (vgl. Miller 1986) zu entwickeln, die das Problemlösungspotential von Gemeinschaften als konzeptionellen Ausgangspunkt wählt. Sollen beide Lerntheorien nicht beziehungslos nebeneinander stehen, sondern eine konzeptionelle Einheit bilden, muß ihnen ein einheitliches bzw. einheitsstiftendes Prinzip zugrunde liegen. Mein Vorschlag ist, jenes Prinzip *systemtheoretisch* zu begründen, indem *Lernen als eine Metaaktivität* aufgefaßt wird, die sich auf den Umgang eines *(Handlungs- und Gestaltungs-) Subjekts* mit den materiellen und immateriellen Gegenständen seiner äußeren gegenständlichen, geistigen und sozialen Wirklichkeit bezieht und deren Aufgabe darin besteht, die Qualität dieses Umgangs, der in Betrieben identisch ist mit dem Prozeß des Arbeitens, zu überprüfen und ggf. zu verbessern (siehe Geißler 1996b).

Die Handlungen, die das Subjekt im Umgang mit seiner äußeren Wirklichkeit vollzieht, bedürfen der permanenten Abstimmung mit anderen. Dieser elementaren Qualitätsanforderung, die nicht nur in Organisationen, sondern grundsätzlich überall in unserem Leben gilt, kann sich keiner entziehen. Sie macht es notwendig, daß an der Bearbeitung einer Aufgabe bzw. Lösung einer Frage die Beteiligten miteinander kommunizieren und kooperieren. Jede wechselseitige Abstimmung zwischen (Handlungs- und Gestaltungs-) Subjekten bezüglich des Umgangs mit ihrer äußeren Wirklichkeit ist in diesem Sinne *Kooperation* bzw. *Kommunikation*. Ihr Konstituens sind *soziale Regeln*, und das, was sie hervorbringen, ist eine *Kooperationsgemeinschaft*. Auch mit Bezug auf ihre Aktivitäten stellt sich die Frage der Qualität und Qualitätssicherung. Denn es gibt gelingende und mißlingende wechselseitige Abstimmungen in Kooperationsgemeinschaften – ein Problem, das nicht im Rahmen jener Abstimmungsprozesse zu lösen ist, sondern Aktivitäten auf einer systemisch übergeordneten Ebene, nämlich derjenigen der *Metakommunikation* notwendig macht. Sie regt in dieser systemischen Funktion zu einem Vergleich mit der Metaaktivität des Lernens an, denn beide Prozesse, individuelles Lernen und soziale Metakommunikation, sind systemisch übergeordnete Prozesse der Qualitätssicherung und -verbesserung. Der entscheidende Unterschied ist lediglich: Im einen Fall handelt es sich um psychische und im anderen um soziale Prozesse (vgl. Luhmann 1984).

Ausgehend von diesem Begründungsansatz ist es sinnvoll, konzeptionell zwei Lernsubjekte zu unterscheiden, nämlich ein *individuelles Lernsubjekt* und die *Lerngemeinschaft* als Kollektivsubjekt. Ihr Lernen besteht darin, die sozialen Regeln, die die Gemeinschaft als Kooperationsgemeinschaft praktiziert, metakommunikativ zu thematisieren und sie zu verbessern. Das kann erstens dadurch geschehen, jene Regeln, die in der Praxis weithin unbewußt vollzogen werden, sich gemeinsam bewußt zu machen und mit Blick auf sie begründete Ansprüche zu entwickeln, wie sie wünschenswerterweise sein sollten. Diese Selbstaufklärung hat zur Folge, daß die Reproduktionsbedingungen der sozialen Regeln sich verändern, und zwar durch Veränderungen der psychischen Qualitätsüberprüfungsaktivitäten der jene sozialen Regeln reproduzierenden einzelnen Subjekte, d.h. durch individuelles Lernen (vgl. Baitsch 1996). Neben diesem Zugriff auf die Weiterentwicklung der sozialen Regeln der Kooperationsgemeinschaft gibt es noch eine zweite Möglichkeit. Sie bezieht sich auf diejenigen sozialen Regeln, die – weithin wiederum den einzelnen unbewußt – der Metakommunikation zugrunde liegen. Sind diese Regeln der Lerngemeinschaft nicht mit denjenigen der Kooperationsgemeinschaft identisch, sondern weichen sie von ihnen in Richtung auf die Vorstellungen ab, die die Lerngemeinschaft im Rahmen ihrer Metakommunikation explizit für wünschenswert hält, ist zu erwarten, daß die in der Metakommunikation praktizierten sozialen Regeln der Lerngemeinschaft die Funktion eines Praxisvorbildes bekommen und entsprechend auf die Weiterentwicklung der Kooperationsregeln einwirken. Die Voraussetzung, daß eine gewisse Differenz zwischen den sozialen Regeln der Kooperation und der Metakommunikation besteht, ist dabei nicht zufällig, sondern erwartbar, weil die metakommunikativ explizit formulierten Ansprüche der Lerngemeinschaft an die sozialen Regeln der Kooperation von den Subjekten intuitiv in Beziehung gesetzt werden zu den implizit fixierten Ansprüchen an die sozialen Regeln der Metakommunikation und weil sie auf diese Weise die Reproduktionsbedingungen letzterer durch individuelles Lernen verändern.

Mit Bezug auf die Erkenntnis, daß soziale Regeln in Organisationen sich aus drei Quellen speisen, nämlich aus gruppendynamischen Regeln, institutionellen Ordnungsregelungen und Regeln des Umgangs der Organisation mit ihrem Umfeld, lassen sich nun folgende Gemeinsamkeiten und Differenzen der öffentlichen, privatwirtschaftlichen und innerbetrieblichen Weiterbildung rekonstruieren. Allen drei Praxen gemeinsam ist erstens, daß es sich um *Kooperationsgemeinschaften* handelt, deren Aufgabe darin besteht, ihre Adressaten für Lernprozesse zu öffnen und ihr Lernen anzuleiten. Wenn auch im Einzelfall mit deutlichen Unterschieden und mit unterschiedlicher Schärfe stellt sich dabei allen drei Kooperationsgemeinschaften die Aufgabe, die Qualität ihrer Arbeit im Auge zu haben. Ihnen ist deshalb zweitens gemeinsam, daß sie sich auch als *Lerngemeinschaften* verstehen und organisieren müssen. In dieser Funktion müssen sie sich die Frage stellen, wie sie die gruppendynamischen Regeln ihrer Kooperationspraxis, die institutionellen Ordnungsregelungen, die jenen Regeln einen institutionellen Rahmen geben, und die Regeln ihres Umgangs mit ihrem relevanten Umfeld beurteilen und welche praktischen Konsequenzen sie aus dieser Selbsterkenntnis ziehen wollen. Dabei ist zu erwarten, daß sich bezüglich des letztgenannten Referenzpunktes, d.h. der Thematisierung der Regeln des Umgangs mit dem Umfeld, deutliche Unterschiede ergeben, je nachdem, ob es sich um eine Kooperations- und Lerngemeinschaft der öffentlichen, privatwirtschaftlichen oder innerbetrieblichen Weiterbildung handelt. Denn ihre Selbständigkeit gegenüber ihrem Umfeld ist unterschiedlich. Sie ist bei privatwirtschaftlichen Weiterbildungsorganisationen am größten, denn sie sind bezüglich des Umgangs mit dem Markt von niemandem außer den geltenden Gesetzen abhängig. Diese maximale Selbständigkeit muß allerdings mit einer totalen Abhängigkeit vom Markt bezahlt werden, denn die Existenz privatwirtschaftlicher Weiterbildungsorganisationen hängt gänzlich von ihrem Markterfolg ab, d.h. davon, wie ökonomisch erfolgreich sie den Umgang mit ihren Kunden gestalten. Die Überprüfung und Weiterentwicklung der diesem Umgang zugrunde liegenden sozialen Regeln ist für privatwirtschaftliche Weiterbildungsorganisationen von existentieller Wichtigkeit. Sie sind deshalb mehr als öffentliche Weiterbildungsanbieter und in gänzlich anderer Weise als innerbetriebliche Weiterbildungsabteilungen gezwungen, den sozialen Regeln des Umgangs mit ihrem relevanten Umfeld, also vor allem mit ihren Kunden, aber auch mit meinungsbildenden gesellschaftlichen Gruppen oder Einzelpersönlichkeiten größte Aufmerksamkeit zu schenken und ihre faktischen Wirkungen zu erfassen und sie mit Bezug auf diejenigen Wirkungen, die man für wünschenswert hält, zu beurteilen und weiterzuentwickeln. Aufgrund dieser hervorgehobenen Bedeutung der sozialen Regeln des Marktumgangs erscheint es geboten, die als wünschenswert begründeten Selbstansprüche an die Weiterentwicklung der Marktregeln zum Ausgangs- und Bezugspunkt zu machen für die Beurteilung und der evtl. notwendig werdende Veränderungen der institutionellen Ordnungsregelungen sowie der gruppendynamischen Kooperationsregeln der Weiterbildungsorganisationen. Privatwirtschaftliche Weiterbildungsorganisationen stehen unter einem außerordentlichen Existenzdruck, der zur Ursache wird für einen entsprechend hohen Lern- und Handlungsdruck. In dieser Hinsicht unterscheiden sie sich von öffentlichen Weiterbildungsträgern und innerbetrieblichen Bildungsabteilungen. Die Folge jenes hohen sozialen Selektionsdrucks ist, daß die Sterberate privatwirtschaftlicher Weiterbildungsorganisationen unvergleichlich höher ist als diejenige öffentlicher Weiterbildungsträger und innerbetrieblicher Bildungsabteilungen. Das zwingt sie dazu, sehr viel mehr Wert auf selbstreferentielles Lernen zu legen als jene, bzw. berechtigt zu der *Hypothese, daß privatwirtschaftliche Weiterbildungsorganisationen, denen es längerfristig gelingt, sich im Markt zu behaupten, organisational lernfähiger sind als öffentliche Weiterbildungsträger und innerbetriebliche Bildungsabteilungen.*

Teilweise eingeschränkt wird jene Hypothese dadurch, daß seit einigen Jahren wegen der progressiven Finanzprobleme der öffentlichen Hand die Institutionen der öffentlichen Weiterbildung zunehmend mehr aus der ökonomischen Obhut ihrer Träger entlassen und dem „rauhen Wind" des Marktes ausgesetzt werden (Geißler 1995a). So problematisch diese Entwicklung unter sozialpolitischen Aspekten ist – nicht absolut alles an ihr ist negativ; denn mit ihr ist auch eine Chance verbunden, nämlich daß die Institutionen der öffentlichen Weiterbildung lern- und gestaltungsfähiger werden. Aber auch mit Bezug auf die innerbetriebliche Weiterbildung sind Einschränkungen jener Hypothese vorzunehmen. Denn auch hier ist seit einigen Jahren unter dem Stichwort des Outsourcing eine ähnliche Entwicklung zu beobachten. Innerbetriebliche Weiterbildungsorganisationen werden organisational aus ihrer Mutterorganisation ausgelagert und müssen sich im Markt bewähren. Dieser Trend hat Vor- und Nachteile. Sie hängen im wesentlichen mit der Tatsache zusammen, daß innerbetriebliche Bildungsabteilungen Kooperationsgemeinschaften sind, deren soziale Regeln des Umgangs mit ihrem Umfeld sehr weitgehend mitbestimmt werden durch die sozialen Regeln ihrer Mutterorganisation. Je nachdem, ob es sich dabei um ein Wirtschaftsunternehmen oder eine öffentliche Verwaltung handelt, bzw. je nachdem wie gesichert die Marktposition des betreffenden Unternehmens ist oder in der Selbstwahrnehmung des Unternehmens erscheint, sind jene Regeln unterschiedlich stark durch gruppendynamische Kooperationsregeln, institutionelle Ordnungsregelungen oder Regeln des Umgangs mit dem Umfeld geprägt. Viele betriebliche Weiterbildungsabteilungen müssen sich diesen Regeln sehr weitgehend fügen bzw. haben nur wenige Möglichkeiten und Fähigkeiten, sie in ihrem Sinne mitzugestalten. Ist das der Fall, ist die *Lernfähigkeit* der betrieblichen Weiterbildungsabteilung als Lerngemeinschaft gering, was zur Folge hat, daß die Gestaltungsmöglichkeiten ihrer Arbeit als Kooperationsgemeinschaft schmal sind. In dem Maße, wie Wirtschaftsunternehmen und seit kurzem auch öffentliche Verwaltungen verstärkt gezwungen sind, sensibel auf die Veränderungen ihres Umfeldes zu reagieren, d.h. zu lernen, wird ihnen Zug um Zug deutlich, daß sie betriebliche Bildungsabteilungen brauchen, die in der Lage sind, ihre Lernfähigkeit entsprechend zu steigern. Diese Leistung wird man natürlich nicht von betrieblichen Bildungsabteilungen erwarten können, die selbst wenig lernfähig sind, d.h. deren Fähigkeiten gering sind, ihre Aktivitäten als Kooperationsgemeinschaft metakommunikativ in der Rolle der Lerngemeinschaft differenziert wahrzunehmen, erklärungskräftig zu analysieren und angemessen zu bewerten und aus den so erarbeiteten Selbsterkenntnissen die richtigen Handlungs- und Gestaltungskonsequenzen zu ziehen und wirkungsvoll umzusetzen. Die Ursachen dieses häufig zu beobachtenden Defizits haben in der Regel zwei Wurzeln. Die eine ist die Übermacht der sozialen Regeln der Mutterorganisation, dem sich die Bildungsabteilung fügen muß, und die andere ist die Unfähigkeit letzterer, aktiv jene Regeln mitgestalten zu können.

Mit Bezug auf diese Überlegungen kann deutlich werden, daß das Outsourcing von betrieblichen Bildungsabteilungen eine ambivalente Maßnahme ist. Sie bietet zweifellos eine Chance, daß die betriebliche Bildungsabteilung, die nun zu einer privatwirtschaftlichen Weiterbildungsorganisation wird, sozusagen schlagartig lernfähig werden *muß*, wenn sie im Markt nicht scheitern will. Insofern bestehen gute Aussichten, daß von ihr fruchtbare Impulse ausgehen, um die Mutterorganisation lernfähiger zu machen. Diesem Vorteil stehen jedoch zwei Nachteile gegenüber. Der erste besteht darin, daß die outgesourcte Bildungsabteilung, um zu überleben, sich neben der Mutterorganisation auch auf andere Kunden konzentrieren muß mit der Gefahr für die Mutterorganisation, daß vielleicht die besten Impulse und die wertvollsten Energien anderen zufließen. Der zweite Nachteil besteht darin, daß die Mutterorganisation sich vor allem gegen langfristige Veränderungsstrategien und grundlegenden Wandel leichter immunisieren kann, indem sie nur solche Weiterbildungsangebote kauft, die kurzfristige Erfolge versprechen, um notwendige langfristig ansetzende Lern- und Veränderungsprozesse zu vermeiden, die Schmerzen verursachen und deshalb blockiert werden. Aus diesem Grunde meine ich, daß innerbetriebliche Bildungsabteilungen nicht leichtfertig in privatwirtschaftliche Weiterbildungsorganisationen umgewandelt werden sollten. Sinnvoller erscheint es, sie in ihrer Mutterorganisation lernfähiger zu machen, indem man sie mit einer geeigneten privatwirtschaftlichen Weiterbildungsorganisation zusammenbringt und ihr die Chance gibt, von und mit ihrem externen Partner zu lernen.

5. Zur Moralität öffentlicher, privatwirtschaftlicher und innerbetrieblicher Weiterbildung

Zum Abschluß dieses Beitrags möchte ich mich mit Argumenten auseinandersetzen, die von erwachsenenpädagogischer Seite gewöhnlich als erstes vorgetragen werden, wenn es um den Vergleich öffentlicher, privatwirtschaftlicher und innerbetrieblicher Weiterbildung geht. Sie münden mehr oder weniger offen ausgesprochen in die *These, daß die öffentliche Weiterbildung im Vergleich mit der privatwirtschaftlichen und innerbetrieblichen moralisch höherwertig sei.* Für diese Einschätzung scheint es eine erdrückende Fülle verschiedener Argumente zu geben. Ein erstes hebt auf den Vergleich der öffentlichen mit der privatwirtschaftlichen Weiterbildung ab und macht auf die Tatsache aufmerksam, daß privatwirtschaftliche Weiterbildungsangebote *Wirtschaftsgüter* sind, deren Sinn es ist, mit ihnen Geld zu verdienen. Es wird deshalb nur das angeboten, was sich mit Gewinn verkauft, und nicht das, was gesellschaftspolitisch notwendig, aber nicht so attraktiv ist, daß man es teuer bezahlt. Die Angebote der öffentlichen Weiterbildung hingegen dienen der *Bildung* der Adressaten und sind Ausdruck *öffentlicher Verantwortung* für den einzelnen und für die Erschließung einer humanen Zukunft unserer Gesellschaft als ganzer einschließlich ihrer Randgruppen (siehe die entsprechenden Positionen bei Meisel 1994). Zu einer ähnlich klaren Einschätzung kommt man, wenn man die öffentliche mit der innerbetrieblichen Weiterbildung u.a. von Wirtschaftsunternehmen vergleicht. Denn auch ihnen geht das Gewinnprinzip über alles, was zur Folge hat, daß sie alles, und daß heißt auch die betriebliche Bildung, konsequent in den Dienst dieses Prinzips stellen. Mit Bezug auf diese Hauptargumente, die im einzelnen sich noch verfeinern und um ein Vielfaches vermehren ließen, scheint eines klar auf der Hand zu liegen: Im Vergleich der organisationalen Dimension der öffentlichen, privatwirtschaftlichen und innerbetrieblichen Weiterbildung kann nur die erstere als moralisch gerechtfertigt bzw. als gesellschaftlich legitim bewertet werden.

Mit dieser Beurteilung kann nicht der Schlußpunkt dieses Beitrags gesetzt werden, wenn nicht zuvor Klarheit hergestellt wird, was man unter der Moralität einer Gemeinschaft bzw. Organisation sinnvollerweise verstehen kann und mit Bezug auf welche Kriterien sie zu bestimmen ist. Diese Rückfrage lenkt den Blick noch einmal auf die Gedanken des dritten Abschnitts. In seinem Mittelpunkt stand die Erkenntnis, daß menschliche Praxis mit Bezug auf drei Ebenen zu diskutieren ist, nämlich mit Bezug auf die Faktizität der vorliegenden Bedingungen, mit Bezug auf die faktischen Selbstansprüche, die sie in Frage stellen und ihnen die Richtung und den Weg einer wünschenswerten Weiterentwicklung weisen, und mit Bezug auf den kontrafaktischen Selbstanspruch, daß alle erhobenen faktischen Selbstansprüche vernünftig sein, d.h. humane Vernunft zur Entfaltung bringen müssen. Dieser kontrafaktische Selbstanspruch läßt sich mit Hilfe der Methode der selbstreflexiven Vergewisserung inhaltlich identifizieren, nämlich als Gebot der Herrschaftsfreiheit und Gerechtigkeit sowie der kritischen Bescheidenheit und mitmenschlichen Fürsorge. Liest man diese Aussage vor dem Hintergrund der anthropologischen Ausgangserkenntnis, daß das Wesen des Menschen seine Unvollkommenheit sei, die ihn zu einem „homo discens" macht, läßt sich die Moralität des individuellen Subjekts als ein Lernprozeß verstehen. Er dient der Vervollkommnung der faktischen Selbstansprüche des Subjekts im Spannungsfeld zwischen den faktisch vorliegenden Bedingungen und den realistisch zu erwartenden Folgen und Nebenfolgen seines auf jene Selbstansprüche ausgerichteten Handelns auf der einen Seite und dem kontrafaktischen Selbstanspruch der Vernünftigkeit jener faktischen Selbstansprüche auf der anderen Seite. Stellt man sich auf den Standpunkt der *Verantwortungsethik*, die die Qualität moralischen Handelns nicht wie die *Gesinnungsethik* allein an zeitlos und unter allen konkreten Bedingungen geltende Prinzipien bindet (siehe z.B. Kade 1983), sondern diese in Spannung setzt einerseits zu den aktuell vorliegenden Bedingungen und andererseits zu den realistisch zu erwartenden Folgen und Nebenfolgen eines sich auf Moralität verpflichtenden Handelns, muß die vorrangige Bezugsgröße für die Beurteilung moralischen Handelns diejenige der faktischen Selbstansprüche sein.

Bezieht man eine so begründete verantwortungsethische Position, erscheint der Vergleich der organisationalen Dimension öffentlicher, privatwirtschaftlicher und innerbetrieblicher Weiterbildung in einem anderen Licht. Denn die Kooperationsgemeinschaften der öffentlichen Weiterbildung können es sich nicht als ihre Leistung zuschreiben, daß sie sehr viel bessere Möglichkeiten als die privatwirtschaftlichen Weiterbildungsorganisationen haben, ihre Weiterbildungsangebote allen gesellschaftlichen Kreisen zugänglich zu machen, und daß sie im Umgang mit ihren Adressaten sehr viel mehr auf deren Interessen, Fragen und Nöte eingehen können als die MitarbeiterInnen der innerbetrieblichen Weiterbildung. Einzig relevant ist vielmehr die Frage, wie die Kooperationsgemeinschaften der öffentlichen, privatwirtschaftlichen und innerbetrieblichen Weiterbildung als *Lerngemeinschaften* mit ihren je konkret vorliegenden und im Einzelfall zum Teil äußerst unterschiedlichen *Bedingungen* umgehen, d.h. an welchen *faktischen Selbstansprüchen* sie diesen Umgang ausrichten und jene Bedingungen wirkungsvoll moralisch vervollkommnen.

Die Selbstansprüche, die Gemeinschaften als Lerngemeinschaften an ihre Aktivitäten, die sie als Kooperationsgemeinschaften vollziehen, stellen, begründen und entwickeln sich in den wechselseitigen Abstimmungsprozessen des Wollens und Fühlens sowie der paradigmatischen Vorannahmen, an die die Mitglieder der Gemeinschaft glauben und die ihrem Wollen letztliche sinnhafte Bezugspunkte und ihren emotionalen Betroffenheiten einen sinnstiftenden Rahmen geben. Diese wechselseitigen Abstimmungsprozesse des Wollens, Fühlens und Glaubens, die für die Bestimmung der moralischen Qualität von Gemeinschaften wichtig sind, können sich implizit, d.h. gewissermaßen zwischen den Zeilen dessen, was man sagt und wie man sich verhält, ausdrücken oder sich explizit in Gestalt bestimmter Kommunikationsaktivitäten äußern. Die kommunikativ explizite wechselseitige Abstimmung des Glaubens offenbart sich in Zeichen des Vertrauens, d.h. des sich jemandem Anvertrauens bzw. des jemandem etwas Anvertrauen oder in Akten des Mißtrauens; die kommunikative explizite wechselseitige Abstimmung des Fühlens zeigt sich in Akten des Lobens und Dankens oder Klagens, Tadelns und Anklagens und die kommunikativ explizite wechselseitige Abstimmung des Wollens schließlich erfolgt je nach Machtverteilung entweder in Prozessen des Ratens und der freiwilligen überzeugten Befolgung oder Ablehnung des Rates, in Prozessen des Anweisens und Gehorchens oder Rebellierens oder in Prozessen des Bittens und Gewährens oder Ablehnens der gestellten Bitte. Die sich kommunikativ organisierende wechselseitige Abstimmung des Wollens, Fühlens und Glaubens der Mitglieder einer *Lerngemeinschaft* bestimmt den Prozeß der Thematisierung ihrer Aktivitäten, die sie als *Kooperationsgemeinschaft* vollzieht. Im Rahmen dieser Thematisierung ist unter moralischen Gesichtspunkten, die identisch sind mit den oben begründeten Kriterien für Bildung, vor allem ein Komplex von besonderem Interesse, nämlich derjenige der wechselseitigen Abstimmung des Wollens, Fühlens und Glaubens der Mitglieder der Kooperationsgemeinschaft im Umgang mit ihren Arbeitsbedingungen und -aufgaben. Mit Blick auf Kooperations- und Lerngemeinschaften der öffentlichen, privatwirtschaftlichen und innerbetrieblichen Weiterbildung bedeutet das: *Die Qualität ihrer Moralität zeigt sich darin, wie die Mitarbeiterinnen und Mitarbeiter als Lerngemeinschaft bei der Thematisierung der Bedingungen, die sie als Kooperationsgemeinschaft vorfinden, und ihrer Aktivitäten, die den Umgang mit diesen Bedingungen bestimmen, kommunikativ miteinander umgehen, d.h. wie sie dabei ihr individuelles Wollen, Fühlen und Glauben wechselseitig abstimmen und welche faktischen Selbstansprüche sie auf diese Weise zum einen mit Blick auf die vorliegenden Bedingungen und realistisch zu erwartenden Folgen und Nebenfolgen eines entsprechenden Handelns und zum anderen mit Blick auf die kontrafaktischen (Bildungs-)Ansprüche der Herrschaftsfreiheit und Gerechtigkeit sowie der kritischen Bescheidenheit und mitmenschlichen Fürsorglichkeit als Ausdruck und Garant kommunikativer Vernunft entwickeln.*

Legt man eine solche Ethikkonzeption zugrunde, kann es keine Vorentscheidungen geben, die bestimmte Kooperations- und Lerngemeinschaften mit Blick auf die Tatsache, daß sie sich mit privatwirtschaftlicher oder innerbetrieblicher Weiterbildung befassen, vorverurteilen. Moralisch geboten ist es vielmehr, vorurteilsfrei im Dialog mit der betreffenden Gemeinschaft sich mit den Bedingungen und Möglichkeiten ihrer moralischen Vervollkommnung als einer Bildungsaufgabe, der sich keine Gemeinschaft glaubwürdig entziehen kann, auseinanderzusetzen. In diesem Zusammenhang wird man früher oder später auf die weiterführende Frage stoßen, welche moralischen Selbstansprüche sich unsere Gesellschaft bezüglich Weiterbildung stellt und in welcher Beziehung öffentliche, privatwirtschaftliche und innerbetriebliche Weiterbildung stehen sollte. Diese zweifellos wichtige Frage ist allerdings eine andere als diejenige nach der Moralität konkreter Kooperations- und Lerngemeinschaften der öffentlichen, privatwirtschaftlichen oder innerbetrieblichen Weiterbildung und sollte nicht leichtfertig mit ihr vermischt werden.

Literatur

Apel, K.-O.: Transformation der Philosophie. Bd. 2: Das Apriori der Kommunikationsgemeinschaft. Frankfurt/M., 4. Aufl. 1988a

Apel, K.-O.: Diskursethik als Verantwortungsethik und das Problem der ökonomischen Rationalität. In: Ders.: Diskurs und Verantwortung. S. 270-305. Frankfurt/M. 1988b

Apel, K.-O.: Die transzendentalpragmatische Begründung der Kommunikationsethik und das Problem der höchsten Stufe einer Entwicklungslogik des moralischen Bewußtseins. In: Ders.: Diskurs und Verantwortung. S. 306-369. Frankfurt/M. 1988c

Baitsch, Chr.: Wer lernt denn da? Bemerkungen zum Subjekt des Lernens. In: Geißler, H. (Hg.): Arbeit, Lernen und Organisation. S. 215-231. Weinheim 1996

Bauman, Z.: Postmoderne Ethik. Hamburg 1995

Bender, W.: Subjekt und Erkenntnis. Weinheim 1991

Blankertz, H.: Bildung im Zeitalter der großen Industrie. Hannover u.a. 1969

Blankertz, H.: Theorien und Modelle der Didaktik. München 1970.

Beck, U.: Risikogesellschaft. Frankfurt/M. 1986

Beck, U.: Die Erfindung des Politischen. Frankfurt/M. 1993

Forneck, H.J.: Moderne und Bildung. Weinheim 1992
Geißler, H.: Grundlagen des Organisationslernens. Weinheim 1994
Geißler, H.: Volkshochschule und Organisationslernen. In: Hess. Blätter für Volksbildung, Heft 4, 1995a, S. 369-376
Geißler, H.: Managementbildung und Organisationslernen für die Risikogesellschaft. In: Ders. (Hg.): Organisationslernen und Weiterbildung. S. 362-384. Neuwied 1995b
Geißler, H.: Individuelles und kollektives Lernen in der Erwachsenenbildung. In: Jagenlauf, M./Schulz, M./Wolgast, G. (Hg.): Weiterbildung als quartärer Bereich. S. 407-426. Neuwied 1995c
Geißler, H.: Organisationsentwicklung als Methode der Weiterbildung. (Studienbrief für das Fernstudium „Erwachsenenbildung"). Kaiserslautern 1996a
Geißler, H.: Arbeitspädagogik – Plädoyer für eine Bildungstheorie der Arbeit. In: Ders. (Hg.): Arbeit, Lernen und Organisation. S. 143-187. Weinheim 1996b
Geißler, H.: Die Organisation als lernendes Subjekt – Vorüberlegungen zu einer Bildungstheorie der Organisation. In: Ders. (Hg.): Arbeit, Lernen und Organisation. S. 253-281. Weinheim 1996c
Habermas, J.: Diskursethik – Notizen zu einem Begründungsprogramm. In: Ders.: Moralbewußtsein und kommunikatives Handeln. S. 53-125. Frankfurt/M. 1983
Habermas, J.: Erläuterungen zur Diskursethik. In: Ders.: Erläuterungen zur Diskursethik. S. 119-226. Frankfurt/M. 1991
Holzkamp, K.: Lernen. Frankfurt, New York 1993
Kade, J.: Bildung oder Qualifikation? In: Z.f.Päd. 1983, S. 859-876
Luhmann, N.: Soziale Systeme. Frankfurt/M. 1984
Matthiesen, K.H.: Kritik des Menschenbildes in der Betriebswirtschaftslehre. Bern, Stuttgart 1995
Meisel, K.: Marketing für Erwachsenenbildung? Bad Heilbrunn 1994
Meueler, E.: Die Türen des Käfigs. Wege zum Subjekt in der Erwachsenenbildung. Stuttgart 1993
Miller, M.: Studien zu Grundlegung einer soziologischen Lerntheorie. Frankfurt/M. 1986
Prange, K.: Pädagogik als Erfahrungsprozeß. Stuttgart 1978
Schein, E.: Organisationspsychologie. Wiesbaden, 2. Aufl. 1980
Strunk, G.: Institutionenforschung in der Erwachsenenbildung/Weiterbildung. In: Tippelt, R. (Hg.): Handbuch Erwachsenenbildung/Weiterbildung. S. 395-406. Opladen 1994
Rohlmann, R.: Weiterbildungsgesetze der Länder. In: Tippelt, R. (Hg.): Handbuch Erwachsenenbildung/Weiterbildung. S. 356-371. Opladen 1994
Weinert, A.B.: Menschenbilder als Grundlagen von Führungstheorien. In: ZfO 53, 1984, S. 117ff.
Weinert, A.B.: Menschenbilder und Führung. In: Kieser, A./Reber, G./Wunderer, R. (Hg.): Handbuch der Führung. S. 1427ff. Stuttgart 1987
Welsch, W.: Vernunft. Frankfurt/M. 1995

Adressenliste der Autorinnen und Autoren

Prof Dr. Rolf Dobischat
Universität-Gesamthochschule Duisburg, FB 2: Erziehungswissenschaft – Psychologie, Lotharstr. 65, 47057 Duisburg

Prof. Dr. Harald Geißler
Universität der Bundeswehr Hamburg, Fachbereich Pädagogik, 22039 Hamburg

Prof Dr. Peter Faulstich
Universität Hamburg, Institut für Sozialpädagogik, Erwachsenenbildung und Freizeitpädagogik, Joseph-Carlebach-Platz 1/Binderstr. 34, 20146 Hamburg

Prof. Dr. Harry Friebel
Hochschule für Wirtschaft und Politik Hamburg, Von-Melle-Park 9, 21046 Hamburg

Prof. Dr. Klaus Künzel
Universität Dortmund, Institut für Pädagogik, Emil-Figge-Str. 50, 44227 Dortmund

Prof. Dr. Detlef Kuhlenkamp
Universität Bremen, Zentrum für Weiterbildung (ZWB), Postfach 33 04 40, 28334 Bremen

Prof. Dr. Christiane Schiersmann
Universität Heidelberg, Erziehungswissenschaftliches Seminar, Akademiestr. 3, 69117 Heidelberg

Prof. Dr. Gerhard Strunk
Universität der Bundeswehr Hamburg, Fachbereich Pädagogik, 20039 Hamburg

Prof. Dr. Ulrich Teichler
Universität Gesamthochschule Kassel, Wissenschaftliches Zentrum für Berufs- und Hochschulforschung, Henschelstr. 4, 34109 Kassel

Prof. Dr. Rudolf Tippelt
Universität Freiburg, Lehrstuhl Erziehungswissenschaft II, Rempartstr. 11/III, 79098 Freiburg